Sommaire

W0249161

Pédagogie pratique

Cycle 3

Dictées et histoire des arts

Mélanie Pouëssel

RETZ
editions-retz.com

Remerciements

Je remercie :

- Catherine pour sa relecture assidue, ma famille, mes filles Éloïse et Apolline, leur Papa Fred pour leur soutien, Thierry, Corinne, Anne-Valérie et Muriel ;
- mes élèves de CM1 : Margot, Marnie, Mélisande, Jade, Noémie, Ema, Arielle, Félicia, Pierre, Karl, Diba, Satine, Anatole, Julia, Thomas, Lubin, Axel, Clémence, Aurélien, Oscar P. et Oscar R.-N., Benjamin, Augustin, Ysalis, Édouard, Louise, ainsi que leurs parents ;
- toute l'équipe de Retz pour leur confiance et leurs conseils.

> **!** Si vous mettez en ligne pour vos élèves les dictées tirées de cet ouvrage « Dictées et histoire des arts », pensez à bien les sécuriser pour qu'elles ne puissent pas être diffusées *via* Internet en libre accès. Certains élèves s'entrainent un peu trop facilement avant les dictées bilan. Cela complique le travail de toutes et tous. Nous vous en remercions par avance. On compte sur vous !

Crédits

p. 23 : Ph. © iStock – p. 33 : Ph. © iStock – p. 42 : Ph. © iStock – p. 51 : Ph. © Aisa / Leemage – p. 60 : © BIS / Ph. © Archives Larbor – p. 69 : Ph. © FineArtImages / Leemage © Adagp, Paris 2018 – p. 78 : Ph. © iStock – p. 87 : Ph. © Whiteimages / leemage.com – p. 95 : © iStock – p. 103 : Ph. © leemage.com – p. 112 : Ph. © leemage.com – p. 121 : Ph. © iStock – p. 129 : Ph. © leemage.com – p. 138 : Ph. © iStock – p. 147 : Ph. © BIS /Archives Nathan – p. 156 : Ph. © iStock – p. 165 : Ph. © leemage.com – p. 174 : © BIS / Ph. Hubert Josse © Archives Larbor – p. 183 : Ph. © iStock – p. 192 : Ph. © leemage.com – p. 202 : © BIS / Ph. © Archives Larbor – p. 211 : © BIS / Ph. Coll Archives Nathan – p. 220 : © BIS / Ph. Frédéric Hanoteau © Archives Nathan – p. 229 : Ph. © iStock – p. 238 : © BIS / Ph. Sonneville © Archives Nathan – p. 247 : Ph. © Christie's / Artothek / LA COLLECTION © 2018 Niki Charitable Art Foundation / Adagp, Paris

Les droits de reproduction des illustrations sont réservés en notre comptabilité pour les auteurs ou ayants droit dont nous n'avons pas trouvé les coordonnées malgré nos recherches, et dans les cas éventuels où les mentions n'auraient pas été spécifiées.

ISBN : 978-2-7256-4221-5
© Retz, 2022 pour la présente édition
© Retz, 2018 pour la première édition

Direction éditoriale : Céline Lorcher
Éditrice : Élodie Chaudière
Illustratrice : Célia Bornas
Couverture : Nicolas Piroux – Photo : © iStock

Maquette : STDI
Corrections : Bernard Rousselot, Laure-Anne Voisin, Bérengère de Rivoire
Réalisation des ressources numériques : Studit
N° de projet : 10306346
Dépôt légal : Janvier 2022
Achevé d'imprimer en France, en décembre 2024, sur les presses de l'imprimerie Chirat

Cet ouvrage suit l'orthographe recommandée par les rectifications de 1990 et les programmes scolaires.
Voir le site
http://www.orthographe-recommandee.info et son miniguide d'information.

Conçu & fabriqué en France

Introduction

La démarche

La démarche proposée dans cet ouvrage se veut utile aux enseignants qui souhaitent donner un enseignement structuré et explicite de l'orthographe, fondé sur une programmation réfléchie, tout en donnant accès à une riche culture artistique. Les séquences proposent systématiquement la découverte d'une œuvre, puis d'une notion d'orthographe. Suivent différentes occasions d'entrainer ses compétences orthographiques, seul, avec le guidage de l'enseignant ou avec le concours de ses camarades. Elles se terminent par une évaluation positive, donnant de la visibilité aux réussites des élèves et pas seulement à leurs erreurs.

Pourquoi lier orthographe et histoire des arts ?

Il arrive que, parfois, les textes dictés dans les classes ne soient pas choisis pour leur intérêt littéraire ou culturel, mais uniquement pour les contraintes orthographiques qu'ils proposent. On peut regretter que ces textes n'apportent rien de plus à l'élève que la possibilité de s'entrainer à écrire sous la dictée, en respectant les règles apprises. Utiliser des œuvres d'art comme fil conducteur permet un enseignement plus cohérent et davantage porteur de sens.

Les instructions officielles (programmes de 2002, de 2012 et de 2016) encouragent la transversalité et la mise en place de projets interdisciplinaires. Ainsi, dans les programmes de 2016, on peut lire concernant le cycle 2 : « Des projets interdisciplinaires sont réalisés chaque année du cycle, dont un en lien avec le parcours d'éducation artistique et culturelle. » Ou pour le cycle 3 : « Tout au long du cycle 3, l'histoire des arts contribue à créer du lien entre les autres enseignements et met en valeur leur dimension culturelle. » Proposer à ses élèves des dictées reprenant les enseignements réalisés lors de séances d'histoire de l'art permet de construire un pont entre ces disciplines d'apparence éloignées.

La fréquence de l'exercice de la dictée dans de nombreuses classes permet la fréquentation régulière de textes de thèmes variés. L'histoire des arts est un domaine d'apprentissage souvent délaissé, car considéré comme secondaire. Créer un lien entre l'histoire des arts et l'orthographe parait alors opportun. Cette méthode fait découvrir aux élèves une œuvre d'art par semaine, ce qui offre une belle ouverture culturelle.

La description d'œuvres d'art, de leur contexte historique ou de la vie des artistes permet d'aborder un vocabulaire riche, intéressant tant sur le plan sémantique que sur le plan orthographique. Les mots choisis le sont en fonction de leur fréquence (utilisation de l'échelle EOLE et de nombreux mots invariables).

Enfin, l'observation de l'œuvre ou la référence à son image mentale permet également de rendre concrets certains points de langue. Au cours de la dictée, l'enseignant peut demander aux élèves de se rappeler l'œuvre : « Dans l'amphithéâtre, y a-t-il un seul gradin ou plusieurs ? » Cela s'ajoute aux indices morphosyntaxiques que l'on relève habituellement comme la présence d'un déterminant pluriel.

Une dictée différenciée

Si la capacité de mémorisation de certains élèves est plus faible et leur bagage lexical moindre par rapport à celui d'autres élèves, il est nécessaire de réduire le nombre de mots à connaitre pour la dictée. Ainsi, en fonction de leur groupe (jaune, vert ou violet), certains élèves auront une dizaine de mots à connaitre, quand d'autres en auront une quarantaine. En revanche, chez tous, on évaluera la capacité à marquer les accords ou à distinguer les homophones.

L'un des partis pris de cette démarche est de proposer aux élèves des textes de longueur et de difficulté adaptées à leurs capacités. Un élève en difficulté ou souffrant d'un trouble des apprentissages n'a aucun intérêt à écrire une dictée de dix lignes qui lui demande un effort de concentration immense et multiplie pour lui les occasions de se tromper. En revanche, un élève à l'aise en orthographe appréciera de s'entrainer sur des textes longs et employant parfois un vocabulaire soutenu. Il parait compliqué de dicter trois textes différents à une même classe – d'ailleurs, cela serait-il souhaitable ?

Dicter le même texte, en faisant s'arrêter les élèves à différentes étapes, permet à tous de travailler les mêmes compétences, sur la même œuvre et à l'enseignant de ne faire qu'une seule et même dictée.

Pour certains élèves, il sera nécessaire d'utiliser des dictées à trous. Ces dictées leur permettent de se concentrer sur les mots à apprendre ou sur la règle orthographique de la semaine. La dictée à trous aide par ailleurs à la segmentation en mots, ce qui peut parfois s'avérer encore difficile, même au cycle 3. En effet, certains élèves perçoivent la dictée comme un flot continu de sons, dans lequel ils reconnaissent difficilement les mots qu'ils ont appris. L'élève écrira par exemple « les colles », omettant à la fois le sens de la phrase et le fait que le mot « école » était à apprendre. La dictée à trous, en proposant des espaces clairement délimités, leur facilite la tâche.

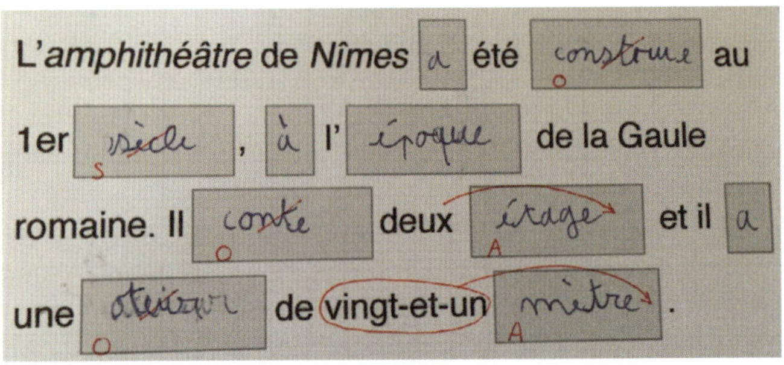

Il existe encore bien d'autres façons de s'adapter à chacun de ses élèves. L'enseignant peut différencier :

– avant la dictée : en lui conseillant d'apprendre différemment (*cf.* fiche méthodologie n° 1), en faisant réviser l'élève en classe lors d'entretiens individuels, en donnant les mots à apprendre dans une police adaptée à la dyslexie, en donnant une phrase du texte à apprendre en autodictée…

– pendant la dictée : en aidant l'élève à se concentrer en dictant près de lui ou en face de lui, en lui posant les questions qu'on aimerait qu'il se pose, en lui demandant de se relire (confusion de lettres ou de sons)…

– après la dictée : en l'aidant à se relire, en lui posant des questions ou en entourant au crayon à papier les mots sur lesquels on souhaite qu'il revienne, en lui permettant d'utiliser ses outils afin de se corriger (oui, même la liste de mots)…

Évaluer pour évoluer

Les dictées proposées dans cette démarche reposent sur un contrat didactique fort : on donne tous les moyens aux élèves de réussir et à aucun moment on ne présume des acquis de l'enfant. Pour cette raison ne sont évalués que les mots qui étaient à apprendre et ceux qui s'écrivent comme ils se prononcent. Un mot qui n'était pas donné à apprendre et pour lequel l'élève aura proposé une écriture correcte du point de vue phonétique sera corrigé mais ne sera pas sanctionné.

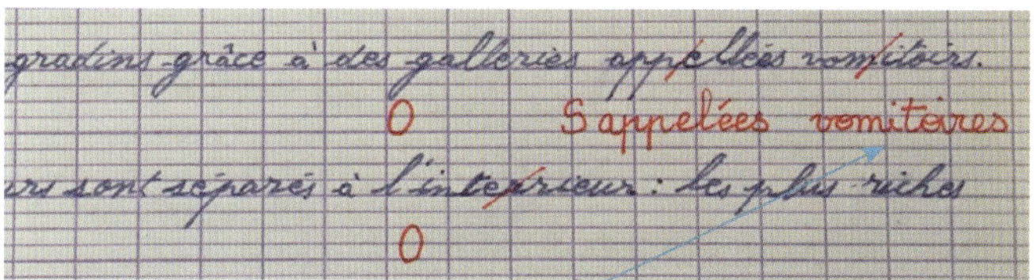

Le mot « vomitoire » n'a pas été donné à apprendre. La proposition faite par l'élève est acceptable sur le plan phonétique. Le mot est donc corrigé, mais l'erreur n'est pas sanctionnée. *(Pour le code de correction, voir p. 21.)*

De la même façon, le respect des règles orthographiques n'est exigé qu'à partir du moment où la leçon a été traitée en classe. Cela signifie par exemple que les erreurs d'accord du verbe ne seront pas sanctionnées tant que cette leçon n'aura pas eu lieu en classe. L'accord du verbe n'étant abordé que dans la sixième séquence, auparavant les élèves ne seront évalués que sur les mots à connaitre, les accords dans le GN et les homophones déjà travaillés. En revanche, les verbes seront bien entendu conjugués et abordés en tant que tels en classe lors des dictées flash. Ils seront par ailleurs corrigés dans les dictées quand ils n'ont pas été conjugués correctement.

Les dictées évoluent donc tout au long de l'année : si la longueur reste quasiment identique, la difficulté augmente puisque de plus en plus de notions sont évaluées.

Évaluation chiffrée et évaluation positive sont généralement opposées dans l'esprit des enseignants. Dans cette méthode, on tente de concilier les deux. L'évaluation par pourcentage est chiffrée. Elle donne ainsi à l'élève une certaine visibilité sur ses progrès. L'obtention d'une note sur 100 permet aux élèves d'avoir des résultats bien moins démoralisants qu'une note sur 20 ou sur 10. En effet, l'écriture de chaque mot est considérée. Un élève qui fait 20 erreurs sur une dictée de 75 mots n'obtient pas 0/20 comme avec un système d'évaluation classique (ôter un point par erreur) mais obtient un résultat de 73 %. On lui signifie alors qu'il a fait des erreurs, mais qu'il a su écrire 73 % des mots de sa dictée correctement. L'image est positive et pour autant ne fausse pas la réalité : la notation/note est juste puisque proportionnelle au nombre de mots.

Enfin, afin que l'évaluation permette véritablement l'évolution, et afin que celle-ci soit le plus transparente possible pour l'élève, l'appartenance de l'élève à un groupe est amenée à changer en fonction de ses progrès. Un élève obtenant plus de 90 % à la dictée qu'il vient de faire passera dans le groupe suivant (sauf s'il est déjà dans le groupe des experts, auquel cas il ne bouge pas). Un élève qui obtient moins de 80 % passera quant à lui dans le groupe précédent. Dans ce cas, il est important de dédramatiser et de faire comprendre à l'élève en fonction de la situation :

– que ce changement n'est que provisoire, puisqu'il n'est que le reflet de son manque de révision / d'attention / de relecture, cette semaine. Il ne tient qu'à lui d'inverser la tendance la fois suivante ;

– que le groupe dans lequel il était ne lui convenait pas encore, mais qu'en travaillant sur un plus petit nombre de mots il sera plus à même de progresser.

Conseil

Le passage dans le groupe suivant peut parfois angoisser l'élève. Afin qu'il se passe en douceur, on peut demander à l'élève s'il se sent prêt ou s'il préfère attendre encore un peu dans son groupe, pour confirmer sa réussite.

Le déroulement des séances

Chacune des 26 séquences se compose d'une séance d'histoire des arts et de six séances d'orthographe et de dictées de longueur variable. Le déroulement des séances est volontairement répétitif : il s'agit de rassurer les élèves avec un cadre stable (la forme) afin de leur permettre de se consacrer entièrement au propos (le fond).

Séance 1 : Découverte de l'œuvre d'art

Attendus de fin de cycle 3 :

– Décrire une œuvre en identifiant ses principales caractéristiques techniques et formelles à l'aide d'un lexique simple et adapté.
– Émettre une proposition argumentée, fondée sur quelques grandes caractéristiques d'une œuvre, pour situer celle-ci dans une période ou une aire géographique, au risque de l'erreur.
– Exprimer un ressenti et un avis devant une œuvre, étayés par une première analyse.

Les étapes se succèdent ici dans l'ordre le plus fréquemment utilisé mais, pour mieux s'adapter aux spécificités des œuvres, cet ordre pourra être changé.

Étape 1 : Introduction de la séance

Un diaporama avec des photos de l'œuvre (Diaporama histoire des arts) est projeté ou affiché selon que l'on dispose ou non d'un vidéoprojecteur. Parfois, l'œuvre sera écoutée ou visionnée. En se référant au cartel, les élèves nomment l'œuvre, le domaine artistique dont elle relève et son auteur, puis la situent dans le temps et dans l'espace. À cet effet, il est souhaitable de s'appuyer sur les outils présents dans la classe, tels que les cartes et la frise chronologique. Des vignettes représentant les œuvres sont disponibles dans les ressources numériques, elles sont destinées à être affichées sur la frise de la classe, au fur et à mesure de leur découverte. En début d'année, les élèves auront toutes les informations à leur disposition sur le diaporama. Puis, progressivement, on leur demandera d'y réfléchir par eux-mêmes. Dès la séquence 6, les élèves devront repérer le domaine artistique, et à partir de la séquence 16 on leur demandera d'estimer la période historique de création.

Étape 2 : Découverte de l'œuvre par les élèves

Il s'agit de les laisser s'exprimer sur l'œuvre, en veillant à encourager la parole descriptive : « Que voyez-vous ? », mais aussi la parole élaborative : « D'après vous, que s'est-il passé ? Que veut montrer le peintre ? », et émotionnelle : « Que ressentez-vous en observant / écoutant cette œuvre ? » Ce moment, même s'il est propice aux apprentissages lexicaux et parfois historiques ou techniques, permet surtout d'offrir aux élèves la possibilité de laisser libre cours à leur imagination et d'exprimer leur ressenti.

Les élèves sont libres d'interpréter ce qu'ils voient, mais l'enseignant ne doit pas hésiter à les contredire si l'interprétation proposée ne s'appuie sur aucun élément.

NB : Il est important que cette phase soit identifiée comme telle par les élèves et soit distincte de la suivante, dans laquelle le « ce que l'on voit » et le « ce que l'on peut imaginer » cèdent la place à « ce que l'on sait, ce que l'on doit savoir ».

Étape 3 : Apports culturels supplémentaires

Ces informations apportées par l'enseignant doivent être brèves et ciblées. Il n'est pas question de faire l'analyse d'une œuvre telle qu'on pourrait le faire au lycée ou à l'université, mais d'ouvrir la réflexion et d'affiner le regard sur l'œuvre. Ce moment doit être agréable pour les élèves. L'ouvrage propose le plus souvent possible de petites anecdotes mémorables sur les œuvres pour captiver l'intérêt des élèves.

NB : Ces informations peuvent tout à fait être apportées par des élèves si l'enseignant fait ce choix. Dans ce cas, un élève ou un groupe d'élèves sera chargé d'effectuer un travail de recherche pour présenter l'œuvre aux autres élèves de la classe. L'enseignant veillera à être au point sur ses connaissances personnelles afin de pouvoir contredire les élèves s'ils se trompent.

Distribution de la ➤ Fiche histoire des arts pour que les élèves lisent le cartel de l'œuvre, colorient l'époque correspondante sur la petite frise chronologique et lisent le contexte ou la description de l'œuvre.

Étape 4 : Expression personnelle

Pour finir, les élèves donnent leur avis sur l'œuvre par écrit, dans la partie dédiée de la fiche d'histoire de l'art. Ce travail d'écriture, s'il est bref, ne manque pas de complexité. L'enseignant encouragera les élèves à ne pas se contenter d'un « j'aime » ou « je n'aime pas » mais de nuancer leur propos et de le justifier. La ➤ Fiche de méthodologie n° 1 : Comment donner son avis ? vous est proposée, afin d'aider les élèves dans cette tâche. Après un temps d'écriture, les élèves qui le souhaitent sont invités à lire leur avis.

<u>Exemples de productions d'élèves</u> :

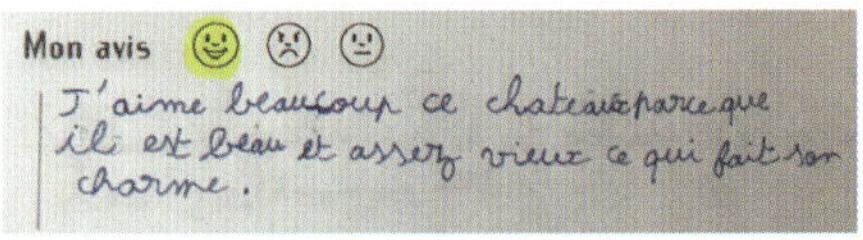

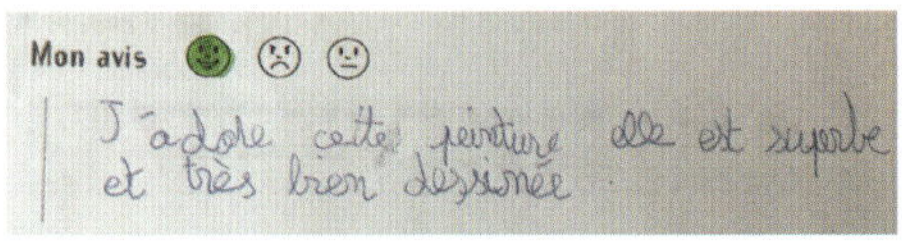

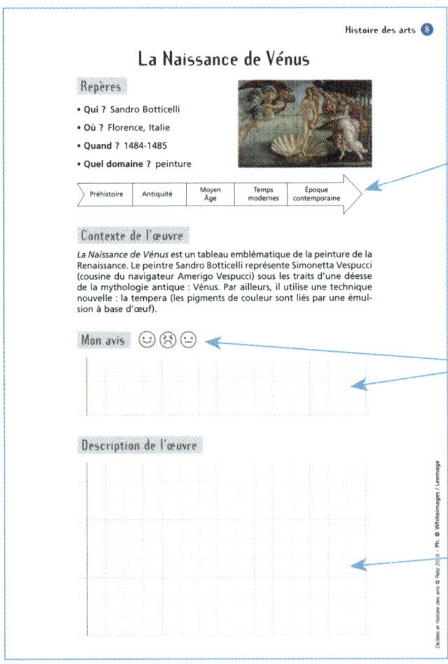

Histoire des arts 8

La Naissance de Vénus

Repères

- **Qui ?** Sandro Botticelli
- **Où ?** Florence, Italie
- **Quand ?** 1484-1485
- **Quel domaine ?** peinture

Préhistoire | Antiquité | Moyen Âge | Temps modernes | Époque contemporaine

Contexte de l'œuvre

La Naissance de Vénus est un tableau emblématique de la peinture de la Renaissance. Le peintre Sandro Botticelli représente Simonetta Vespucci (cousine du navigateur Amerigo Vespucci) sous les traits d'une déesse de la mythologie antique : Vénus. Par ailleurs, il utilise une technique nouvelle : la tempera (les pigments de couleur sont liés par une émulsion à base d'œuf).

Mon avis

Description de l'œuvre

Sur la frise chronologique, l'élève colorie la période historique concernée.

Après avoir colorié le smiley de son choix, l'élève rédige ici son avis.

Après la correction de la dictée par l'enseignant, l'élève la recopie ici, afin de compléter la fiche (voir page 18).

Séance 2 : Enseignement de la nouvelle notion d'orthographe

Attendus de fin de cycle 3 :	– Acquérir la structure, le sens et l'orthographe des mots. – Maitriser la forme des mots en lien avec la syntaxe. – Maitriser les relations entre l'oral et l'écrit.

Cette séance, dont on propose un déroulement type ici, sera adaptée par l'enseignant à la réalité de sa classe. Elle est menée à partir du ▶ Diaporama orthographe.

Étape 1 : Introduction de la séance

Pour introduire la séance, on présente immédiatement et explicitement l'objectif d'apprentissage. Cet objectif doit être formulé dans un langage accessible aux élèves. Si l'objectif de l'enseignant est que ses élèves apprennent à distinguer les homophones et/est, il dira par exemple « Aujourd'hui, nous allons apprendre à savoir s'il faut écrire "et" e-t ou "est" e-s-t. » Afin d'ancrer les apprentissages visés dans la mémoire des élèves, il est indispensable de faire le lien avec les connaissances que ceux-ci possèdent déjà. Pour faire ce lien, on posera une ou deux questions sur les acquis antérieurs. Ces questions doivent être simples, afin de créer des résonances auprès d'un maximum d'élèves ; et ciblées, pour éviter que certains élèves disent tout ce qui leur passe par la tête et sèment la confusion chez les autres.

Étape 2 : Enseignement

• **L'entrée dans la nouvelle notion commence toujours par un temps d'observation de la langue.** Il ne s'agit pas d'une situation de recherche classique, dans laquelle on ferait élaborer la règle d'orthographe par les élèves. Si l'orthographe française répond à une certaine logique, celle-ci est d'une grande complexité et peut déconcerter. Les élèves observent d'abord un corpus de mots ou de phrases ayant été choisis pour mettre en exergue des points de langue. Par l'observation, les élèves peuvent déduire tout ou partie de la règle.

• **L'enseignant explique ensuite la notion ou verbalise la règle orthographique.** Après la phase précédente, il est important que la synthèse soit énoncée par l'enseignant. Cela parce qu'il sera le seul à même de soigner sa formulation (afin d'éviter toute mauvaise interprétation) et d'être suffisamment concis (afin de profiter de la fenêtre d'attention des élèves). Cette règle est énoncée à la troisième personne.

Exemple : « Dans le groupe nominal, le nom, le déterminant et les adjectifs s'accordent en genre et en nombre. Si le nom est au féminin singulier, tout le groupe nominal est féminin singulier. Si le nom est au masculin pluriel, le déterminant et le(s) adjectif(s) sont au masculin pluriel aussi, etc. »

• **Ensuite, l'enseignant se place en situation de devoir résoudre un problème orthographique mettant en jeu la nouvelle notion.** Comme dans un jeu de rôle, il met en lumière son raisonnement expert, celui qu'il souhaite faire acquérir à ses élèves. Il ou elle emploie à ce moment-là, la première personne du singulier.

Exemple :

« Je veux écrire la phrase : "Cet été, où iras-tu passer tes vacances, en Espagne ou en Italie ?"

Je ne peux pas dire "Cet été *ou bien* iras-tu passer tes vacances ?" → J'en déduis qu'il s'agit de l'adverbe "où".

Je peux dire "en Espagne ou bien en Italie" → Il s'agit de la conjonction "ou". »

• **Enfin l'enseignant vérifie la compréhension des élèves à l'aide de questions.** Quand l'enseignant a énoncé sa question, il laisse un temps de réflexion, « Chacun prépare la réponse dans sa tête », avant de nommer celui qui y répondra. Cela permet d'éviter que seuls certains élèves se mettent en réflexion. L'enseignant choisit un élève au hasard (en tirant au sort un prénom par exemple) pour répondre, plutôt que de ne faire travailler que ceux qui lèvent la main. Il faut interroger plusieurs élèves. Si un élève se trompe, le corriger immédiatement et lui dire qu'on reviendra vers lui plus tard.

Étape 3 : Entrainement

• **Lors de l'entrainement guidé, les élèves effectuent un exercice sur l'ardoise selon le procédé Lamartinière.** Cette façon de faire permet à tous les élèves d'être actifs en même temps. L'enseignant peut alors balayer d'un regard circulaire les réponses de la classe et évaluer ainsi la bonne compréhension de la notion enseignée. Si l'exercice est manifestement trop difficile pour une majorité d'élèves, c'est qu'il faut recommencer à enseigner. Inutile de continuer l'entrainement, il faut expliquer et vérifier la compréhension à nouveau. Si l'exercice pose problème à une minorité, l'enseignant peut redonner la règle et se déplacer pour proposer une aide. Cette technique permet également aux élèves d'avoir un retour immédiat sur leur réponse. Si un élève s'est trompé, il est important qu'il le sache rapidement, afin de ne pas enregistrer de mauvais automatismes. L'enseignant énonce toujours la réponse attendue et, à chaque fois, demande à un élève de justifier sa réponse. On passe à l'entrainement autonome quand l'exercice est réussi par la majorité des élèves.

• **L'entrainement autonome consiste en un exercice écrit, dans lequel les élèves se lancent seuls et utilisent leurs nouvelles connaissances** ➤ Exercices d'entrainement autonome. Pour la même notion sont proposés deux exercices différant en longueur et en difficulté. Cependant, cela ne permettra pas la réussite des élèves ayant rencontré des difficultés lors de la pratique guidée, seulement de leur simplifier la tâche. Pour les aider efficacement, il sera souvent nécessaire de les regrouper autour d'une table et de travailler avec eux.

• **Pour clôturer la séance, proposer aux élèves d'en rappeler l'objectif d'apprentissage.** Demander par exemple « Qu'avez-vous appris aujourd'hui en orthographe ? » Pour finir, les élèves lisent la leçon de la fiche orthographe distribuée et se l'approprient (en surlignant, en écrivant au crayon à papier, en ajoutant des exemples…) ▶ Fiche orthographe.

Orthographe 3

Écrire « et » ou « est »

• est, c'est le verbe être à la troisième personne du singulier au présent. Il peut être mis au passé (était).
Exemple : Cette ville est splendide. (Elle était splendide.)

• et est une conjonction de coordination : elle réunit deux mots ou deux groupes de mots. On peut la remplacer par et puis.
Exemple : J'ai visité la cathédrale et le musée des beaux-arts. (J'ai visité la cathédrale et puis le musée des beaux-arts.)

Mots à apprendre pour la dictée
La cathédrale de Reims

noms	**la cathédrale, le lieu, la France, la démonstration, un édifice, le ciel, la lumière, l'art,** la Révolution, un vitrail/des vitraux, *le Moyen Âge, le soir*
verbes	**être, élever, faire, entrer,** *voir*
adjectifs et participes passés	**connu, gothique,** certain, français, bombardé, restauré, ancien, moderne, *illuminé, peint*
mots invariables	**aussi, comme, vers, toujours, plus, pendant, lors, mais, ensuite, aujourd'hui, chaque, afin, chacun,** *entièrement*

Séance 3 : Première appropriation des mots de la dictée

Attendu de fin de cycle 3 : Acquérir la structure, le sens et l'orthographe des mots.

La préparation de la dictée bilan ne peut pas être uniquement faite à la maison. Comme chacun sait, tous les enfants ne sont pas égaux face à leur cahier de devoirs et il y a à cela de nombreuses raisons : cognitives, sociales et affectives. Des exercices d'entrainement ont lieu en classe (les exercices d'entrainement guidé et autonome, comme expliqué précédemment, et les dictées flash, présentées ultérieurement). Il est tout aussi nécessaire de s'entrainer à apprendre l'orthographe de mots. Cet apprentissage, s'il est de la responsabilité de chacun, est aussi un moment de collectivité fructueux.

Étape 1 : Observation des mots

Collectivement, un par un, les mots sont lus, définis s'il le faut, observés et « décortiqués » ▶ Fiche orthographe. Pour chaque mot, on signale les difficultés : lettres muettes, graphie peu fréquente d'un son, présence d'une majuscule, etc. Les élèves peuvent surligner ou entourer la partie du mot à laquelle ils devront être attentifs lors de la dictée. Parfois, il y en aura plusieurs dans un seul mot, parfois aucune. Ce qui parait difficile à un enfant peut sembler aisé à un autre : si les difficultés sont énoncées collectivement, c'est bien chaque enfant qui décide de surligner ou non, selon ses besoins. Les élèves sont encouragés à partager leurs « trucs » et astuces mnémotechniques.

Étape 2 : Mémorisation des mots

Après cette phase d'observation active, commence la phase d'apprentissage à proprement parler.

• Individuellement, les élèves commençent à apprendre l'orthographe des mots. Ils marquent d'un petit signe ceux qu'ils pensent connaitre. Pour apprendre les mots, les enfants (et leurs parents) ont tendance à toujours utiliser les mêmes techniques. Pour cette raison, lors des premières dictées, il pourra être utile de récolter leurs façons de faire afin de les partager et également de leur enseigner d'autres façons d'apprendre. Une fiche méthodologique est fournie dans les ressources numériques dans le but de proposer aux élèves différentes méthodes.

▶ Fiche de méthodologie n° 2 : Comment apprendre ses mots ?

⚠ Dans la leçon, les mots apparaissent sous trois formats différents : gras, standard et italique. Les élèves du groupe jaune n'ont que les mots en gras à apprendre. Les élèves du groupe vert apprennent les mots en gras et les mots en police standard. Les élèves du groupe violet apprennent tous les mots.

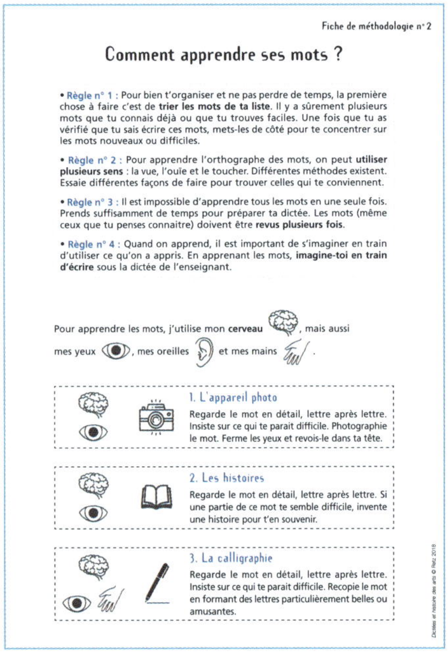

Fiche de méthodologie n° 2

Comment apprendre ses mots ?

• Règle n° 1 : Pour bien t'organiser et ne pas perdre de temps, la première chose à faire c'est de **trier les mots de ta liste**. Il y a sûrement plusieurs mots que tu connais déjà ou que tu trouves faciles. Une fois que tu as vérifié que tu sais écrire ces mots, mets-les de côté pour te concentrer sur les mots nouveaux ou difficiles.

• Règle n° 2 : Pour apprendre l'orthographe des mots, on peut **utiliser plusieurs sens** : la vue, l'ouïe et le toucher. Différentes méthodes existent. Essaie différentes façons de faire pour trouver celles qui te conviennent.

• Règle n° 3 : Il est impossible d'apprendre tous les mots en une seule fois. Prends suffisamment de temps pour préparer ta dictée. Les mots (même ceux que tu penses connaitre) doivent être **revus plusieurs fois**.

• Règle n° 4 : Quand on apprend, il est important de s'imaginer en train d'utiliser ce qu'on a appris. En apprenant les mots, **imagine-toi en train d'écrire** sous la dictée de l'enseignant.

Pour apprendre les mots, j'utilise mon **cerveau**, mais aussi mes yeux, mes oreilles et mes mains.

1. L'appareil photo
Regarde le mot en détail, lettre après lettre. Insiste sur ce qui te parait difficile. Photographie le mot. Ferme les yeux et revois-le dans ta tête.

2. Les histoires
Regarde le mot en détail, lettre après lettre. Si une partie de ce mot te semble difficile, invente une histoire pour t'en souvenir.

3. La calligraphie
Regarde le mot en détail, lettre après lettre. Insiste sur ce qui te parait difficile. Recopie le mot en formant des lettres particulièrement belles ou amusantes.

Dictées et histoire des arts © Retz 2018

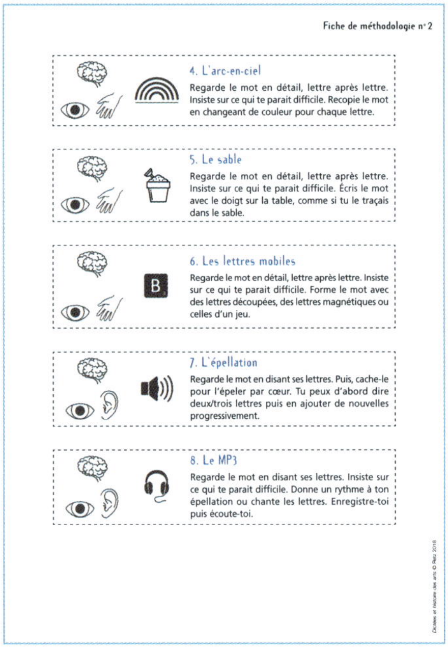

Fiche de méthodologie n° 2

4. L'arc-en-ciel
Regarde le mot en détail, lettre après lettre. Insiste sur ce qui te parait difficile. Recopie le mot en changeant de couleur pour chaque lettre.

5. Le sable
Regarde le mot en détail, lettre après lettre. Insiste sur ce qui te parait difficile. Écris le mot avec le doigt sur la table, comme si tu le traçais dans le sable.

6. Les lettres mobiles
Regarde le mot en détail, lettre après lettre. Insiste sur ce qui te parait difficile. Forme le mot avec des lettres découpées, des lettres magnétiques ou celles d'un jeu.

7. L'épellation
Regarde le mot en disant ses lettres. Puis, cache-le pour l'épeler par cœur. Tu peux d'abord dire deux/trois lettres puis en ajouter de nouvelles progressivement.

8. Le MP3
Regarde le mot en disant ses lettres. Insiste sur ce qui te parait difficile. Donne un rythme à ton épellation ou chante les lettres. Enregistre-toi puis écoute-toi.

Dictées et histoire des arts © Retz 2018

Ces méthodes méritent toutes d'être essayées, au moins une fois, par chacun. Certaines s'adresseront plus volontiers à certains profils d'élèves. Les élèves à « entrée visuelle » profiteront davantage de la méthode de la photographie et auront moins besoin des autres. Pour les élèves plutôt « auditifs », l'épellation sera plus efficace. Les élèves « kinesthésiques » auront besoin d'écrire le mot : certains avec un stylo ou des feutres, d'autres, pour qui le graphisme est plus laborieux, avec le doigt. Comme les élèves sont rarement uniquement visuels, kinesthésiques ou auditifs, on pourra bien sûr combiner les méthodes : en copiant un mot, on le photographie d'abord (entrée visuelle), on le trace ensuite (entrée kinesthésique), et on peut même l'épeler en l'écrivant (entrée auditive).

• **Les élèves s'entrainent ensuite à mémoriser en binômes.** Un élève A prend la liste de mots de son camarade B. Il visualise, grâce au petit signe laissé, les mots que son camarade B pense connaitre. A dicte les mots un par un à B, qui peut les écrire ou les épeler. Il est important que les mots soient dictés l'un après l'autre, et que leur orthographe soit validée ou non par A, dans la foulée. Si le mot est mal écrit/épelé, il ne doit pas être mémorisé ainsi et doit être corrigé par l'élève B rapidement. Les mots doivent être dictés deux ou trois fois. Un mot qui a été orthographié correctement à chaque fois par B peut être entouré par A pour indiquer qu'il parait su. Au bout de cinq à dix minutes, on intervertit les rôles.

En fonction du temps que l'enseignant veut consacrer à cette préparation, de la qualité de l'apprentissage à la maison et de l'évolution des capacités des élèves dans l'année, cette séance pourra avoir lieu plusieurs fois dans la semaine ou une seule.

Séances 4 et 5 : Dictées flash

Attendus de fin de cycle 3 :

- Acquérir la structure, le sens et l'orthographe des mots.
- Maitriser la forme des mots en lien avec la syntaxe.
- Observer le fonctionnement du verbe et l'orthographier.
- Maitriser les relations entre l'oral et l'écrit.

Le moment des dictées flash est un moment de réflexion collective, pendant lequel chacun peut apprendre des autres et enseigner à son tour. Il se veut un moment serein, dépourvu des angoisses de performance. Pour ces raisons, les élèves travaillent au crayon à papier et dans un cahier de brouillon. Deux dictées flash différentes ont lieu deux jours successifs :

– la première, au cours de laquelle sont dictés des groupes nominaux, permet de réviser les mots à connaitre et d'entrainer la réalisation de chaines d'accords.

– la seconde, au cours de laquelle on dicte une phrase entière, cible quant à elle les accords sujet/verbe. Elle permet également de revoir la notion d'orthographe de la semaine.

Étape 1 : Dictée de groupes nominaux ou d'une phrase

En premier lieu, l'enseignant dicte les groupes nominaux (première dictée flash) ou la phrase (deuxième dictée flash). Les élèves les écrivent en mobilisant leurs connaissances lexicales et grammaticales. Il arrive que les élèves du groupe jaune doivent écrire des mots qu'ils n'ont pas appris. Ils essaient alors de proposer une écriture phonétiquement acceptable et de marquer les accords.

Étape 2 pour la dictée flash n° 1 : Relecture et analyse

Dans un deuxième temps, les élèves se relisent et se corrigent.

Lors de la dictée flash de groupes nominaux : les élèves apportent les modifications qui leur paraissent nécessaires en s'aidant de tous les outils à leur disposition (leçons, affichages, manuels, dictionnaire…).

Étapes 2 et 3 pour la dictée flash n° 2 : Relecture et analyse

Lors de la dictée d'une phrase, on procède tout d'abord à l'**analyse grammaticale** de la phrase collectivement (étape 2) : le verbe est identifié puis son sujet (on utilisera pour cela les codes en vigueur dans la classe). Après cela, les élèves se relisent individuellement et ensuite (étape 3), à deux. Ils rejoignent le partenaire qui leur a été attribué pour une **négociation orthographique** au cours de laquelle ils doivent se concerter pour parvenir à une version commune de la phrase. L'enseignant circule pour veiller au bon déroulement du travail en binôme. Il faut encourager les élèves à argumenter et à utiliser si besoin leurs leçons pour justifier leur point de vue.

Étape 3 pour la dictée flash n° 1 et étape 4 pour la dictée flash n° 2 : Correction collective puis individuelle

Cette troisième étape est la plus importante. Un élève écrit le GN ou la phrase au tableau. Il se relit d'abord seul puis se retourne pour interroger les élèves qui veulent lui signaler des erreurs.

• Les erreurs d'orthographe lexicale sont signalées d'abord : « ce mot s'écrit "peinture" », « tu dois écrire "ss" pour obtenir le son [s] dans le mot "chasse" », « ton accent transforme le mot en "scène" »…

• Les erreurs d'orthographe grammaticales sont signalées dans un deuxième temps. Il est crucial d'encourager les prises de parole sous forme de questions : « Qu'est-ce qui est pariétal ? », « Qui représente ? », « Cette scène représente-t-elle une chasse ou plusieurs chasses ? », afin d'amener l'élève à comprendre son erreur par lui-même.

On cherche à mettre les élèves en réflexion, à semer le doute orthographique, à prendre le recul nécessaire pour revenir sur ce qu'ils ont fait. Ce sont ces procédures qui, une fois automatisées, font les experts.

Si l'élève n'a fait aucune erreur, la séance peut être, malgré tout, très riche, si on demande aux autres élèves de justifier ses choix : « Pourquoi, d'après toi, fallait-il écrire "représente" avec un -e en terminaison ? »

Lors de cette phase, en début d'année, l'enseignant doit beaucoup aider ses élèves (notamment à formuler leurs remarques sous forme de questions), mais dès que possible il leur laissera la plus grande autonomie.

Chacun prend la correction sur son cahier de brouillon. L'enseignant peut vérifier l'efficacité de cette correction en ramassant tout ou partie des cahiers.

Séance 6 : Dictée bilan

Attendus de fin de cycle 3 :

- Acquérir la structure, le sens et l'orthographe des mots.
- Maitriser la forme des mots en lien avec la syntaxe.
- Observer le fonctionnement du verbe et l'orthographier.
- Maitriser les relations entre l'oral et l'écrit.

Le moment de la dictée bilan a lieu une semaine après que les élèves ont découvert l'œuvre d'art et appris les mots.

Étape 1 : Projection de l'œuvre et lecture magistrale de la dictée

En premier lieu, l'enseignant fait une lecture magistrale du texte entier de la dictée. Il en vérifie la compréhension si besoin et projette à nouveau l'œuvre concernée. Les élèves doivent être attentifs au sens et ne pas écrire pour l'instant. Ils peuvent poser des questions sur le sens du texte. L'enseignant écrit au tableau les noms propres ou non exigibles et en profite pour rappeler les règles de présentation ou ce qu'il jugera utile.

Étape 2 : Dictée phrase par phrase du texte et différenciation

Après ces préalables, l'enseignant distribue la ➤ Dictée à trous **pour les élèves qui en ont besoin et dicte, phrase par phrase, le texte.** Il circule dans la classe, articule et répète autant de fois qu'il le faut. Quand il arrive à la fin du texte adapté au groupe jaune, il le signale. Les élèves concernés peuvent arrêter d'écrire et commencent à se relire. Tout en dictant le texte pour les élèves des deux autres groupes qui continuent à écrire, l'enseignant peut aller aider ponctuellement les élèves ayant fini à se relire. **On procède de la même façon pour le groupe vert.** Le groupe violet écrit la dictée en entier.

L'enseignant dicte ensuite le nombre de mots écrits par les trois groupes.

Étape 3 : Relecture de la dictée

Après la dictée commence la relecture.

Les élèves s'aident de la ➤ Fiche de méthodologie n° 3 : Comment se relire ? (voir page 18).

La relecture se fait en trois temps. À chaque temps, l'enseignant énonce aux élèves ce qui doit être observé.

– L'enseignant relit une première fois le texte, en précisant les signes de ponctuation. Les élèves vérifient qu'ils n'ont pas oublié de mots, de signes de ponctuation ni de majuscules en début de phrase. Au cours de cette phase, les élèves peuvent souligner au crayon à papier les mots dont ils doutent.

– Les élèves lisent à tour de rôle les phrases de la dictée. Pour chacune, on trouve le(s) verbe(s) et le(s) sujet(s). Les élèves se focalisent alors sur les accords dans le GN et sur la conjugaison des verbes. Quand l'enseignant le jugera opportun, il pourra mettre en exergue des points problématiques en posant des questions.

– La troisième relecture est individuelle et silencieuse. Les élèves reviennent alors sur les mots qu'ils ont soulignés.

– Les cahiers sont ramassés et corrigés par l'enseignant.

Séance 7 : Correction de la dictée par les élèves

Le lendemain, les élèves découvrent leur dictée visée par l'enseignant. Ils ont obtenu un pourcentage de réussite, qu'ils vont pouvoir augmenter en se corrigeant. Les mots mal orthographiés sont rayés, et au-dessous l'enseignant a codé le type d'erreur (voir page 21 « Comment corriger ? »).

Les élèves s'aident de la ▶ Fiche de méthodologie n° 4 : Comment se corriger ?.

Fiche de méthodologie n° 3

Comment relire sa dictée ?

De nombreuses erreurs peuvent être évitées si on se relit attentivement. Tu dois relire le texte au moins trois fois. Voici comment tu peux procéder.

- Pendant les relectures collectives

Première relecture	– Vérifie que tu as bien écrit TOUS les mots prononcés par l'enseignant. – Vérifie que tu as bien marqué la ponctuation et mis des majuscules en début de phrase et aux noms propres. – Si tu n'es pas sûr de l'orthographe d'un mot, souligne-le au crayon à papier.

Deuxième relecture	– Vérifie que tu as bien accordé les déterminants, les noms et les adjectifs. – Vérifie que tu as bien conjugué les verbes. – Fais bien attention aux questions que pose l'enseignant, elles sont là pour t'aider. – Si tu n'es pas sûr de l'orthographe d'un mot, souligne-le au crayon à papier.

- Lors de la relecture individuelle

Troisième relecture	– Reviens sur les mots que tu as soulignés, essaie de te rappeler leur orthographe. – Fais attention aux homophones (a/à, et/est, etc.) : as-tu choisi le bon ? – Vérifie que tu as bien appliqué les règles d'écriture des sons que tu as apprises.

L'enseignant est peut-être passé te voir pour signaler des erreurs dans ton cahier. Concentre-toi sur la correction de ces erreurs en priorité.

Fiche de méthodologie n° 4

Comment corriger sa dictée ?

L'enseignant utilise un code pour t'aider à te corriger.
Voici la signification de ce code.

construit X premier siècle au	Tu as oublié d'écrire un mot. Ajoute-le.
des milliers dampoules d'ampoules	Tu as mal coupé des mots. Récris-les.
la musique ~~provane~~ S profane	On n'entend pas le bon son. Écoute bien et corrige-toi.
Les ~~instrumants~~ jouent O instruments	Ce mot est mal écrit alors qu'il était à apprendre. Cherche-le et corrige-toi.
l'animal ~~et~~ dessiné H est	Tu as confondu deux homophones. Remplace par celui qui convient.
les époux s'~~installe~~ C installent	Tu as mal conjugué le verbe. Cherche son sujet et corrige-toi.
Elle a gagner PP gagné	Tu as confondu le participe passé et l'infinitif.
les tempête A tempêtes	Tu as mal accordé le nom ou l'adjectif. Vérifie le genre et le nombre.
on distingue Zéphyr, P	Tu as fait une erreur de ponctuation.
danger. le château Le	Tu as oublié une majuscule ou tu en as mis une en trop. Modifie.

N'oublie pas, si ta dictée est bien corrigée, tu peux gagner 5 % !

Les élèves ont une dizaine de minutes pour se corriger. Pour cela ils peuvent utiliser tous les outils à leur disposition. Certains élèves, du groupe le plus expert, auront peu d'erreurs à corriger et seront libérés de cette tâche assez rapidement. Ils pourront alors faire profiter les autres élèves de leurs compétences. Après validation de l'enseignant (leur dictée est entièrement et correctement corrigée), ils peuvent aller revêtir un ▶ Collier d'expert en orthographe disponible dans les ressources numériques et proposer leur aide à ceux qui en ont besoin. Une dictée dont la correction est satisfaisante augmente le pourcentage de 5 %. Cela motive les élèves à se prêter à l'exercice avec attention.

L'enseignant devra relire cette correction afin de vérifier qu'aucune erreur ne subsiste. Ultérieurement, après cette deuxième correction, **les élèves recopieront la dictée « au propre » sur la partie dédiée de la fiche d'histoire des arts** (les lignes vierges de la rubrique « contexte » ou « description de l'œuvre », voir page 10). Cette recopie vise à marquer une ultime fois dans la mémoire la bonne orthographe.

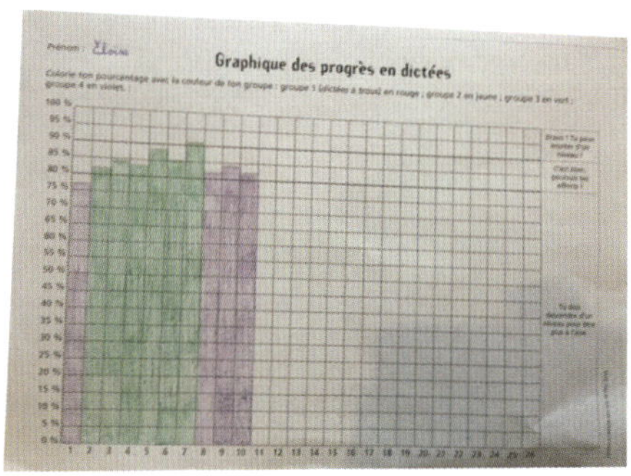

Une fois qu'il a terminé de corriger sa dictée, l'élève peut renseigner son ▶ Graphique de progrès. Il choisit un crayon de la couleur correspondant à celle de son groupe et colorie une barre du graphique à hauteur du résultat obtenu. Ce graphique permet à l'enfant d'avoir une visibilité sur ses progrès de l'année.

Proposition d'organisation

La progression de cet ouvrage tient compte de plusieurs critères. Tout d'abord, les notions d'orthographe lexicale et celles d'orthographe grammaticale alternent. Ensuite, elles sont dans la mesure du possible de difficulté croissante. Dès le début de l'année sont traitées les notions prioritaires, exigées dans presque toutes les situations d'écriture, comme les accords dans le groupe nominal ou l'accord du verbe avec son sujet. Par ailleurs, les œuvres d'art étudiées ne suivent pas l'ordre chronologique afin de travailler toute l'année la reconnaissance des périodes historiques. Il est donc conseillé de suivre les séquences dans l'ordre.

Les séquences se déroulent sur deux semaines consécutives.

jeudi	vendredi	lundi	mardi	jeudi	vendredi
Séance 1 : Découverte de l'œuvre 1	**Séance 2 :** Enseignement de la nouvelle notion d'orthographe	**Séance 4 :** Dictée flash n° 1	**Séance 5 :** Dictée flash n° 2	**Séance 6 :** Dictée bilan 1	**Séance 7 :** Correction de la dictée 1 par les élèves
	Séance 3 : Première appropriation des mots			**Séance 1 :** Découverte de l'œuvre 1	**Séance 2 :** Enseignement de la nouvelle notion d'orthographe
					Séance 3 : Première appropriation des mots

La correction des dictées

Que corriger ? Que « compter » ?

Quand l'enseignant vise une dictée, il doit distinguer deux choses : ce qui doit être corrigé et ce qui va être pris en compte dans la note de l'élève.

Tous les mots mal orthographiés doivent être corrigés, soit par l'enseignant directement, soit par l'enfant s'il en a les moyens. Il est nécessaire de différencier ici. Pour les élèves en difficulté, se corriger est très exigeant : ils doivent comprendre le code utilisé, se repérer dans leur matériel scolaire, comprendre quelle leçon pourra les aider, etc. En outre, ils ont parfois une grande quantité de mots à corriger.

L'enseignant peut décider de réduire ce nombre de mots. Lorsqu'il visera le texte, il choisira un nombre de mots à faire corriger par l'élève et prendra en charge la correction des autres. Il n'y a pas de recette toute faite à appliquer ici. Il s'agit de s'adapter à chacun. En fonction des capacités et des objectifs, on peut choisir de faire corriger l'orthographe lexicale, les erreurs d'accord ou les homophones, en priorité.

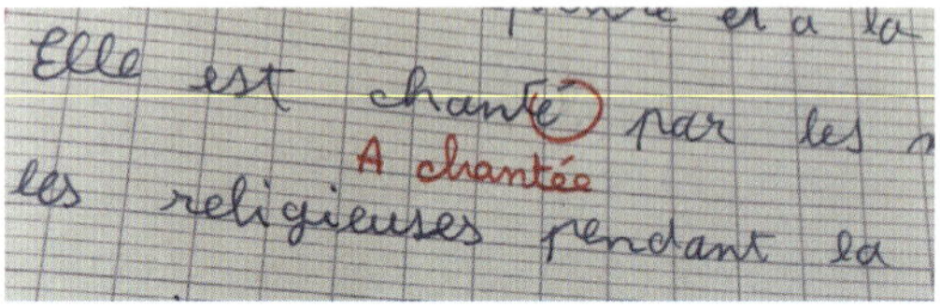

A

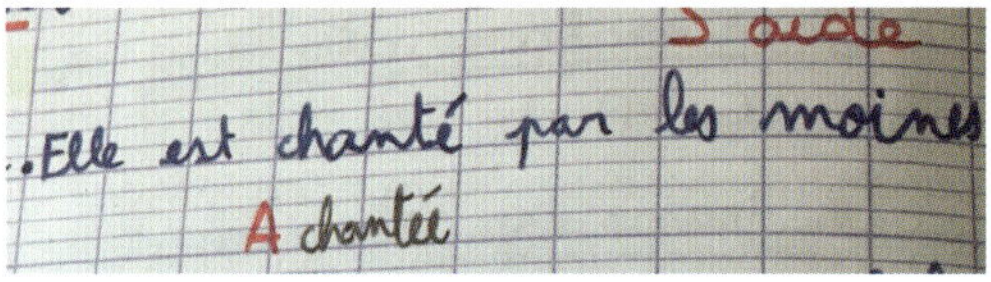

B

On peut choisir de prendre en charge la correction d'un mot (comme sur l'image A) ou de demander à l'élève de corriger le mot lui-même (comme sur l'image B). Cela, en fonction des capacités de chacun.

Si tout le texte doit être corrigé, toutes les erreurs ne doivent pas être prises en compte dans la note. Comme expliqué précédemment, le contrat didactique veut que l'enfant ne soit évalué que sur ce qui a été traité en classe. Cependant, certaines erreurs seront sanctionnées dès le début de l'année. Il est nécessaire d'en informer les élèves afin d'être parfaitement transparent. Voici ces erreurs :

– l'écriture des signes de ponctuation ;

– les majuscules en début de phrase ;

– les principales correspondances graphème-phonème ;

– l'écriture des nombres en lettres (à partir du moment où la notion a été revue en mathématiques) ;

– les mots donnés au tableau mal copiés ;

– et, bien sûr, les mots à apprendre depuis le début de l'année.

À ce point de vigilance s'ajouteront semaine après semaine de nouveaux points. Ceux-ci sont précisés pour chaque dictée, de cette manière :

Aide pour la correction de la dictée par l'enseignant

On retire un point pour :

– les correspondances graphème-phonème non respectées ;

– les erreurs de ponctuation et de majuscule ;

– chaque mot en gras mal orthographié (mots à apprendre) ;

– les mots écrits au tableau (en italique) mal copiés ;

– les règles d'écriture des nombres non respectées ;

– les erreurs d'homophones : a/à, **est/et**.

En gras, le nouveau point de vigilance, consécutif à la leçon de la semaine.

Il se peut que deux erreurs différentes coexistent dans un seul mot. Les deux erreurs doivent être identifiées par le code de correction de l'enseignant et les deux seront prises en compte dans la note si elles sont exigibles à ce stade de l'année.

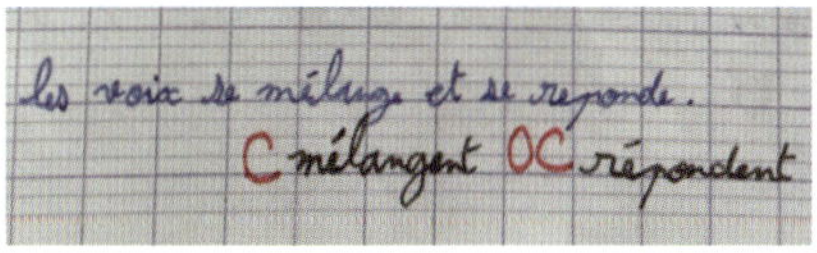

Les codes **O** et **C** indiquent que dans le mot « réponde » deux erreurs sont comptabilisées : une première erreur d'orthographe **O** (oubli de l'accent) et une deuxième de conjugaison **C** (-e pour -ent).

L'enseignant peut également adapter ses exigences aux capacités de chacun. Il faut alors prendre en considération les connaissances que l'on a du niveau de ses élèves et de leur évolution.

A

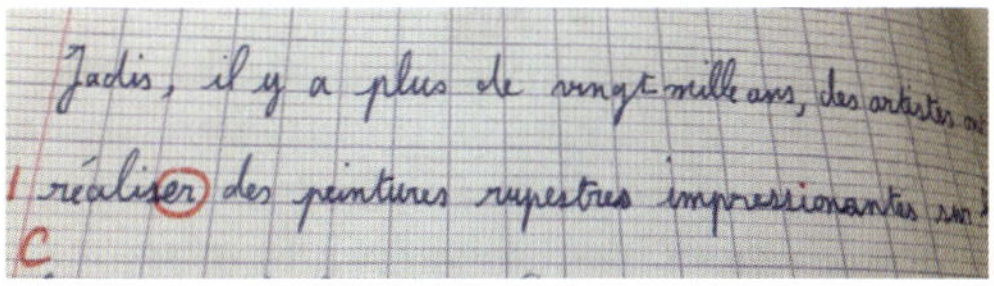

B

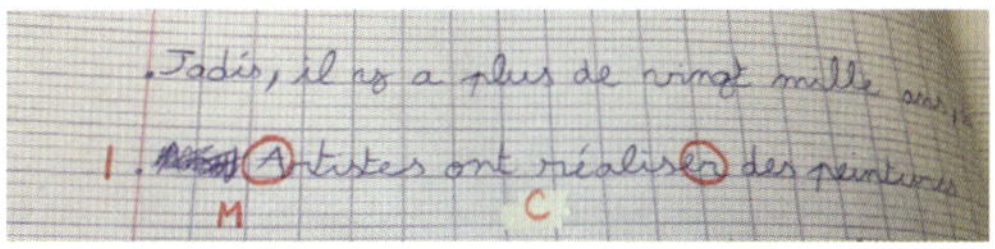

Lors de la correction de la dictée sur Lascaux, par exemple, j'ai adapté mes exigences à ces deux élèves. J'ai estimé que l'élève A était en mesure d'identifier le participe passé et j'ai sanctionné son erreur.

En revanche, l'élève B ne m'a pas paru devoir être évalué sur cette notion à ce moment-là de sa progression personnelle.

Comment corriger ?

Il est important que les élèves sautent des lignes, afin que les interlignes puissent être utilisés pour la correction. Chaque mot mal orthographié est barré puis :

– s'il doit être corrigé par l'enfant, l'enseignant écrit au-dessous le code correspondant ;

– si non, l'enseignant écrit l'orthographe correcte ainsi que le code.

Les erreurs sanctionnées sont comptées dans la marge par un bâtonnet.

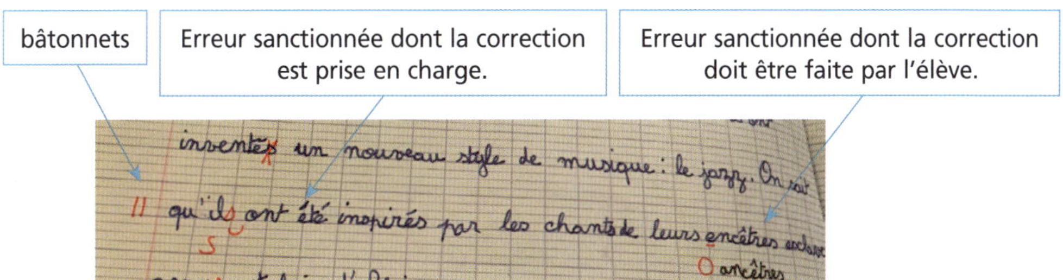

Les erreurs étant signalées, il est important de signaler les réussites également. Un accord marqué, un homophone reconnu, une majuscule mise en début de phrase… Pour chacun, on pourra trouver des succès.

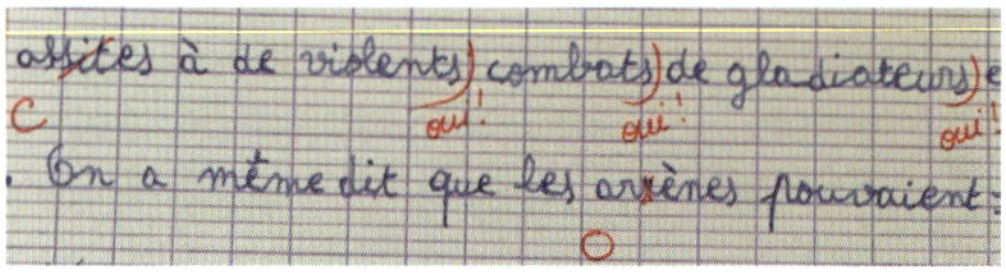

Comment noter ?

Pour calculer le pourcentage de réussite, on prend le nombre total de mots (exemple 75 mots si l'enfant était dans le groupe vert), on lui enlève le nombre de mots erronés (11 si l'enfant a fait 11 erreurs), on divise le résultat obtenu par le nombre de mots total (75). On multiplie ensuite le résultat par 100.

75 – 11 = 64

64 : 75 = 0,85

0,85 × 100 = 85

L'élève obtient un résultat de 85 %. Cela signifie que 85 % des mots de sa dictée sont écrits correctement.

Si cet élève avait été noté de façon traditionnelle sur 20, en enlevant un point par erreur, il aurait obtenu la note de 9/20, bien qu'il ait orthographié 85 % des mots correctement !

Avant d'inscrire la note obtenue, l'enseignant entoure le nombre de mots de la dictée faite. Il situe ainsi l'enfant dans la classe.

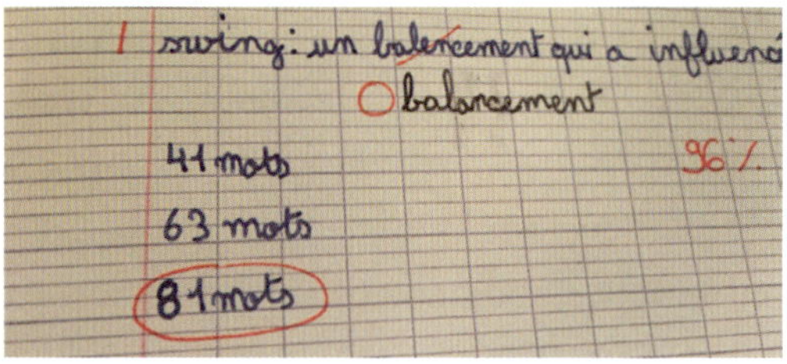

Le pluriel des noms (1)

La tour Eiffel

Connaissances pour l'enseignant

Architecte : Le projet de construction est d'abord élaboré par deux ingénieurs des entreprises Eiffel : Maurice Koechlin et Émile Nouguier, il est ensuite transformé par Stephen Sauvestre (architecte en chef des entreprises Eiffel). Le projet plait à Gustave Eiffel qui se bat pour le faire connaitre et le mener jusqu'à sa réalisation.

Domaine artistique : architecture

Courant artistique : Art nouveau

Date de construction : 1887-1889 (inauguration le 31 mars 1889)

Lieu de construction : parc du Champ-de-Mars, Paris, France

Dimensions : 324 m de hauteur (312 m lors de sa construction)

Pourquoi étudier la tour Eiffel ?

Pour son statut de symbole

La tour Eiffel est le monument (payant) le plus visité au monde. Elle est l'un des plus fameux symboles de Paris et de la France.

Pour le débat passionné qu'elle a provoqué

Ce succès n'était pourtant pas prévisible. À l'origine, la tour n'était qu'un projet éphémère et devait être démontée. Par ailleurs, elle a reçu les foudres de détracteurs virulents. Ce sont les exploitations scientifiques que l'on a pu en faire (en météorologie, astronomie, aérodynamisme et en optique) qui l'ont sauvée de la destruction. Étudier ce débat passionné est l'occasion idéale pour aborder la notion de subjectivité du beau, de ce qui fait art.

Pour sa familiarité

La plupart des élèves connaissent le nom ou la silhouette de la tour Eiffel. Ils peuvent ainsi entrer en histoire de l'art avec douceur et intimité. Cette première séquence met en valeur une culture commune dont ils disposent déjà.

Séance 1 : Découverte de l'œuvre

Objectif : Découvrir l'œuvre de la tour Eiffel et s'exprimer à son propos.

Matériel :
- Diaporama histoire des arts 1 à projeter et vignette de l'œuvre à placer sur la frise chronologique.
- Carte murale de France, frise chronologique.
- Fiche élève histoire des arts 1.
- Fiche de méthodologie n° 1.

Durée : 30 min.

Note : le déroulement général des séances est détaillé pages 8 à 19 de l'introduction.

Étape 1 : Introduction de la séance (5 min)

Présenter l'œuvre d'art de la semaine

Projeter l'œuvre au tableau. « Voici une œuvre que vous connaissez sans doute : la tour Eiffel. C'est une construction, nous sommes dans un domaine artistique qu'on appelle l'architecture. »

Situer l'œuvre dans l'espace

Un élève vient situer Paris sur la carte de France. Paris est ensuite situé par rapport à la région où vivent les élèves. Si les élèves habitent Paris, on peut éventuellement leur faire repérer l'emplacement de la tour Eiffel sur un plan de la ville.

Situer l'œuvre dans le temps

Faire lire les dates correspondant au début de la construction et à son achèvement. Expliquer que la construction de cette immense structure, en à peine plus de deux ans, est une véritable prouesse technique. Donner la période historique à laquelle elle correspond (Époque contemporaine). Un élève place la vignette de l'œuvre sur la frise chronologique de la classe.

Étape 2 : Découverte de l'œuvre par les élèves (10 min)

• Encourager la parole descriptive des élèves : « Que voyez-vous ? »

Évoquer ensemble : la structure métallique, les trois étages, les quatre pieds, la forme effilée qui se dresse vers le ciel, l'aspect « dentelle de fer », l'antenne puis l'éclairage de la tour, son scintillement, son phare.

• Encourager la parole élaborative des élèves : « D'après vous, pourquoi cette construction est si célèbre dans le monde ? Pourquoi est-elle devenue l'emblème, le symbole de Paris et de la France ? » Les élèves évoqueront peut-être sa taille, sa beauté, son originalité... Expliquer que la tour a été construite dans ce but : elle devait représenter la France lors de l'Exposition universelle ayant lieu, cette année-là, à Paris. Elle impressionna autant par son style, totalement nouveau, que par sa taille – elle a été jusqu'en 1930 (construction de la tour Chrysler) le bâtiment le plus haut du monde.

• Encourager la parole émotionnelle des élèves. « En observant cette œuvre, que ressentez-vous ? D'après vous qu'ont ressenti les Parisiens de l'époque ? » On peut alors expliquer que cette construction ne faisait pas l'unanimité lors de sa création. Certains Parisiens voulaient même la détruire.

Le saviez-vous ?
De nombreuses personnalités (dont Guy de Maupassant et Charles Garnier) protestent dans une lettre et assimilent l'« inutile et monstrueuse tour Eiffel » à une « gigantesque et noire cheminée d'usine ». On lui reproche d'être laide, mais aussi de célébrer la Révolution et d'être impie (elle culmine bien plus haut que les clochers des églises).

Étape 3 : Apports culturels supplémentaires (10 min)

• Élargir en expliquant que c'est grâce à diverses expérimentations que la tour Eiffel échappe à la destruction. Elle est d'abord un observatoire du ciel (météorologie et astronomie) puis un émetteur sans précédent (émission des premières chaines de radio puis de télévision).

Le saviez-vous ?
Gustave Eiffel, grand amateur de sciences, installe son laboratoire personnel au troisième étage de la tour. Il y fera des observations météorologiques et des expériences d'aérodynamisme. Il fait graver les noms de 72 scientifiques sur les quatre façades de la tour, afin de leur rendre hommage.

• Insister sur la renommée et l'aspect emblématique de l'œuvre. La tour Eiffel représente Paris et la France dans le monde entier. On « l'habille » en fonction d'évènements particuliers (célébrations ou deuils) pour manifester au monde « l'état d'âme français ». Depuis sa création, elle a reçu 250 millions de visiteurs, venus du monde entier.

• Distribuer la fiche histoire des arts. Après avoir lu le cartel de l'œuvre, les élèves colorient l'époque contemporaine sur leur frise. Ils lisent ensuite le contexte de l'œuvre.

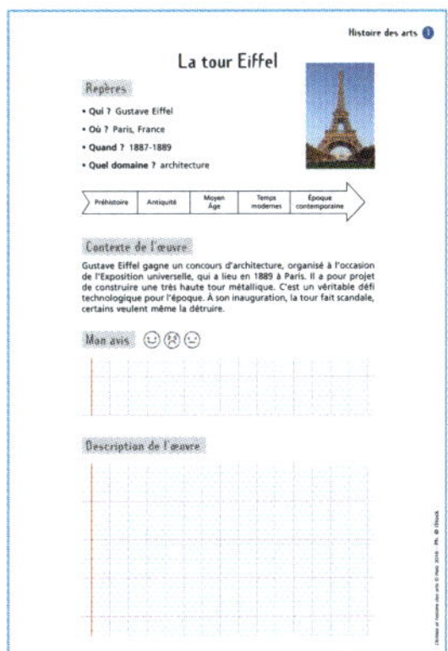

Histoire des arts 1

La tour Eiffel

Repères

• **Qui ?** Gustave Eiffel
• **Où ?** Paris, France
• **Quand ?** 1887-1889
• **Quel domaine ?** architecture

Préhistoire | Antiquité | Moyen Âge | Temps modernes | Époque contemporaine

Contexte de l'œuvre

Gustave Eiffel gagne un concours d'architecture, organisé à l'occasion de l'Exposition universelle, qui a lieu en 1889 à Paris. Il a pour projet de construire une très haute tour métallique. C'est un véritable défi technologique pour l'époque. À son inauguration, la tour fait scandale, certains veulent même la détruire.

Mon avis

Description de l'œuvre

Étape 4 : Expression personnelle (5 min)

• Sur la partie dédiée de la fiche, les élèves écrivent leur avis sur l'œuvre. Préciser que cet avis doit être justifié ▸ Fiche de méthodologie n° 1.
• Les élèves volontaires lisent leur production.

Prolongements possibles

• Découvrir les nombreuses représentations de la tour Eiffel dans la peinture (G. Seurat, H. Rousseau, P. Signac, R. Delaunay, M. Chagall, etc.).
• S'en inspirer pour la représenter à sa manière.
• De nombreuses fiches pédagogiques sont téléchargeables sur le site officiel de la tour Eiffel : www.http://toureiffel.paris

Séance 2 : Marquer le pluriel des noms (1)

Objectifs :	– Observer les marques du nombre entendues et écrites. – Marquer le pluriel des noms dans les cas simples.
Matériel :	– Fiche élève orthographe 1. – Exercices d'entrainement autonome 1. – Diaporama orthographe 1 à projeter.
Durée :	50 min.

Étape 1 : Introduction de la séance (5 min)

• Présenter l'objectif d'apprentissage de la séance à l'aide de la page 1 du diaporama et annoncer : « Aujourd'hui, nous allons apprendre à mettre les noms au pluriel dans les cas les plus courants. »
• Faire rappeler les connaissances antérieures : « Qu'est-ce qu'un nom commun ? Comment peut-on le reconnaitre ? » Un nom commun est un mot qui désigne une personne, un animal, un objet ou une idée. On peut le reconnaitre en mettant un déterminant devant comme « un » ou « une ».
« Qu'est-ce qu'un déterminant ? Comment peut-on le reconnaitre ? » Un déterminant est un petit mot placé devant le nom commun. On peut le reconnaitre en mettant un nom après.
« Qu'est-ce qu'un groupe nominal ? » Un groupe nominal – ou GN – contient au moins un nom et un déterminant. Le nom est le mot le plus important du groupe nominal.
« Qu'appelle-t-on le pluriel ? » Le pluriel marque la présence de plusieurs éléments.

Étape 2 : Enseignement (15 min)

Observer

Projeter la page 2 du diaporama. Les élèves doivent repérer les groupes nominaux au pluriel.

Demander : « Comment savez-vous que ces GN sont au pluriel ? » Entourer les déterminants et entourer les marques. Faire remarquer que, pour certains noms, il n'y a pas de marque.

Expliquer

« Dans le groupe nominal, le nom et le déterminant s'accordent. Cela signifie que si le déterminant est au pluriel, le nom doit aussi être au pluriel. On doit donc faire attention au déterminant mais aussi au sens et se demander s'il y a plusieurs éléments ou un seul. Dans la plupart des cas, pour mettre un nom au pluriel, on ajoute un **s**. Si le nom se termine déjà par un -s, un -z ou un -x dans sa forme au singulier, il ne change pas au pluriel. »

Illustrer

• Projeter la page 3 du diaporama (puis la page 4).

« Je veux écrire la phrase :

"Ma voisine a plusieurs chats." Je comprends que "voisine" est au singulier car la phrase dit "ma" voisine et non "mes" voisines. On n'évoque qu'une seule voisine dans cette phrase.

Je comprends que "chats" est au pluriel car la phrase dit "plusieurs" chats. Le mot plusieurs signifie que la voisine a des chats et non un chat seulement. Je mets donc un -s à la fin du mot "chats". »

• Projeter la page 5 du diaporama (puis la page 6).

« Je veux écrire la phrase :

"Certains chats attrapent des souris."

Je comprends que les mots "chats" et "souris" sont au pluriel car on évoque plusieurs chats et plusieurs souris. Au mot "chat" j'ajoute un -s. Au mot "souris" en revanche, je n'ajoute pas de -s, car il y a déjà un -s au singulier. »

Vérifier la compréhension

Projeter la page 7 du diaporama.
Les élèves sont invités à répondre aux questions.
Puis, diaporama caché, faire synthétiser la notion apprise par les élèves.

VÉRIFIER SA COMPRÉHENSION

1. Dans quels cas marque-t-on le pluriel ?
2. Avec quelle lettre le marque-t-on la plupart du temps ?
3. Comment faire si je ne connais pas le déterminant ?
4. Pour quels mots le pluriel est-il identique au singulier ?

44

Pour conclure, distribuer la fiche orthographe 1 et lire ensemble la leçon :

• **Dans le groupe nominal, le nom et le déterminant s'accordent.**
Si le déterminant est au pluriel, le nom doit être au pluriel aussi.

• En général, pour former le pluriel d'un nom, on ajoute un **s** à la fin.
Exemple : un monument → des monuments.

• Quand le mot finit par s, x ou z au singulier, il ne change pas au pluriel.
Exemple : un pays → des pays.

Étape 3 : Entrainement (30 min)

Entrainement guidé

Projeter la page 8 du diaporama. Les élèves s'entrainent en écrivant un par un, sur leur ardoise, le pluriel des GN proposés. Apporter une correction immédiate et demander aux élèves de justifier leurs réponses avant de passer au GN suivant.

S'ENTRAINER

Mets au pluriel ces groupes nominaux.

1. mon peignoir	2. le gaz	3. cet arbre	4. une baignoire	5. la pierre
6. le tapis	7. ce livre	8. la fenêtre	9. ta robe	10. un cahier
11. notre pull	12. cette histoire	13. la voix	14. une dictée	15. un vélo
16. le nez	17. une trousse	18. ma place	19. une rose	20. votre oreille
21. une rayure	22. le fils	23. leur sac	24. ce gorille	25. la potion
26. cette brebis	27. la ville	28. ton piano	29. mon stylo	30. le bois

45

Entrainement autonome

Les élèves s'entrainent dans leur cahier avec un exercice écrit de niveau 1 (∗) ou 2 (∗∗). Imprimer la fiche avec les exercices d'entrainement autonome dans les ressources numériques pour la distribuer aux élèves, ou copier au tableau les exercices.

Niveau 1 (∗)

Écris les groupes nominaux suivants au pluriel.

le prix – cet article – mon livre – une carotte – un radis – votre enfant – la souris – le chat

Niveau 2 (**)

Récris les phrases en mettant les GN soulignés au pluriel.

Il a calculé le prix de cet article.

J'ai rangé mon livre sur l'étagère.

En entrée, nous servirons une carotte et un radis.

La maitresse est avec votre enfant.

La souris a peur du chat.

Séance 3 : Première appropriation des mots

Objectif :	Découvrir les mots à apprendre, mettre en lumière les difficultés.
Matériel :	– Fiche élève orthographe 1. – Fiche de méthodologie n° 2.
Durée :	30 min.

Étape 1 : Observation des mots (15 min)

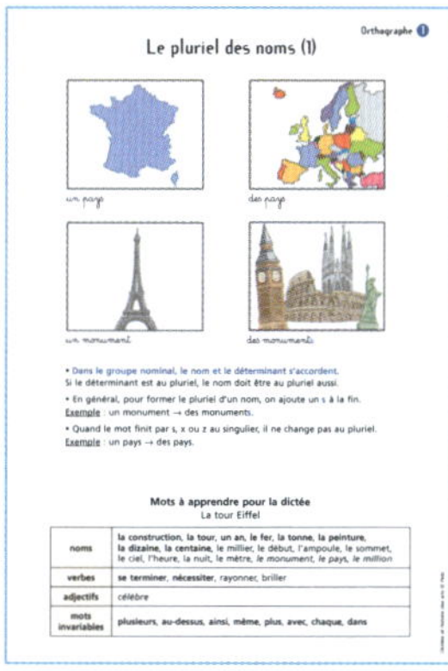

Orthographe 1

Le pluriel des noms (1)

• Dans le groupe nominal, le nom et le déterminant s'accordent.
Si le déterminant est au pluriel, le nom doit être au pluriel aussi.

• En général, pour former le pluriel d'un nom, on ajoute un s à la fin.
Exemple : un monument → des monuments.

• Quand le mot finit par s, x ou z au singulier, il ne change pas au pluriel.
Exemple : un pays → des pays.

Mots à apprendre pour la dictée
La tour Eiffel

noms	**la construction, la tour, un an, le fer, la tonne, la peinture, la dizaine, la centaine,** le millier, le début, l'ampoule, le sommet, le ciel, l'heure, la nuit, le mètre, *le monument, le pays, le million*
verbes	**se terminer, nécessiter,** rayonner, briller
adjectifs	*célèbre*
mots invariables	**plusieurs, au-dessus, ainsi, même, plus, avec, chaque, dans**

• Lecture collective des mots à apprendre sur la fiche orthographe. Le sens des mots est rappelé si nécessaire, et les difficultés orthographiques sont surlignées.

Exemples de difficultés :

la construction, une tonne, la peinture, un sommet, la dizaine, une ampoule, une heure, la nuit, un monument, le début, nécessiter, rayonner, au-dessus.

• Rappeler que lors, de la dictée bilan, les verbes seront conjugués et les noms devront être accordés.

Étape 2 : Mémorisation des mots (15 min)

• Découverte d'une première méthode de mémorisation des mots : l'appareil photo. ➤ Fiche de méthodologie n° 2

• Première mise en mémoire des mots. Les élèves commencent à apprendre leurs mots individuellement puis se les font dicter par leur binôme.

• Les mots sont donnés à apprendre à la maison pour la semaine suivante. Les élèves du groupe jaune et ceux qui feront la dictée à trous n'ont que les mots en gras à apprendre.

Séance 4 : Dictée flash n° 1

Objectifs : – Vérifier sa mémorisation de l'orthographe des mots.
– S'entrainer à marquer les accords dans le groupe nominal.

Matériel : – Cahier de brouillon.
– Pour l'enseignant : dictées flash et bilan 1.

Durée : 15 min.

Étape 1 : Dictée de groupes nominaux (5 min)

des millions de visiteurs – deux ans – des dizaines de tonnes de peinture – des centaines de mètres – **plusieurs** heures

Étape 2 : Relecture outillée (5 min)

Étape 3 : Correction collective puis individuelle (5 min)

Séance 5 : Dictée flash n° 2

Objectifs : – Vérifier sa mémorisation de l'orthographe des mots.
– S'entrainer à marquer les accords dans le groupe nominal et à conjuguer les verbes en fonction de leur sujet.

Matériel : – Cahier de brouillon.
– Pour l'enseignant : dictées flash et bilan 1.

Durée : 25 min.

Étape 1 : Dictée de phrase (5 min)

Des milliers d'ampoules brillent toutes les heures dans le ciel de Paris.

Étape 2 : Analyse grammaticale en collectif (5 min)

Étape 3 : Relecture individuelle et négociation orthographique en binôme (5 min)

Étape 4 : Correction collective puis individuelle (10 min)

Exemples de questions pouvant éclairer la correction :

« Pourquoi faut-il mettre un -s à "milliers" ? à "ampoules" ? à "heures" ? » ou « Y a-t-il un ou plusieurs milliers ? une ou plusieurs ampoules ? une ou plusieurs heures ? »

« Quel est le sujet du verbe "brillent" ? » ou « Qu'est-ce qui brille ? »
« Comment savoir qu'il y a un -s à "toutes" ? »
« Pourquoi y a-t-il une majuscule à Paris ? »

Séance 6 : Dictée bilan

Objectif :	Écrire sous la dictée en tenant compte des règles apprises.
Matériel :	– Cahier de français, cahier du jour, cahier d'évaluation (selon l'organisation de la classe). – Diaporama histoire des arts 1. – Dictée à trous 1. – Pour l'enseignant : dictées flash et bilan 1. – Fiche de méthodologie n° 3.
Durée :	45 min.

Étape 1 : Projection de l'œuvre et lecture magistrale de la dictée (5 min)

Écrire au tableau le nom propre « Eiffel ». Signaler que si les dates sont toujours écrites en chiffres, tous les autres nombres doivent être écrits en lettres. Éventuellement, rappeler ce que sont les guillemets et les tracer au tableau.

Étape 2 : Dictée phrase par phrase du texte et différenciation (30 min)

Dictée bilan

La **construction** de la **tour** *Eiffel* dure **plus** de deux **ans** et **se termine** en 1889. Elle **nécessite plusieurs centaines** de **tonnes** de **fer ainsi** que des **dizaines** de **tonnes** de **peinture**.	32 mots
Son **sommet** culmine à trois-cent-vingt-quatre **mètres au-dessus** du sol. **Chaque nuit**, toutes les **heures**, des **milliers** d'**ampoules brillent** cinq minutes. Son phare **rayonne dans** le **ciel** de Paris.	64 mots
La « dame de **fer** » est un des **monuments** les plus **célèbres** du **pays** et **même** du monde, **avec** sept **millions** de visiteurs par **an**.	88 mots

Les groupes ne sont pas encore définis. Tous les élèves écrivent donc les 88 mots. Ils seront ensuite répartis dans les groupes en fonction de leur résultat à cette dictée. Des couleurs apparaissent néanmoins pour les enseignants qui auraient déjà une connaissance suffisante de leur public. Pour cette même raison, la dictée à trous est également disponible.

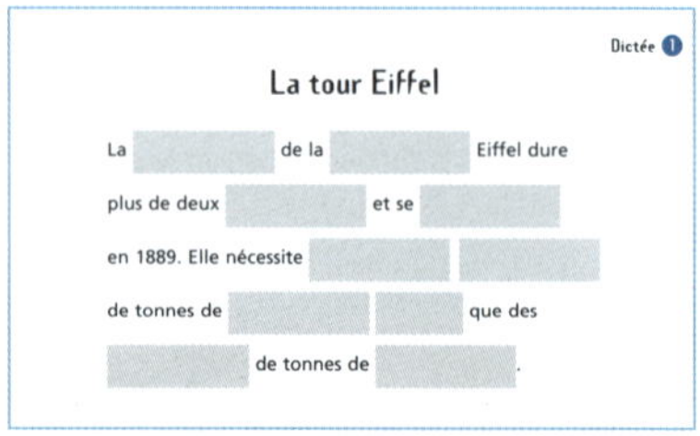
Dictée 1

La tour Eiffel

La ______ de la ______ Eiffel dure plus de deux ______ et se ______ en 1889. Elle nécessite ______ ______ de tonnes de ______ ______ que des ______ de tonnes de ______.

Étape 3 : Relecture de la dictée (10 min)

Les élèves se relisent selon la procédure expliquée pages 16 et 17 de l'introduction. Ils s'aident pour cela de la fiche méthodologie n° 3 (Comment relire sa dictée ?).

Aide pour la correction de la dictée par l'enseignant

On retire un point pour :
- les correspondances graphème-phonème non respectées ;
- les erreurs de ponctuation et de majuscule ;
- chaque mot en gras mal orthographié (mots à apprendre) ;
- les mots écrits au tableau (en italique) mal copiés ;
- les règles d'écriture des nombres non respectées ;
- les accords simples dans le GN (soulignés).

Séance 7 : Correction de la dictée par les élèves

Objectif :	Réfléchir à ses erreurs pour les corriger avec ou sans aide.
Matériel :	– Fiche de méthodologie n° 4. – Graphique de progrès.
Durée :	10 min.

Les élèves corrigent leur dictée en s'aidant de la fiche méthodologie n° 4 (Comment corriger sa dictée ?) puis renseignent leur graphique de progrès.

Prolongement

Plus tard, après la vérification de cette correction par l'enseignant, les élèves recopieront au propre leur dictée sur la partie dédiée de la fiche histoire des arts (« contexte de l'œuvre » ou « description de l'œuvre », selon le thème de la dictée). **La dictée, en venant enrichir la fiche histoire des arts, prend ici tout son sens.** Ce travail pourra être fait en autonomie, de façon décrochée.

Écrire « a » ou « à »

L'amphithéâtre de Nîmes

Connaissances pour l'enseignant

Architecte : inconnu. On a retrouvé récemment une inscription en latin dans la salle cruciforme de l'amphithéâtre : *Titus Crispius Reburrus fecit*, signifiant « Titus Crispius Reburrus l'a fait ». Était-ce un architecte ? un ouvrier ? un mécène ? Nul ne le sait aujourd'hui.

Domaine artistique : architecture

Courant artistique : art romain (l'amphithéâtre est construit sur le modèle du Colisée de Rome)

Date de construction : 90-120

Lieu de construction : Nîmes, département du Gard, France

Dimensions : ellipse de 133 m de longueur et 101 m de largeur pour une hauteur de 21 m

Pourquoi étudier cet amphithéâtre ?

Pour son état de conservation

L'amphithéâtre de Nîmes est l'un des vestiges gallo-romains les mieux conservés de France et même d'Europe.

Pour faire le lien avec le programme d'histoire

Les repères annuels de programmation issus des instructions officielles de 2016 proposent dans le cadre du thème « Et avant la France ? » de se poser la question « Celtes, Gaulois, Grecs et Romains : quels héritages des mondes anciens ? »

Pour la fascination que suscitent les spectacles gallo-romains

Des courses de chars, des combats de gladiateurs, des reconstitutions de chasses avaient lieu dans les arènes, ainsi que des exécutions publiques (qui attiraient bien moins de visiteurs).

Séance 1 : Découverte de l'œuvre

Objectif :	Découvrir une œuvre : l'amphithéâtre de Nîmes et s'exprimer à son propos.
Matériel :	– Diaporama histoire des arts 2 à projeter et la vignette de l'œuvre à placer sur la frise chronologique. – Carte murale de France, frise chronologique. – Fiche élève histoire des arts 2. – Fiche de méthodologie n° 1.
Durée :	30 min.

Étape 1 : Introduction de la séance (5 min)

Présenter l'œuvre d'art de la semaine

Projeter l'œuvre ou l'afficher au tableau, puis demander à un élève de la nommer. Préciser : « L'œuvre de la semaine est un monument, le domaine artistique dont elle relève est l'architecture. »

Situer l'œuvre dans l'espace

Un élève vient situer Nîmes sur la carte de France. On peut ensuite situer la ville par rapport à la région où vivent les élèves.

Situer l'œuvre dans le temps

Faire lire la date de création et donner la période historique à laquelle elle correspond (Antiquité). Expliquer que cette date est vague car le monument est très ancien, il est difficile pour les historiens d'être plus précis. Un élève place la vignette de l'œuvre sur la frise chronologique de la classe.

Étape 2 : Découverte de l'œuvre par les élèves (10 min)

• Encourager la parole descriptive des élèves : « Que voyez-vous ? »

Évoquer ensemble en les montrant : les deux étages, les arcades (ouverture dont la partie supérieure forme un arc), l'utilisation de la pierre. « Cet amphithéâtre mesure 21 mètres de haut, c'est-à-dire environ douze personnes adultes montées les unes sur les épaules des autres. »

Encourager la parole élaborative des élèves. « D'après vous, à quoi servait ce bâtiment ? Et de nos jours ? » Les élèves verront sans doute les arènes comme un lieu de spectacle, ils peuvent évoquer des corridas, des concerts, du cirque. Les situer dans le contexte antique en citant les loisirs romains : courses de chars, scènes de chasse reconstituées, combats de gladiateurs. Expliquer que le monument a toujours été utilisé : il a même été habité au Moyen Âge (on pouvait alors y trouver 220 maisons et 2 églises). De nos jours, on peut le visiter mais aussi y assister à de nombreux spectacles dont des corridas, des concerts et des reconstitutions de jeux du cirque.

• Encourager la parole émotionnelle des élèves. « Imaginez-vous au pied du monument. Quel effet vous fait-il ? Que ressentez-vous ? »

Le saviez-vous ?
La ville de Nîmes tient son nom de la source Nemausus. Elle-même est nommée ainsi pour honorer le dieu celte de l'eau : Némoz.

Étape 3 : Apports culturels supplémentaires (10 min)

• Projeter la deuxième page du diaporama. Découvrir l'intérieur de l'amphithéâtre vu du ciel. Demander à nouveau : « Que voyez-vous ? » Évoquer ensemble les gradins et la piste. La piste est recouverte de sable. En latin, le sable se dit *arena*, cela a donné le mot français « arènes ». Préciser : « Le monument est souvent appelé à tort « les arènes de Nîmes ». En réalité, l'ensemble du bâtiment est un amphithéâtre, l'arène n'en représente qu'une partie : la piste de sable. »

On voit à droite une galerie appelée *vomitorium* ou vomitoire. Elle servait à desservir les différents étages. On l'appelait ainsi car, à la fin des jeux, les spectateurs quittaient les lieux très rapidement (en une vingtaine de minutes) grâce à ces nombreuses galeries. Cela donnait une impression d'écoulement. Sur les gradins, les spectateurs étaient répartis selon leur classe sociale : les plus riches, en bas, profitaient de la meilleure vue.

Le saviez-vous ?
On trouve dans l'amphithéâtre des petits escargots (1 cm) uniques en France. On n'en connait de similaires que dans des falaises près de Rome. Ils ont été introduits par les Romains il y a 2 000 ans !

• Élargir en évoquant les différents spectacles auxquels les visiteurs pouvaient assister pendant l'Antiquité : des combats d'animaux, des combats de gladiateurs et même, selon certains, des batailles navales, car les arènes pouvaient être remplies d'eau.

• Insister sur les gladiateurs. Ils n'étaient pas, comme on le croit souvent, des esclaves voués à mourir au combat pour le bon plaisir des spectateurs. Ils étaient des combattants de métier, dont l'entrainement était sophistiqué et cher. Ils étaient donc précieux et n'étaient que rarement tués.

• Distribuer la fiche histoire des arts. Après avoir lu le cartel de l'œuvre, les élèves colorient l'Antiquité sur leur frise. Ils lisent ensuite la description de l'œuvre.

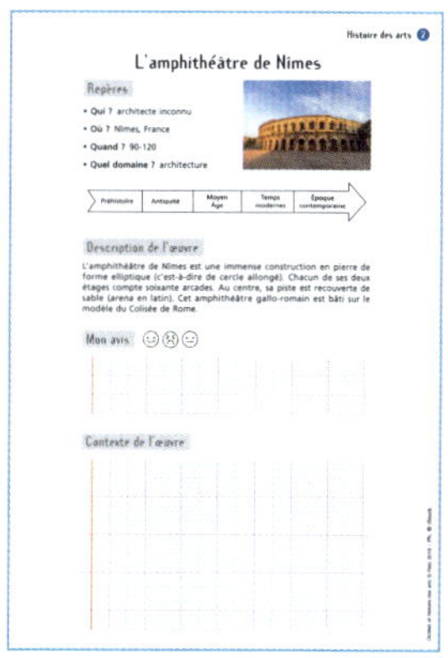
Histoire des arts 2

L'amphithéâtre de Nîmes

Repères
• **Qui ?** architecte inconnu
• **Où ?** Nîmes, France
• **Quand ?** 90-120
• **Quel domaine ?** architecture

Préhistoire | Antiquité | Moyen Âge | Temps modernes | Époque contemporaine

Description de l'œuvre
L'amphithéâtre de Nîmes est une immense construction en pierre de forme elliptique (c'est-à-dire de cercle allongé). Chacun de ses deux étages compte soixante arcades. Au centre, sa piste est recouverte de sable (arena en latin). Cet amphithéâtre gallo-romain est bâti sur le modèle du Colisée de Rome.

Mon avis

Contexte de l'œuvre

Étape 4 : Expression personnelle (5 min)

• Sur la partie dédiée de la fiche, les élèves écrivent leur avis sur l'œuvre. Préciser que cet avis doit être justifié ▶ Fiche de méthodologie n° 1.

• Les élèves volontaires lisent leur production.

Prolongements possibles

• Visiter l'amphithéâtre virtuellement grâce au webdocumentaire visible à cette adresse : arenes-webdoc.nimes.fr

• Regarder l'épisode de l'émission « C'est pas sorcier » consacré aux arènes de Nîmes et au pont du Gard.

• Une fiche pédagogique est téléchargeable sur le site de l'amphithéâtre : arenes-nimes.com

Séance 2 : Écrire « a » ou « à »

Objectifs :	– Distinguer le verbe « avoir » conjugué au présent à la troisième personne du singulier et la préposition « à ». – Savoir écrire « a » ou « à ».
Matériel :	– Fiche élève orthographe 2. – Exercices d'entrainement autonome 2. – Diaporama orthographe 2 à projeter.
Durée :	50 min.

Étape 1 : Introduction de la séance (5 min)

• Présenter l'objectif d'apprentissage de la séance à l'aide de la page 1 du diaporama et annoncer : « Aujourd'hui, nous allons apprendre à savoir s'il faut écrire "a" ou "à" avec un accent ».

• Faire rappeler les connaissances antérieures en demandant :

« Qui peut me dire ce qu'est le mot "a" ? » Le mot « a » est le verbe « avoir » conjugué au présent à la troisième personne du singulier.

« Qui peut me dire ce qu'est le mot "à" ? » Le mot « à » est une préposition, il sert à relier des groupes de mots entre eux.

Étape 2 : Enseignement (15 min)

Observer

Projeter la page 2 du diaporama. Faire remarquer aux élèves que dans cette phrase, on trouve « a » sans accent et « à » avec accent. Projeter ensuite la page 3, contenant la phrase mise au passé. Demander : « Quel est le changement entre les deux phrases ? Que se passe-t-il quand on met la phrase au passé ? » Quand on met la phrase au passé, le mot « a » devient « avait » – c'est un verbe, il se conjugue –, alors que le mot « à » ne change pas.

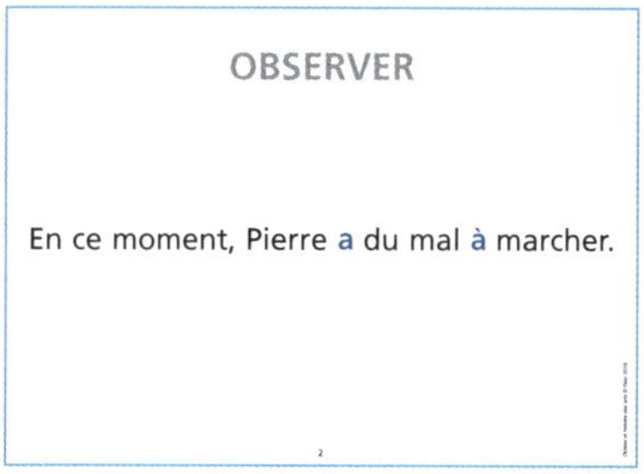

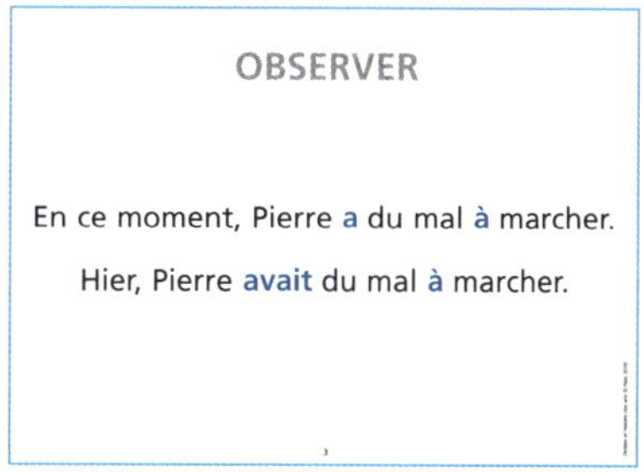

Expliquer

« Pour savoir s'il s'agit du verbe "avoir" (sans accent) ou de la préposition (avec accent), je peux essayer de mettre la phrase au passé. Si le mot "a" change et devient "avait", c'est qu'il s'agit bien d'un verbe. Si je ne peux pas remplacer "à" par "avait" c'est qu'il s'agit de la préposition. »

Illustrer

Projeter la page 4 du diaporama (puis 5 et 6).

« Je veux écrire la phrase :

"Il va à l'hôpital parce qu'il a besoin d'être soigné."

Je ne peux pas dire "Il va ~~avait~~ l'hôpital". → J'en déduis qu'il s'agit de la préposition "à" avec un accent.

Je peux dire "il avait besoin d'être soigné". → J'en déduis qu'il s'agit du verbe "avoir", j'écris "a" sans accent.

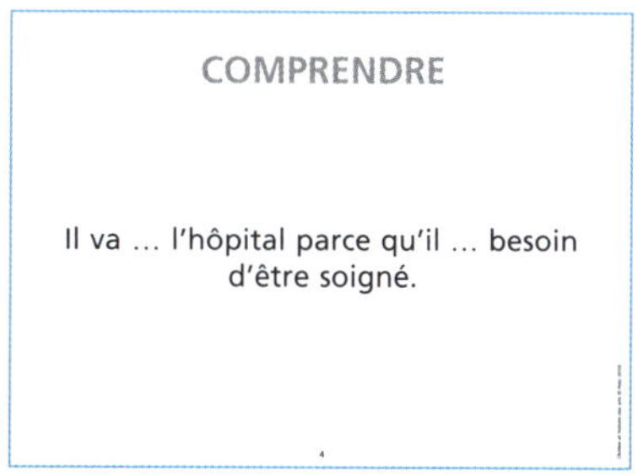

Vérifier la compréhension

Projeter la page 7 du diaporama.

Inciter les élèves à répondre aux questions.

Puis, diaporama caché, faire synthétiser la notion apprise par les élèves.

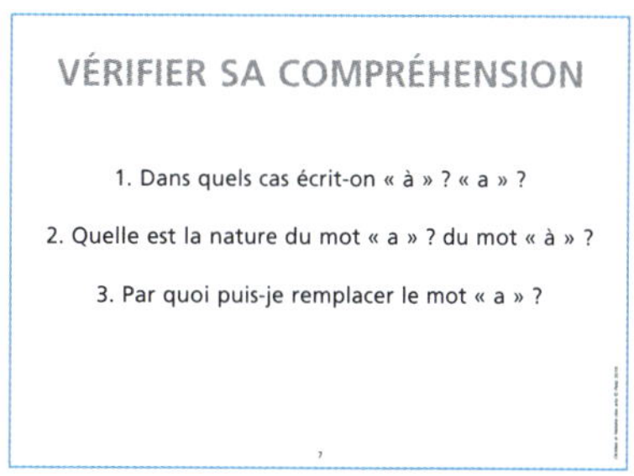

Pour conclure, distribuer la fiche orthographe 2 puis lire ensemble la leçon :

• **a** (sans accent), c'est le verbe **avoir** à la troisième personne du singulier au présent. Il peut être mis au passé (**avait**).
Exemple : L'amphithéâtre **a** été construit par les Gallo-Romains.
(L'amphithéâtre **avait** été construit par les Gallo-Romains.)

• **à** (avec un accent grave) est une préposition. On ne peut pas le remplacer par « avait ».
Exemple : Elle visite l'amphithéâtre **à** Nîmes.

Étape 3 : Entrainement (30 min)

Entrainement guidé

Projeter successivement les pages 8 à 17 du diaporama. Les élèves s'entrainent en écrivant « à » ou « a », sur leur ardoise. Les interroger afin qu'ils puissent justifier leur choix.

Fanny **a** dix-huit ans.
Barnabé apprend **à** lire.
J'ai oublié mon agenda **à** la maison.
Nous pensons parfois **à** déménager.
Mamie **a** reçu notre lettre.
Stéphane habite **à** Berlin.
J'ai donné mon ordinateur **à** Émilie.
La machine **à** laver tourne souvent.
Le maitre **a** l'air content.
Ma petite sœur est encore **à** la crèche.

Entrainement autonome

Les élèves s'entrainent dans leur cahier avec un exercice écrit de niveau 1 (★) ou 2 (★★)

Niveau 1 (∗)

Complète les phrases avec « a » (avoir) ou « à ».

Tu ressembles ...... un clown.

Il s'est installé ...... l'arrière de la navette.

L'arbitre ...... sifflé la fin du match.

On lui ...... offert une bande dessinée.

Je crois qu'il est rentré ...... la maison.

Niveau 2 (✶✶)

Complète les phrases avec « a » (avoir) ou « à ».

Elle ...... inventé la machine ...... voyager dans le temps.

L'enfant ...... pris le chemin qui menait ...... la grotte.

Il était ...... côté de moi quand il nous ...... raconté son histoire.

Le lutin n' ...... pas aimé la tarte ...... la limace.

Magali ...... fini ses devoirs ...... cinq heures.

Séance 3 : Première appropriation des mots

Objectif :	Découvrir les mots à apprendre, mettre en lumière les difficultés.
Matériel :	– Fiche élève orthographe 2. – Fiche de méthodologie n° 2.
Durée :	30 min.

Étape 1 : Observation des mots (15 min)

• Lecture collective des mots à apprendre sur la fiche orthographe. On évoque l'orthographe de chaque mot et leur sens si nécessaire. Les élèves surlignent ce qui leur parait difficile.

Exemples de difficultés :

le spectateur, un Gallo-Romain, le combat, l'intérieur, compter, accueillir, assister, accéder, construit, violent, jusqu'à, grâce.

• Rappeler que, lors de la dictée bilan, les verbes seront conjugués ; les noms et les adjectifs seront peut-être au féminin ou au pluriel.

Orthographe 2

Écrire « a » ou « à »

Elle visite l'amphithéâtre à Nîmes

L'amphithéâtre a été construit par les Gallo-Romains

• a (sans accent), c'est le verbe avoir à la troisième personne du singulier au présent. Il peut être mis au passé (avait).
Exemple : L'amphithéâtre a été construit par les Gallo-Romains.
(L'amphithéâtre avait été construit par les Gallo-Romains.)

• à (avec un accent grave) est une préposition. On ne peut pas le remplacer par « avait ».
Exemple : Elle visite l'amphithéâtre à Nîmes.

Mots à apprendre pour la dictée
L'amphithéâtre de Nîmes

noms	**le siècle, une époque, la Gaule, le mètre, l'étage, la hauteur, le spectateur**, le Gallo-Romain, le combat, la bataille, le gladiateur, l'animal/les animaux, l'eau, l'arène, *les gradins, la galerie, l'intérieur, un riche, un pauvre*
verbes	**compter, accueillir**, assister, *accéder, s'installer*
adjectifs et participes passés	**1er (premier), construit, romain**, violent, plein
mots invariables	**jusqu'à, même, grâce, en bas, en haut, peut-être**

Étape 2 : Mémorisation des mots (15 min)

• Découverte d'une seconde méthode de mémorisation des mots : les histoires.

➤ Fiche de méthodologie n° 2

• Première mise en mémoire des mots. Les élèves commencent à apprendre leurs mots individuellement puis en binôme.

• Les mots sont donnés à apprendre à la maison pour la semaine suivante. Les élèves du groupe jaune et ceux qui feront la dictée à trous n'ont que les mots en gras à apprendre.

Séance 4 : Dictée flash n° 1

Déroulement identique à la séance 4 de la dictée 1 « La tour Eiffel », p. 30.

Étape 1 : Dictée de groupes nominaux (5 min)

la Gaule romaine – des batailles navales – des spectateurs pauvres – des combats d'animaux – des gladiateurs violents

Séance 5 : Dictée flash n° 2

Déroulement identique à la séance 5 de la dictée 1 « La tour Eiffel », p. 30.

Étape 1 : Dictée de phrase (5 min)

On **a** construit les arènes de Nîmes **à** l'époque de la Gaule romaine.

Étape 4 : Correction collective puis individuelle (10 min)

Exemples de questions pouvant éclairer la correction :
« Comment savoir comment s'écrit le premier "a" ? le deuxième "à" ? »
« Comment peut-on savoir qu'il y a un -t à la fin de "construit" ? »
« Pourquoi y a-t-il une majuscule à Gaule et à Nîmes ? »

Séance 6 : Dictée bilan

Objectif :	Écrire sous la dictée en tenant compte des règles apprises.
Matériel :	– Cahier de français, cahier du jour, cahier d'évaluation (selon l'organisation de la classe). – Diaporama histoire des arts 2. – Dictée à trous 2. – Pour l'enseignant : dictées flash et bilan 2. – Fiche de méthodologie n° 3.
Durée :	45 min.

Étape 1 : Projection de l'œuvre et lecture magistrale de la dictée (5 min)

Écrire au tableau les mots « amphithéâtre » et « Nîmes ».

Étape 2 : Dictée phrase par phrase du texte et différenciation (30 min)

Dictée bilan

L'amphithéâtre de *Nîmes* a été **construit** au **Ier siècle**, à **l'époque** de la **Gaule romaine**. Il **compte** deux **étages** et il a une **hauteur** de vingt-et-un **mètres**. Il peut **accueillir jusqu'**à vingt-quatre mille **spectateurs**.	37 mots
Les **Gallo-Romains assistent** à de **violents combats** de **gladiateurs** et à des chasses d'**animaux**. **Peut-être même** à des **batailles** navales **grâce** à des **arènes pleines** d'**eau**.	65 mots
On peut **accéder** aux **gradins grâce** à des **galeries** appelées vomitoires. Les **spectateurs** sont séparés à **l'intérieur** : les plus **riches s'installent en bas** et les plus **pauvres en haut**.	96 mots

Les élèves en difficulté complètent la dictée à trous.

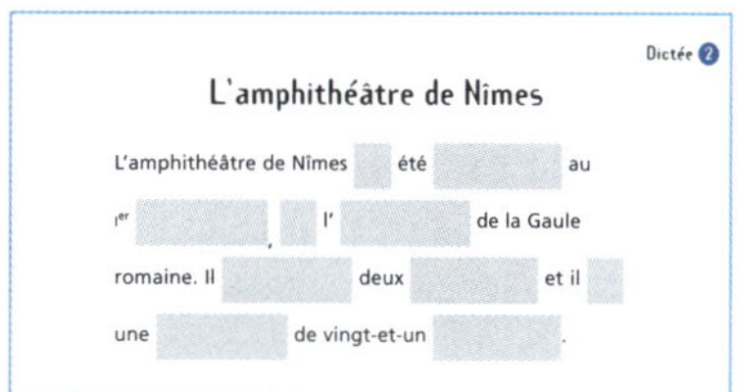
Dictée 2
L'amphithéâtre de Nîmes
L'amphithéâtre de Nîmes … été … au
er … , … l' … de la Gaule
romaine. Il … deux … et il …
une … de vingt-et-un … .

Étape 3 : Relecture de la dictée (10 min)

➤ Fiche de méthodologie n° 3

Aide pour la correction de la dictée par l'enseignant

On retire un point pour :
– les correspondances graphème-phonème non respectées ;
– les erreurs de ponctuation et de majuscule ;
– chaque mot en gras mal orthographié (mots à apprendre) ;
– les mots écrits au tableau (en italique) mal copiés ;
– les règles d'écriture des nombres non respectées ;
– les accords simples dans le GN (soulignés) ;
– **les erreurs d'homophones : a/à.**

Séance 7 : Correction de la dictée

Déroulement identique à la séance 7 de la dictée 1 « La tour Eiffel », p. 32.

Écrire « et » ou « est »

La cathédrale de Reims

Connaissances pour l'enseignant

Titre : Notre-Dame de Reims

Architectes successifs : Jean d'Orbais, Jean-le-Loup, Gaucher de Reims et Bernard de Soissons

Domaine artistique : architecture

Courant artistique : art gothique

Date de construction : 1211-1516 (gros œuvre achevé en 1275)

Lieu de construction : Reims, département de la Marne, France

Dimensions : 149 mètres de longueur, 38 mètres de hauteur (hauteur de la flèche 87 mètres) et 49 mètres de largeur

Pourquoi étudier cette cathédrale ?

Pour sa splendeur

Cette cathédrale, construite après Notre-Dame de Paris et Notre-Dame de Chartres, bénéficie des dernières avancées techniques en matière d'allègement des volumes et d'élévation. Elle est considérée comme l'un des plus grands chefs-d'œuvre de l'art gothique.

Pour son rôle historique

À la suite de Clovis qui fut baptisé à Reims (dans une première église), la grande majorité des rois de France ont été sacrés dans la cathédrale de Reims. La cérémonie du sacre symbolise la supériorité du roi par rapport aux autres hommes : il est investi par Dieu lui-même. (Sur la façade, la galerie des rois compte 56 statues représentant les rois de France.)

Parce que c'est une miraculée !

La cathédrale a été vandalisée pendant la Révolution française, incendiée et bombardée pendant la Première Guerre mondiale. Sa restauration a commencé en 1919 et elle est toujours en cours !

Séance 1 : Découverte de l'œuvre

Objectif :	Découvrir la cathédrale de Reims et s'exprimer à son propos.
Matériel :	– Diaporama histoire des arts 3 à projeter et vignette de l'œuvre à placer sur la frise chronologique. – Carte murale de France, frise chronologique. – Fiche élève histoire des arts 3. – Fiche de méthodologie n° 1.
Durée :	30 min.

Étape 1 : Introduction de la séance (5 min)

Présenter l'œuvre d'art de la semaine

Projeter l'œuvre au tableau puis demander à un élève de la nommer. Demander : « Aujourd'hui, nous allons étudier un monument appelé une cathédrale. Qui peut me dire ce qu'est une cathédrale ? À quel domaine artistique appartient une cathédrale ? » Une cathédrale est un édifice religieux, dirigé par un évêque. Nous sommes dans le domaine de l'architecture.

Situer l'œuvre dans l'espace

Un élève vient situer Reims sur une carte de France. On peut ensuite situer le département de la Marne par rapport à celui où vivent les élèves.

Situer l'œuvre dans le temps

Faire lire la date de création de l'œuvre (la construction débute en 1211 et se poursuit jusqu'en 1516) et préciser sa période historique (Moyen Âge). Un élève complète la frise de la classe avec la vignette de l'œuvre.

Étape 2 : Découverte de l'œuvre par les élèves (10 min)

• Encourager la parole descriptive des élèves : « Que voyez-vous ? »
Évoquer ensemble : la façade, les tours, le clocher (et son ange), les arcboutants, les roses (ou rosaces), l'immensité de l'édifice.

• Encourager la parole élaborative des élèves. « Si l'on regardait cette cathédrale vue du ciel, quelle forme aurait-elle ? Est-ce un hasard ? Pourquoi d'après-vous ? » La cathédrale est bâtie sur un plan en croix comme la plupart des églises. Cela rappelle la croix sur laquelle Jésus a été crucifié et qui est le symbole du christianisme.

• « Que pensez-vous de la taille de la cathédrale ? Est-elle surtout haute ou large ? Pourquoi ? » La cathédrale est immense. Elle est plus haute que large, on cherche à s'élever vers le ciel, pour célébrer Dieu.

Le saviez-vous ?
La hauteur de la cathédrale était également un signe extérieur de puissance pour les évêques. La cathédrale de Reims culmine à 38 m de hauteur, mais ce n'est pas la plus grande : la nef de la cathédrale de Beauvais atteint 48 m.

• Encourager la parole émotionnelle des élèves. « Quel effet vous fait cette cathédrale ? Comment imaginez-vous l'intérieur ? Aimeriez-vous la visiter ? Pourquoi ? »

Étape 3 : Apports culturels supplémentaires (10 min)

• Élargir en projetant les deuxième et troisième pages du diaporama pour observer la façade. Décrire ses trois étages : au premier, les trois portails sculptés, au deuxième, la grande rosace et au troisième, les deux tours.

• Ajouter que la cathédrale n'a pas toujours été blanche, comme toutes les églises, elle était peinte, à l'intérieur comme à l'extérieur. Pour rappeler cela, et pour éblouir les visiteurs comme les passants, la cathédrale est illuminée tous les soirs pendant les vacances d'été et de Noël.

• Distribuer la fiche d'histoire des arts. Après avoir lu le cartel de l'œuvre, les élèves colorient la période du Moyen Âge sur la frise. Ils lisent ensuite la description de l'œuvre.

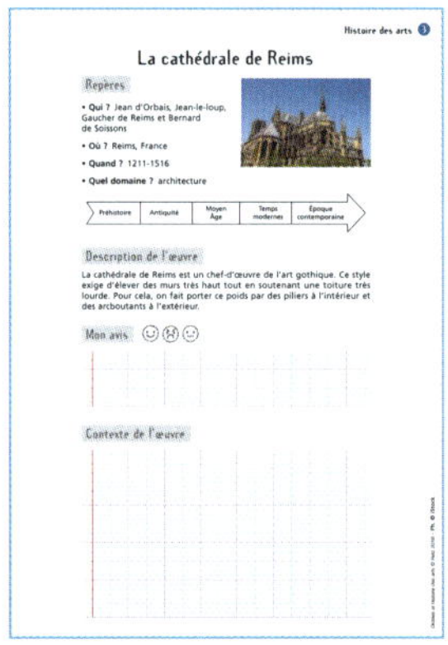
Histoire des arts 3

La cathédrale de Reims

Repères

• **Qui ?** Jean d'Orbais, Jean-le-loup, Gaucher de Reims et Bernard de Soissons
• **Où ?** Reims, France
• **Quand ?** 1211-1516
• **Quel domaine ?** architecture

Préhistoire | Antiquité | Moyen Âge | Temps modernes | Époque contemporaine

Description de l'œuvre

La cathédrale de Reims est un chef-d'œuvre de l'art gothique. Ce style exige d'élever des murs très haut tout en soutenant une toiture très lourde. Pour cela, on fait porter ce poids par des piliers à l'intérieur et des arcboutants à l'extérieur.

Mon avis

Contexte de l'œuvre

Étape 4 : Expression personnelle (5 min)

• Les élèves écrivent leur avis sur l'œuvre et justifient cet avis Fiche de méthodologie n° 1.

• Les élèves volontaires lisent leur production.

Prolongements possibles

– Visiter la cathédrale virtuellement sur le site cathedraledereims.fr

– Regarder différentes mises en lumière sur le site : cathedraledereims.fr et proposer aux élèves d'en donner leur version en arts visuels.

– Poursuivre la découverte avec l'*Ange au sourire* ou les vitraux de Marc Chagall.

Séance 2 : Écrire « et » ou « est »

Objectifs :

– Distinguer le verbe « être » conjugué au présent à la troisième personne du singulier et la conjonction de coordination « et ».
– Savoir écrire « et » ou « est ».

Matériel : – Fiche orthographe 3.
– Exercices d'entrainement autonome 3.
– Diaporama orthographe 3 à projeter.

Durée : 50 min.

Étape 1 : Introduction de la séance (5 min)

• Présenter l'objectif d'apprentissage de la séance à l'aide de la page 1 du diaporama et annoncer : « Aujourd'hui, nous allons apprendre à savoir s'il faut écrire "est" e-s-t ou "et" e-t. »

• Faire rappeler les connaissances antérieures : « Qui peut me dire ce qu'est le mot "est" ? » Le mot « est » est le verbe « être » conjugué au présent à la troisième personne du singulier.

« Qui peut me dire ce qu'est le mot "et" ? » Le mot « et » est un petit mot qui sert à ajouter, on l'appelle conjonction de coordination.

Étape 2 : Enseignement (15 min)

Observer

Projeter la page 2 du diaporama contenant la première phrase à observer. Faire remarquer aux élèves que dans cette phrase, on trouve « et » et « est ». Afficher ensuite la phrase au passé (page 3). Demander : « Quel est le changement entre les deux phrases ? Que se passe-t-il quand on met la phrase au passé ? » Quand on met la phrase au passé, le mot « est » devient « était » – c'est un verbe, il se conjugue –, alors que le mot « et » ne change pas.

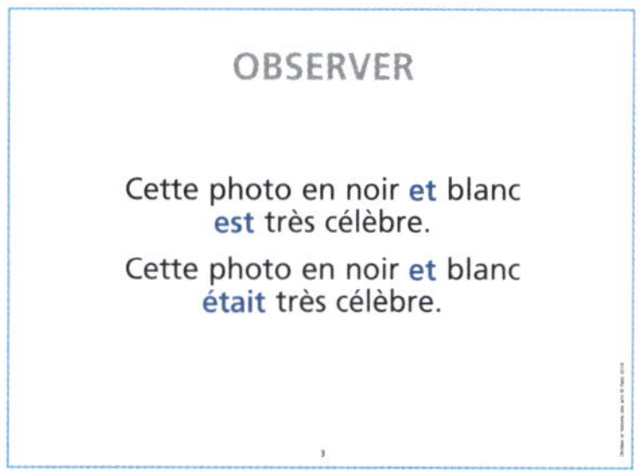

Expliquer

« Pour savoir s'il s'agit du verbe « être » (est) ou de la conjonction de coordination (et), je peux essayer de mettre la phrase au passé. Si le mot "est" change et devient "était", c'est qu'il s'agit bien du verbe "être". Si je ne peux pas remplacer "et" par "était" c'est qu'il s'agit de la conjonction. »

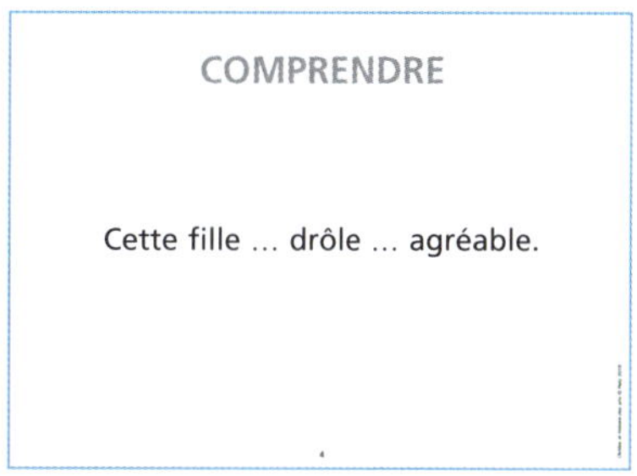

Illustrer

Projeter la page 4 du diaporama (puis 5 et 6).
« Je veux écrire la phrase :
"Cette fille est drôle et agréable."

Je peux dire "Cette fille était drôle". → J'en déduis qu'il s'agit du verbe "être", j'écris "est".

Je ne peux pas dire "Cette fille est drôle était agréable". → J'en déduis qu'il s'agit de la conjonction "et". »

Vérifier la compréhension

Projeter la page 7 du diaporama.

Les élèves sont invités à répondre aux questions.

Puis, diaporama caché, faire synthétiser la notion apprise par les élèves.

Pour conclure, distribuer la fiche orthographe 3 puis lire ensemble la leçon :

> **VÉRIFIER SA COMPRÉHENSION**
>
> 1. Dans quels cas écrit-on « et » ? « est » ?
> 2. Quelle est la nature du mot « est » ? du mot « et » ?
> 3. Par quoi puis-je remplacer le mot « est » ?

- **est**, c'est le verbe **être** à la troisième personne du singulier au présent. Il peut être mis au passé (**était**).
Exemple : Cette ville **est** splendide. (Elle **était** splendide.)

- **et** est une conjonction de coordination : elle réunit deux mots ou deux groupes de mots. On peut la remplacer par **et puis**.
Exemple : J'ai visité la cathédrale **et** le musée des beaux-arts. (J'ai visité la cathédrale **et puis** le musée des beaux-arts.)

Étape 3 : Entrainement (30 min)

Entrainement guidé

Projeter les pages 8 à 17. Les élèves s'entrainent en écrivant « et » ou « est » sur leur ardoise, pour compléter les phrases à trous du diaporama. Choisir au hasard un élève qui doit justifier sa réponse.

Cet enfant **est** adorable.
Il fait la pluie **et** le beau temps.
J'ai apporté un élastique **et** une corde à sauter.
Le facteur n'**est** pas passé.
Le chat **est** dans le jardin.
Elle descend l'escalier trop vite **et** tombe.
Tu as mis ton bonnet rouge **et** bleu.
Mon téléphone **est** déchargé.
Tu as besoin d'une feuille de papier **et** d'un crayon.
Il **est** perdu **et** désespéré.

Entrainement autonome

Les élèves s'entrainent dans leur cahier avec un exercice écrit de niveau 1 (★) ou 2 (★★).

Niveau 1 (∗)

Complète les phrases avec « est » (être) ou « et ».

Cette plage ...... magnifique.

J'aime les échecs ...... le tennis.

Tais-toi ...... écoute-moi.

Ce gâteau ...... bien trop cuit !

L'hiver ...... arrivé ...... les nuits s'allongent.

Niveau 2 (∗∗)

Complète les phrases avec « est » (être) ou « et ».

Cette dame ...... la maitresse d'un chien ...... d'un chat.

Ma cousine ...... arrivée ...... elle repartira demain.

Ses lèvres tremblent ...... son visage ...... très pâle.

Ce n'...... pas si grave ...... j'ai de quoi te soigner.

Sa maison ...... face à la mer ...... au vaste ciel.

Séance 3 : Première appropriation des mots

Objectif : Découvrir les mots à apprendre, mettre en lumière les difficultés.

Matériel :
- Fiche orthographe 3.
- Fiche de méthodologie n° 2.

Durée : 30 min.

Étape 1 : Observation des mots (15 min)

Lecture collective des mots à apprendre sur la fiche orthographe. Le sens des mots est rappelé si nécessaire, et les difficultés orthographiques sont surlignées.

Orthographe

Écrire « et » ou « est »

• **est**, c'est le verbe **être** à la troisième personne du singulier au présent. Il peut être mis au passé (**était**).

Exemple : Cette ville **est** splendide. (Elle **était** splendide.)

• **et** est une conjonction de coordination : elle réunit deux mots ou deux groupes de mots. On peut la remplacer par **et puis**.

Exemple : J'ai visité la cathédrale **et** le musée des beaux-arts. (J'ai visité la cathédrale **et puis** le musée des beaux-arts.)

Mots à apprendre pour la dictée
La cathédrale de Reims

noms	**la cathédrale, le lieu, la France, la démonstration, un édifice, le ciel, la lumière, l'art,** la Révolution, un vitrail/des vitraux, *le Moyen Âge, le soir*
verbes	**être, élever, faire, entrer,** *voir*
adjectifs et participes passés	**connu, gothique,** certain, français, bombardé, restauré, ancien, moderne, *illuminé, peint*
mots invariables	**aussi, comme, vers, toujours, plus, pendant, lors, mais, ensuite, aujourd'hui, chaque, afin, chacun,** *entièrement*

Exemples de difficultés :
une cathédrale – la démonstration – un art – la Révolution – un vitrail/des vitraux – le Moyen Âge – connu – gothique – restauré – bombardé – peint – illuminé – français – vers – toujours – pendant – lors – aujourd'hui.

- S'entrainer à changer le genre et le nombre des noms et des adjectifs.
- Conjuguer les verbes au présent et au passé composé.

Étape 2 : Mémorisation des mots (15 min)

- Découverte d'une troisième méthode de mémorisation : la calligraphie.

➤ Fiche de méthodologie n° 2

- Première mise en mémoire des mots. Les élèves commencent à apprendre leurs mots individuellement puis en binôme.
- Les mots sont donnés à apprendre à la maison pour la semaine suivante. Les élèves du groupe jaune et ceux qui feront la dictée à trous n'ont que les mots en gras à apprendre.

Séance 4 : Dictée flash n° 1

Déroulement identique à la séance 4 de la dictée 1 « La tour Eiffel », p. 30.

Étape 1 : Dictée des groupes nominaux (5 min)

une cathédrale admirable – des édifices bombardés – l'art gothique – des vitraux modernes – des lumières colorées

Séance 5 : Dictée flash n° 2

Déroulement identique à la séance 5 de la dictée 1 « La tour Eiffel », p. 30.

Étape 1 : Dictée de phrase (5 min)

La cathédrale de Reims **est** le lieu de sacre des rois de France **et** un édifice gothique connu, mais elle n'**est** pas entièrement restaurée aujourd'hui.

Étape 4 : Correction collective puis individuelle (10 min)

Exemples de questions pouvant éclairer la correction :
« Comment savoir comment s'écrit le premier "est" ? le deuxième "et" ? le troisième "est" ? »
« Comment peut-on savoir qu'il y a un -e à la fin de "restaurée" ? »
« Pourquoi y a-t-il un -s à roi ?

Séance 6 : Dictée bilan

Objectif : Écrire sous la dictée en tenant compte des règles apprises.

Matériel :
- Cahier de français, cahier du jour, cahier d'évaluation (selon l'organisation de la classe).
- Diaporama histoire des arts 3.
- Dictée à trous 3.
- Pour l'enseignant : dictées flash et bilan 3.
- Fiche de méthodologie n° 3.

Durée : 45 min.

Étape 1 : Projection de l'œuvre et lecture magistrale de la dictée (5 min)

Écrire au tableau les mots « Reims », « saccagée », « Première Guerre mondiale » et « Marc Chagall ».

Étape 2 : Dictée phrase par phrase du texte et différenciation (10 min)

Dictée bilan

La **cathédrale** de *Reims* est **connue** pour **être** le **lieu** de sacre des rois de **France** et **aussi comme** une admirable **démonstration** de l'**art gothique**. Ses bâtisseurs ont cherché à **élever l'édifice vers** le **ciel** et à **faire entrer toujours plus** de **lumière**.	43 mots
La **cathédrale** est *saccagée* **pendant** la **Révolution française** et **bombardée lors** de la *Première Guerre mondiale* **mais** elle est **ensuite restaurée**. Certains de ses **vitraux** sont **anciens** et d'autres **modernes comme** ceux de *Marc Chagall*.	78 mots
Aujourd'hui, elle est **illuminée** et colorée **chaque soir afin** que **chacun** puisse la **voir** telle qu'elle était au **Moyen Âge** : **entièrement peinte**.	100 mots

Les groupes jaune, vert et violet s'arrêtent d'écrire respectivement aux mots : « lumière », « Chagall » et « peinte ».
Les élèves en difficulté complètent la dictée à trous.

Dictée 3

La cathédrale de Reims

La cathédrale de Reims ____ connue pour être le ____ de sacre des rois de France ____ aussi ____ une admirable démonstration de l' ____ gothique. Ses bâtisseurs ont cherché ____ élever l'édifice ____ le ciel ____ à faire entrer ____ plus de ____.

• Étape 3 : Relecture de la dictée (30 min)

Fiche de méthodologie n° 3

Aide pour la correction de la dictée par l'enseignant

On retire un point pour :
– les correspondances graphème-phonème non respectées ;
– les erreurs de ponctuation et de majuscule ;
– chaque mot en gras mal orthographié (mots à apprendre) ;
– les mots écrits au tableau (en italique) mal copiés ;
– les règles d'écriture des nombres non respectées ;
– les accords simples dans le GN (soulignés) ;
– **les erreurs d'homophones :** a/à, **est/et.**

Séance 7 : correction de la dictée

Déroulement identique à la séance 7 de la dictée 1 « La tour Eiffel », p. 32.

Écrire « s » ou « ss »

La grotte de Lascaux

Connaissances pour l'enseignant

Auteurs : inconnus
Domaine artistique : peinture
Courant artistique : peinture pariétale
Date d'occupation de la grotte : vers 18 000 avant notre ère
Date de découverte : septembre 1940
Lieu : département de la Dordogne, Nouvelle-Aquitaine, France
Dimensions : 250 m de longueur

Pourquoi étudier cette grotte ?

Pour sa célébrité

La grotte de Lascaux est la grotte ornée la plus célèbre au monde, elle impressionne par sa richesse. Ses peintures sont nombreuses (environ 600 représentations d'animaux) et spectaculaires.

Pour ses mystères

Malgré des recherches assidues, personne ne peut dire aujourd'hui quelles raisons poussaient les hommes (et les femmes ?) de la Préhistoire à orner ainsi des grottes dans lesquelles ils n'habitaient pas. Pourquoi bravaient-ils ainsi l'obscurité et les accès dangereux ? Ces peintures avaient-elles un rôle esthétique ? Sacré ? Que signifiaient les signes mystérieux (points, lignes, stries, damiers) que l'on peut voir parfois à côté des animaux ?

Pour la scène du puits

La salle du puits met en scène un être humain, ce qui est plutôt rare dans l'art préhistorique. Seulement 10 % des êtres représentés seraient humains. Par ailleurs, cette scène raconte une histoire, et la lecture des indices tracés nous permet d'en reconstituer le déroulement.

Séance 1 : Découverte de l'œuvre

Objectifs :	– Découvrir une œuvre : la grotte de Lascaux et s'exprimer à son propos. – Établir des liens avec les apprentissages effectués dans le domaine histoire et géographie.
Matériel :	– Diaporama histoire des arts 4 à projeter et vignette de l'œuvre à placer sur la frise chronologique. – Carte murale de France, frise chronologique. – Fiche élève histoire des arts 4. – Fiche de méthodologie n° 1.
Durée :	30 min.

Étape 1 : Introduction de la séance (5 min)

Présenter l'œuvre d'art de la semaine

• Projeter l'œuvre ou l'afficher au tableau, puis exposer : « Voici une scène représentée dans la grotte de Lascaux, on l'appelle "la scène du puits" ou "scène de l'homme couché". Dans la grotte de Lascaux, on peut voir de nombreuses autres scènes. Il s'agit de peinture. »

Le saviez-vous ?
La scène du puits porte ce nom car elle est peinte dans une salle du même nom, au fond d'un gouffre vertical de 4 à 5 mètres de profondeur.

Situer l'œuvre dans l'espace

• Un élève vient situer la Dordogne sur la carte de France. La Dordogne est ensuite située par rapport à la région où vivent les élèves.

Situer l'œuvre dans le temps

• Faire lire la date – approximative – de création et la période historique à laquelle elle correspond (Préhistoire, Paléolithique supérieur). Un élève va ajouter la vignette de l'œuvre sur la frise chronologique de la classe.

Étape 2 : Découverte de l'œuvre par les élèves (10 min)

• Encourager la parole descriptive des élèves : « Que voyez-vous ? » Reprendre les hypothèses des élèves pour apporter des précisions. Ne pas hésiter à signaler les erreurs d'interprétation tout de suite. « Quelles couleurs sont utilisées ? »
Évoquer ensemble : le bison, l'homme à terre, l'oiseau ou l'objet en forme d'oiseau. Les couleurs utilisées sont le noir et le brun.

NB : à gauche de l'homme, on peut voir également un rhinocéros, mais celui-ci a été réalisé plus tard par un autre artiste.

• Encourager la parole élaborative des élèves. « D'après vous, que s'est-il passé ? Que voit-on ici ? » Montrer les zones intéressantes que les élèves ne repèrent pas seuls et les questionner. Faire reconstituer l'histoire. Un chasseur et un bison se sont affrontés. Le bison a été transpercé par une flèche, on voit ses entrailles se répandre. Le chasseur est blessé, peut-être mort, étendu sur le sol. À côté de lui, on peut voir un objet à tête d'oiseau, certainement le propulseur qui a servi à décocher la flèche.

Étape 3 : Apports culturels supplémentaires (10 min)

• Projeter la page 2 du diaporama et élargir en expliquant comment les peintures pariétales étaient réalisées. Les couleurs sont peu nombreuses car elles étaient fabriquées à partir d'éléments naturels : le charbon et l'argile essentiellement. Elles étaient appliquées au doigt, peut-être au pinceau (aucune preuve n'existe de l'existence des pinceaux) ou soufflées à la bouche. En ce qui concerne la scène du puits, le bison est réalisé grâce à la pulvérisation de pigments minéraux (pierre broyée), et le reste est tracé au pinceau ou au doigt.

Le saviez-vous ?
Le relief des parois ne gênait pas les artistes, au contraire, celui-ci était choisi pour donner du volume aux œuvres.

• Insister sur la spécificité de cette scène du puits : il s'agit d'une des rares peintures pariétales à représenter un être humain entier. On peut remarquer que la réalisation du bison est beaucoup plus précise que celle de l'homme, plutôt schématique : on n'a tracé que son contour.

• Distribuer la fiche d'histoire des arts. Après avoir lu le cartel de l'œuvre, les élèves colorient la Préhistoire sur leur frise. Ils lisent ensuite le contexte de l'œuvre.

• Encourager la parole émotionnelle des élèves. « D'après vous, qu'ont ressenti les adolescents en découvrant les parois de cette grotte ? »

Étape 4 : Expression personnelle (5 min)

• Les élèves écrivent leur avis sur l'œuvre et justifient cet avis. ▶ Fiche de méthodologie n° 1

• Les élèves volontaires lisent leur production.

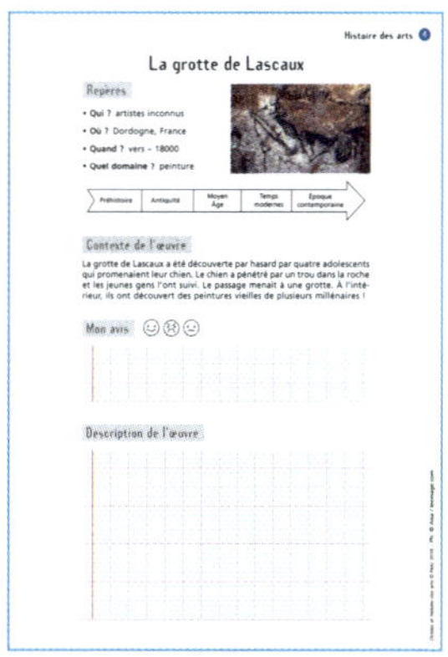
Histoire des arts 4

La grotte de Lascaux

Repères
• **Qui ?** artistes inconnus
• **Où ?** Dordogne, France
• **Quand ?** vers – 18000
• **Quel domaine ?** peinture

Préhistoire | Antiquité | Moyen Âge | Temps modernes | Époque contemporaine

Contexte de l'œuvre
La grotte de Lascaux a été découverte par hasard par quatre adolescents qui promenaient leur chien. Le chien a pénétré par un trou dans la roche et les jeunes gens l'ont suivi. Le passage menait à une grotte. À l'intérieur, ils ont découvert des peintures vieilles de plusieurs millénaires !

Mon avis

Description de l'œuvre

Prolongements possibles

– Réaliser des peintures à base de matériaux minéraux ou végétaux.

– Visiter virtuellement la grotte à cette adresse : http://archeologie.culture.fr/lascaux/#/fr/00.xml

– Proposer aux élèves de raconter le combat dans un texte de leur création, en choisissant le point de vue du chasseur ou celui du bison.

Séance 2 : Écrire « s » ou « ss »

Objectifs : – Connaitre les valeurs de la lettre s.
– Savoir écrire « s » ou « ss » pour obtenir le son [s].

Matériel : – Fiche orthographe 4.
– Exercices d'entrainement autonome 4.
– Diaporama orthographe 4 à projeter.

Durée : 50 min.

Étape 1 : Introduction de la séance (5 min)

• Présenter l'objectif d'apprentissage de la séance à l'aide de la page 1 du diaporama et dire : « Aujourd'hui, nous allons apprendre à écrire le son [s] avec la lettre "s" ».

• Faire rappeler les connaissances antérieures en demandant :

« Quels sons peut faire la lettre "s" ? » Elle peut produire le son [s] ou le son [z].

« Dans quels cas la lettre "s" fait le son [s] ? le son [z] ? » La lettre "s" fait le son [s] quand elle est en début de mot ou entre une voyelle et une consonne. Elle fait le son [z] quand elle est entre deux voyelles.

Étape 2 : Enseignement (15 min)

Observer

Projeter la page 2 du diaporama. Demander aux élèves de trouver les critères de classement, puis valider ces critères avec la page 3. Demander : « Comment peut-on obtenir le son [s] entre deux voyelles ? Dans quel cas écrit-on ce son "s" ? Dans quel cas écrit-on ce son "ss" ? »

OBSERVER

J'entends ...	J'entends ...	
J'écris ...	J'écris ...	J'écris ...
une bêtise	un espoir	une assiette
utiliser	la sortie	la classe
des choses	un asticot	les chaussons

OBSERVER

J'entends [z]	J'entends [s]	
J'écris « s »	J'écris « s »	J'écris « ss »
une bêtise	un espoir	une assiette
utiliser	la sortie	la classe
des choses	un asticot	les chaussons

Expliquer

« Pour obtenir le son [s] la plupart du temps, j'utilise la lettre "s". Entre deux voyelles, je dois écrire deux "s". » Entourer les voyelles sur la page 3.

Illustrer

Projeter la page 4 du diaporama (puis les pages 5 et 6).

« Je veux écrire le mot "asticot". Le son [s] est entre une voyelle (le "a") et une consonne (le "t"). Je peux donc écrire **s**. »

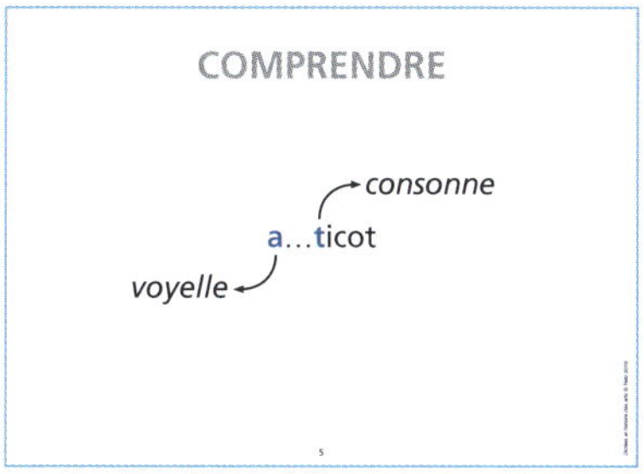

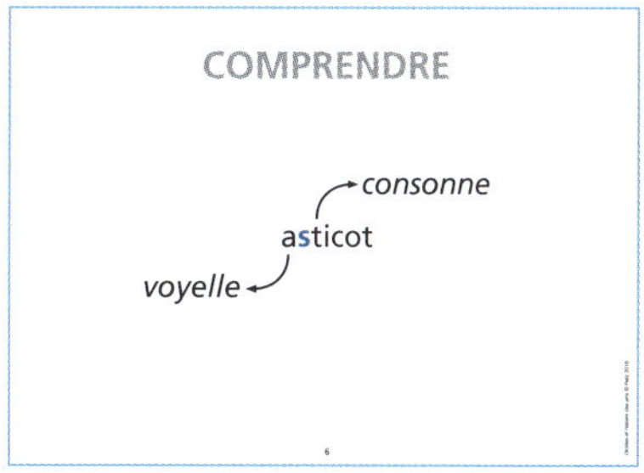

Projeter la page 7 du diaporama (puis les pages 8 et 9).

« Je veux écrire le mot "assiette". Le son [s] est entre deux voyelles, un "a" et un "i". Pour entendre le son [s], je dois écrire **ss**. »

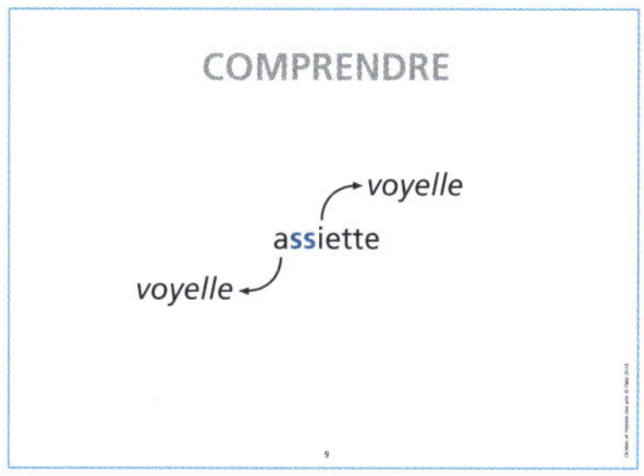

Vérifier la compréhension

Projeter la page 10 du diaporama.

Les élèves sont invités à répondre aux questions.

Puis, diaporama caché, faire synthétiser la notion apprise par les élèves.

Pour conclure, distribuer la fiche orthographe 4 puis lire ensemble la leçon :

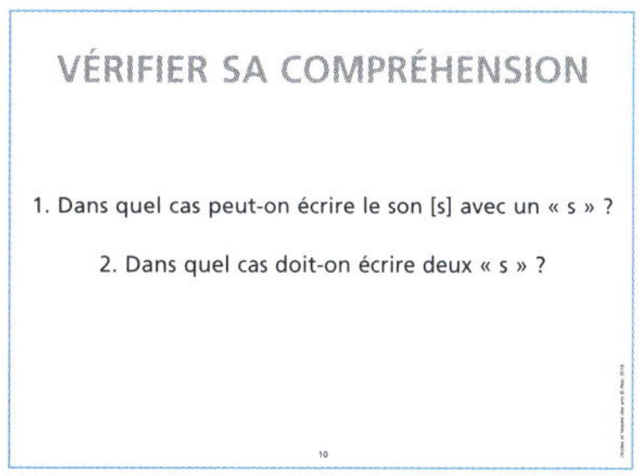

- La lettre **s** se prononce [**s**] entre une voyelle et une consonne, en début ou en fin de mot.
  Exemples : un arti**s**te, un **s**igne, un o**s**.
- Pour obtenir le son [**s**] entre deux voyelles, on écrit **ss**.
  Exemples : un cha**ss**eur, un de**ss**in.

Étape 3 : Entrainement (30 min)

Entrainement guidé

Projeter la page 11 du diaporama. Les élèves s'entrainent en écrivant chaque mot de la liste sur l'ardoise. À chaque fois, demander à un élève de justifier sa réponse.

S'ENTRAINER

1. des tre…es	2. une pi…te	3. une cho…e	4. les chau…ures
5. la tri…te…e	6. la cui…on	7. la maitre…e	8. une per…onne
9. le pa…é	10. en…uite	11. un …ouci	12. une ble…ure
13. ca…é	14. ra…uré	15. un e…pace	16. un a…ticot
17. …pécial	18. la vai…elle	19. un e…poir	20. un bi…ou
21. une ta…e	22. la …ituation	23. une hi…toire	24. a…ez
25. l'a…i…tance	26. au…itôt	27. une trou…e	28. un cactu…

11

Entrainement autonome

Les élèves s'entrainent dans leur cahier avec un exercice écrit de niveau 1 (★) ou 2 (★★).

Niveau 1 (∗)

Complète les mots avec « s » ou « ss ».

un ….ifflet

des chau….ettes

une bro….e

une ca….quette

un cactu….

la ….auci….e

Niveau 2 (∗∗)

Complète les mots avec « s » ou « ss ».

E….telle chau….e ses ba….kets et sort faire ses cour….es en vite….e.

Ga….pard pa….e ….on temps à de….iner, c'est un arti….te !

Je ….uis dése….péré par la quantité de vai….elle qui re….te.

Une per….onne ble….ée demande a….i….tance.

Cette pou….ette ne pa….e pas dans l'e….calier.

Séance 3 : Première appropriation des mots

Objectif :	Découvrir les mots à apprendre, mettre en lumière les difficultés.
Matériel :	– Fiche élève orthographe 4. – Fiche de méthodologie n° 2.
Durée :	30 min.

Étape 1 : Observation des mots (15 min)

Orthographe 4

Écrire « s » ou « ss »

• La lettre s se prononce [s] entre une voyelle et une consonne, en début ou en fin de mot.
Exemples : un artiste, un signe, un os.

• Pour obtenir le son [s] entre deux voyelles, on écrit ss.
Exemples : un chasseur, un dessin.

Mots à apprendre pour la dictée
La grotte de Lascaux

noms	**un an, la peinture, l'artiste, la grotte, un animal/des animaux, le signe**, un être, la Préhistoire, la main, le personnage, la scène, le combat, le chasseur, un bison, *le spécialiste, l'homme*
verbes	**réaliser, voir**, raconter, *étonner*
adjectifs et participes passés	**pariétal, impressionnant, nombreux, mystérieux**, humain, entier, blessé, *dessiné*
mots invariables	**jadis, (il) y (a), aussi, mais, plus, souvent, pendant, très, peu, entre, beaucoup**, au fond, *précisément*

• Lecture collective des mots à apprendre. Le sens des mots est rappelé si nécessaire, et les difficultés orthographiques sont surlignées.

Exemples de difficultés :

la peinture – un personnage – la scène – au fond – le combat – le chasseur – le spécialiste – l'homme – étonner – impressionnant – nombreux – mystérieux – blessé – dessiné – jadis – aussi – pendant – beaucoup.

• S'entrainer à changer le genre et le nombre des noms et des adjectifs.

• Conjuguer les verbes au présent.

Étape 2 : Mémorisation des mots (15 min)

• Découverte d'une nouvelle méthode de mémorisation des mots : l'arc-en-ciel.

➤ Fiche de méthodologie n° 2

• Première mise en mémoire des mots. Les élèves commencent à apprendre leurs mots individuellement puis se les font dicter par leur binôme.

• Les mots sont donnés à apprendre à la maison pour la semaine suivante.

Les élèves du groupe jaune et ceux qui feront la dictée à trous n'ont que les mots en gras à apprendre.

Séance 4 : Dictée flash n° 1

Déroulement identique à la séance 4 de la dictée 1 « La tour Eiffel », p. 30.

Étape 1 : Dictée de groupes nominaux (5 min)

des êtres my**s**térieux – une main ble**ss**ée – des animaux entiers –
un cha**ss**eur impre**ss**ionnant – de nombreux **s**ignes

Séance 5 : Dictée flash n° 2

Déroulement identique à la séance 5 de la dictée 1 « La tour Eiffel », p. 30.

Étape 1 : Dictée de phrase (5 min)

Cette peinture pariétale représente le dessin d'un personnage blessé lors d'un combat.

Étape 4 : Correction collective, puis individuelle

Exemples de questions pouvant éclairer la correction :

« Comment expliquer qu'il n'y ait qu'un seul "s" à "représente" ? à "personnage" ? deux "s" à "dessin" ? à "blessé" ? »

« Qu'est-ce qui est pariétal ? »

« Comment peut-on se rappeler qu'il y a un "t" à la fin de "combat" ? »

Séance 6 : dictée bilan

Objectif :	Écrire sous la dictée en tenant compte des règles apprises.
Matériel :	– Cahier de français, cahier du jour, cahier d'évaluation (selon l'organisation de la classe). – Diaporama histoire des arts 4. – Dictée à trous 4. – Pour l'enseignant : dictées flash et bilan 4. – Fiche de méthodologie n° 3.
Durée :	45 min.

Étape 1 : Projection de l'œuvre et lecture magistrale de la dictée (5 min)

- Écrire au tableau les mots « Lascaux » et « puits ».

Étape 2 : Dictée phrase par phrase du texte et différenciation (30 min)

Dictée bilan

Jadis, il y a plus de vingt mille **ans**, des **artistes** ont **réalisé** des **peintures pariétales impressionnantes** sur les murs de la **grotte** de *Lascaux*. On peut y **voir** de **nombreux animaux mais aussi** des **signes mystérieux**.	37 mots
Les **êtres humains** ne sont pas **souvent** représentés **pendant** la **Préhistoire** : on trouve des **mains mais très peu** de **personnages entiers. Au fond** de la **grotte**, la **scène** du *puits* **raconte** le **combat entre** un **chasseur** et un **bison blessé**.	77 mots
Ce qui **étonne** les **spécialistes**, c'est que **l'animal** est **dessiné beaucoup plus précisément** que **l'homme**.	92 mots

Les groupes jaune, vert et violet s'arrêtent d'écrire respectivement aux mots : « mystérieux », « blessé » et « homme ».
Les élèves en difficulté complètent la dictée à trous.

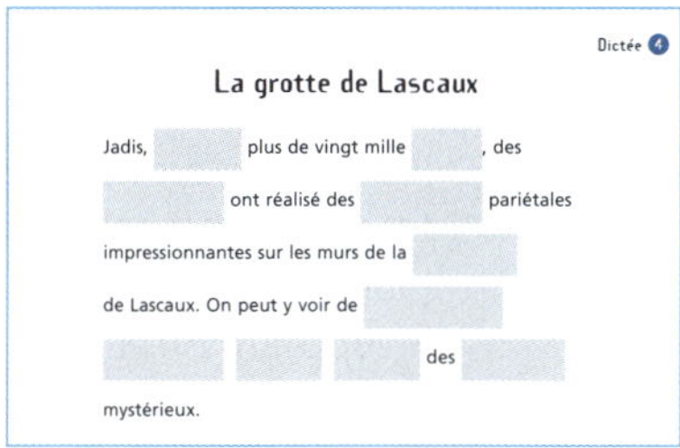
Dictée 4

La grotte de Lascaux

Jadis, ____ plus de vingt mille ____, des ____ ont réalisé des ____ pariétales impressionnantes sur les murs de la ____ de Lascaux. On peut y voir de ____ ____ ____ des ____ mystérieux.

Étape 3 : Relecture de la dictée (10 min)

➤ Fiche de méthodologie n° 3

Aide pour la correction de la dictée par l'enseignant

On retire un point pour :
– les correspondances graphème-phonème non respectées **(dont s/ss)** ;
– les erreurs de ponctuation et de majuscule ;
– chaque mot en gras mal orthographié (mots à apprendre) ;
– les mots écrits au tableau (en italique) mal copiés ;
– les règles d'écriture des nombres non respectées ;
– les erreurs d'homophones : a/à, est/et ;
– les accords simples dans le GN (soulignés).

Séance 7 : correction de la dictée

Déroulement identique à la séance 7 de la dictée 1 « La tour Eiffel », p. 32.

Les accords dans le groupe nominal

Les Quatre Saisons

Connaissances pour l'enseignant

Compositeur : Antonio Vivaldi
Domaine artistique : musique
Courant artistique : musique baroque
Date d'édition : 1725 (mais création antérieure)
Lieu de création : Venise, Italie
Composition : quatre concertos pour violon
Interprétation : violon soliste avec orchestre de chambre à cordes

Pourquoi étudier *Les Quatre Saisons* ?

Pour leur célébrité

Les concertos de Vivaldi étaient déjà très populaires à son époque et ils sont devenus aujourd'hui un « tube » de la musique classique. L'œuvre *Les Quatre Saisons* est l'une des plus jouées dans le monde, et les enfants reconnaitront sans doute des passages, entendus chez eux, au cinéma ou dans des publicités.

Pour leur « transparence »

Les concertos miment la nature, on peut y retrouver des sons d'oiseaux ou d'éléments naturels comme la pluie, le vent ou l'orage. Des sonnets les accompagnent. Tout cela donne de véritables clés pour accéder à l'œuvre. C'est une initiation idéale à l'écoute musicale.

Pour leur beauté accessible

Le succès des *Quatre Saisons* est presque unanime car il semble difficile de ne pas se laisser prendre par cette musique vive, contrastée et harmonieuse. Dès les premières notes, on fredonne les mélodies et celles-ci marquent durablement la mémoire.

Séance 1 : Découverte de l'œuvre

Objectif : Découvrir une œuvre : *Les Quatre Saisons - L'hiver* et s'exprimer à son propos.

Matériel :
- La musique du concerto.
- La vignette de l'œuvre à placer sur la frise chronologique.
- Planisphère, frise chronologique.
- Fiche élève histoire des arts 5.
- Sonnet de *L'Hiver*.
- Fiche de méthodologie n° 1.

Durée : 30 min.

Étape 1 : Introduction de la séance (5 min)

Présenter l'œuvre d'art de la semaine

• « Aujourd'hui, l'œuvre que vous allez découvrir est musicale, nous allons donc l'écouter. On dit que c'est une œuvre instrumentale car elle ne comprend pas de partie chantée. Il s'agit des *Quatres Saisons* de Antonio Vivaldi. »

Il est possible d'écouter le concerto sur Wikipédia, article « Les Quatre Saisons », concerto n° 4 en fa mineur.

Situer l'œuvre dans l'espace

• « Vivaldi est un artiste italien, il a composé cette œuvre à venise. » Un élève vient situer l'Italie sur le planisphère. On peut ensuite situer la ville de Venise.

Situer l'œuvre dans le temps

• « L'œuvre date de 1725. De quelle période s'agit-il ? » (les Temps modernes). Un élève ajoute ensuite la vignette représentant un violon sur la frise, pour rappeler l'œuvre musicale étudiée.

Étape 2 : Découverte de l'œuvre par les élèves (10 min)

• Encourager la parole émotionnelle des élèves. Proposer aux élèves de dessiner ce qu'ils ressentent ou « voient » en écoutant le concerto. Un espace est laissé à cet effet en haut à droite de la fiche histoire des arts.

• Encourager la parole descriptive des élèves : « Quels instruments entendez-vous ? »

• Les concertos des *Quatre Saisons* sont joués par des instruments à cordes : les violons.

• Encourager l'expression libre des élèves. Pendant l'écoute du concerto *L'Hiver*, leur annoncer la saison évoquée et leur proposer de se faire des images dans leur tête ou de les dessiner. Ensuite, leur demander : « Qu'avez-vous vu ? Qu'avez-vous dessiné ? » Lire ensemble le sonnet de *L'Hiver* et comparer avec les représentations des enfants. Expliquer que Vivaldi a accompagné son œuvre musicale de quatre sonnets décrivant le déroulement des saisons.

• Encourager la parole élaborative des élèves. « Comment le compositeur a-t-il fait pour nous raconter en musique le froid de l'hiver ? » Encourager les élèves à décrire la musique en utilisant des adjectifs variés.

Étape 3 : Apports culturels supplémentaires (10 min)

• Procéder à une deuxième écoute, plus analytique. Chaque concerto est composé de trois mouvements : un premier rapide, un deuxième lent et un troisième rapide à nouveau. Identifier le violon soliste, plus important que les autres. Les élèves tentent de repérer dans la musique les éléments de la nature décrits dans le sonnet.

– Premier mouvement *(allegro non molto)* : la neige qui tombe doucement au début puis plus fort, les bourrasques de vent, le froid.

– Deuxième mouvement *(largo)* : au coin du feu pendant que la neige tombe au dehors.

– Troisième mouvement *(allegro)* : marche sur la glace, course, glissades, vent qui souffle.

• Élargir en expliquant la différence entre mélodie et harmonie. La mélodie est l'air, ce qui peut être chanté. L'harmonie est un ensemble d'accords, ils servent de fond, créent une ambiance (on l'entend très bien au début de *L'Hiver*).

• Distribuer la fiche histoire des arts. Après avoir lu le cartel de l'œuvre, les élèves colorient les Temps modernes sur la frise chronologique. Ils lisent ensuite le contexte de l'œuvre.

Le saviez-vous ?
Vivaldi a connu le succès de son vivant. Son œuvre gigantesque (454 concertos) était jouée lors de fêtes vénitiennes. Il est ensuite tombé dans l'oubli et est redevenu très célèbre au XXe siècle.

Étape 4 : Expression personnelle (5 min)

• Sur la partie dédiée de la fiche, les élèves écrivent leur avis sur l'œuvre. Préciser que cet avis doit être justifié.

Fiche de méthodologie n° 1

• Les élèves volontaires lisent leur production.

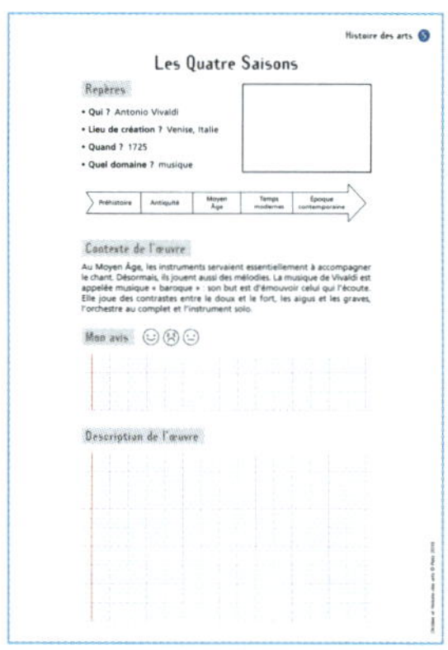
Histoire des arts 5

Les Quatre Saisons

Repères

• **Qui ?** Antonio Vivaldi
• **Lieu de création ?** Venise, Italie
• **Quand ?** 1725
• **Quel domaine ?** musique

Préhistoire | Antiquité | Moyen Âge | Temps modernes | Époque contemporaine

Contexte de l'œuvre

Au Moyen Âge, les instruments servaient essentiellement à accompagner le chant. Désormais, ils jouent aussi des mélodies. La musique de Vivaldi est appelée musique « baroque » : son but est d'émouvoir celui qui l'écoute. Elle joue des contrastes entre le doux et le fort, les aigus et les graves, l'orchestre au complet et l'instrument solo.

Mon avis

Description de l'œuvre

Prolongements possibles

– Regarder et écouter *Les Quatre Saisons d'Antoine*, un très beau film musical de Philippe Béziat Production.

– Travailler les saisons en arts visuels en écoutant les concertos de Vivaldi.
– Écouter différentes versions des *Quatre Saisons* comme celle du violoniste serbe Nemanja Radulovic.

Séance 2 : Les accords dans le groupe nominal

Objectif :	Marquer les accords dans le groupe nominal (déterminant, nom, adjectif).
Matériel :	– Fiche élève orthographe 5. – Exercices d'entrainement autonome 5. – Diaporama orthographe 5 à projeter.
Durée :	50 min.

Étape 1 : Introduction de la séance (5 min)

• Présenter l'objectif d'apprentissage de la séance à l'aide de la première page du diaporama. « Aujourd'hui, nous allons apprendre à accorder les mots dans le groupe nominal. »
• Faire rappeler les connaissances antérieures en demandant : « Qu'est-ce qu'un groupe nominal ? De quoi peut-il être constitué ? » Un groupe nominal est un groupe de mots qui se compose au minimum d'un déterminant et d'un nom. Il peut contenir également des adjectifs.

Étape 2 : Enseignement (15 min)

Observer

Projeter la page 2 du diaporama. Demander aux élèves d'apparier les mots pour former des groupes nominaux corrects. « De quelle couleur sont les personnages ? » Demander à chacun de justifier sa réponse en utilisant les mots « singulier », « pluriel », « féminin » et « masculin ». Valider avec la page 3.

Expliquer

« Dans le groupe nominal, le nom, le déterminant et les adjectifs s'accordent en genre et en nombre. Le genre, c'est soit masculin (un) soit féminin (une). Le nombre, c'est soit singulier (un, une) soit pluriel (des). Si le nom est au féminin singulier, tout le groupe nominal est féminin singulier. Si le nom est au masculin pluriel, le déterminant et le/les adjectifs sont au masculin pluriel aussi, etc. »

Illustrer

Projeter la page 4 du diaporama (puis la page 5).

« Je veux écrire la phrase :

"J'ai emporté des vêtements chauds."

J'écris le nom "vêtements" avec un -s car il est question de plusieurs vêtements.

J'écris également l'adjectif "chauds" avec un -s car il se rapporte aux vêtements, il est donc masculin pluriel. »

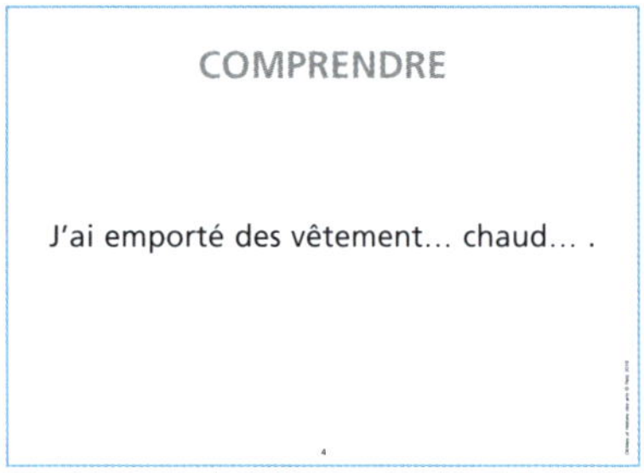

Projeter la page 6 du diaporama (puis la page 7).

« Je veux écrire la phrase :

"On a félicité les meilleures étudiantes."

J'écris le nom "étudiantes" avec un -e et un -s car il est question de plusieurs étudiantes.

J'écris également l'adjectif "meilleures" avec un -e et un -s car il se rapporte aux étudiantes, il est donc féminin pluriel. »

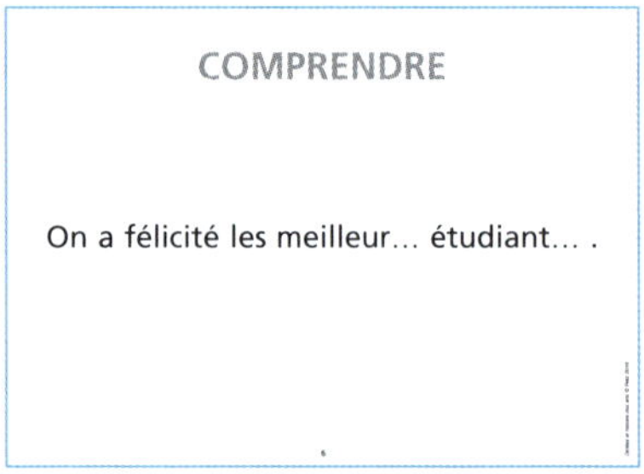

Vérifier la compréhension

Projeter la page 8 du diaporama.

Les élèves sont invités à répondre aux questions.

Puis, diaporama caché, faire synthétiser la notion apprise par les élèves.

Pour conclure, distribuer la fiche orthographe 5 puis lire ensemble la leçon :

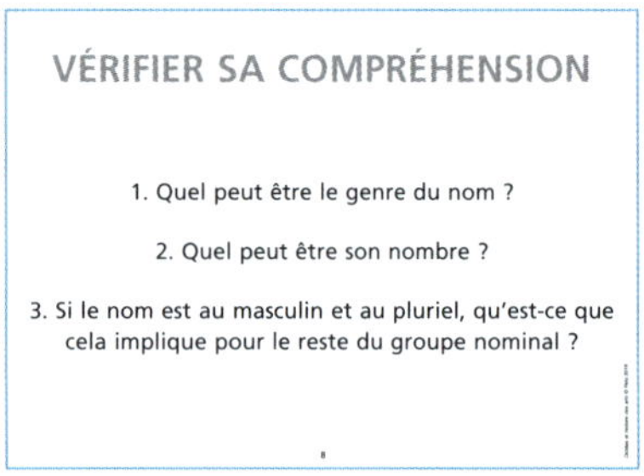

Dans le groupe nominal, l'**adjectif** s'accorde avec le **nom** et le **déterminant**, en genre (masculin ou féminin) et en nombre (singulier ou pluriel).
Pour accorder l'adjectif au nom, je dois utiliser les marques du féminin et du pluriel si c'est nécessaire.
Exemple : On entend les différents violons.

Étape 3 : Entrainement (30 min)

Entrainement guidé

Projeter la page 9 du diaporama (puis les pages 10 à 28). Les élèves s'entrainent en écrivant un par un les groupes nominaux au pluriel, sur l'ardoise. À chaque fois, demander aux élèves de justifier leur réponse.

un livre intéressant	ma petite sœur
cette reine puissante	un éclair éblouissant
une planète gazeuse	son magazine préféré
la pomme juteuse	l'excellente joueuse
une plante carnivore	cet artiste renommé

Entrainement autonome

Les élèves s'entrainent dans leur cahier avec un exercice écrit de niveau 1 (★) ou 2 (★★).

Niveau 1 (∗)

Écris les groupes nominaux suivants au pluriel.

un petit cahier – la bête sauvage – cette robe légère – ma bille dorée – une feuille morte – un enfant intelligent et créatif

Niveau 2 (∗∗)

Écris les groupes nominaux soulignés au pluriel.

La maitresse a dit de ranger <u>notre petit cahier</u>.
Il a allumé un feu pour repousser <u>la bête sauvage</u>.
J'ai mis <u>cette robe légère</u> dans ma valise.
Je te l'échange contre <u>ma bille dorée</u>.
La musaraigne s'est blottie sous <u>la feuille morte</u>.
Dans cette classe, il y a <u>un enfant intelligent et créatif</u>.

Séance 3 : Première appropriation des mots

Objectif :	Découvrir les mots à apprendre, mettre en lumière les difficultés.
Matériel :	– Fiche élève orthographe 5. – Fiche de méthodologie n° 2.
Durée :	30 min.

Étape 1 : Observation des mots (15 min)

Orthographe 5

Les accords dans le groupe nominal

Dans le groupe nominal, l'adjectif s'accorde avec le nom et le déterminant, en genre (masculin ou féminin) et en nombre (singulier ou pluriel).
Pour accorder l'adjectif au nom, je dois utiliser les marques du féminin et du pluriel si c'est nécessaire.
Exemple : On entend les différents violons.

Mots à apprendre pour la dictée
Les Quatre Saisons

noms	**la musique, l'Europe, un instrument, la mélodie, le violon,** l'arrivée, le printemps, l'été, l'orage, la pluie, un oiseau/des oiseaux, un insecte, *l'automne, le chasseur, le chien, le froid, la neige, l'hiver*
verbes	**jouer, composer,** décrire, se coucher, partir, *raconter*
adjectifs et participes passés	**classique, différent,** premier/première, deuxième, chanteur, fleuri, affolé, petit, fort, *troisième, fidèle, dernier, long/longue*
mots invariables	**chaque, d'abord, ensemble, ensuite, enfin, avec, sous, dans**

• Lecture collective des mots à apprendre sur la fiche orthographe. Le sens des mots est rappelé si nécessaire, et les difficultés orthographiques sont surlignées.

Exemples de difficultés :
un instrument, la mélodie, l'arrivée, le printemps, l'hiver, l'automne, le froid, la neige, composer, se coucher, différent, deuxième, d'abord, ensemble.

• S'entrainer à changer le genre et le nombre des noms et des adjectifs.
• Conjuguer les verbes au présent.

Étape 2 : Mémorisation des mots (15 min)

• Découverte d'une nouvelle méthode de mémorisation des mots : le sable.
➤ Fiche de méthodologie n° 2
• Première mise en mémoire des mots. Les élèves commencent à apprendre leurs mots individuellement puis en binôme.
• Les mots sont donnés à apprendre à la maison pour la semaine suivante. Les élèves du groupe jaune et ceux qui feront la dictée à trous n'ont que les mots en gras à apprendre.

Séance 4 : Dictée flash n° 1

Déroulement identique à la séance 4 de la dictée 1 « La tour Eiffel », p. 30.

Étape 1 : Dictée de groupes nominaux (5 min)

des mélodies classiques – des musiques différentes – des instruments à cordes – le troisième violon – les longues pluies

Séance 5 : Dictée flash n° 2

Déroulement identique à la séance 5 de la dictée 1 « La tour Eiffel », p. 30.

Étape 1 : Dictée de phrase (5 min)

Les violons jouent quatre concertos différents qui racontent les saisons : le printemps, l'été, l'automne et l'hiver.

Étape 4 : Correction collective puis individuelle (10 min)

Exemples de questions pouvant éclairer la correction :
« Pourquoi n'y a-t-il pas de -s à quatre ? »
« Pourquoi y a-t-il un -s à violons ? concertos ? saisons ? »
« À quel nom se rapporte l'adjectif "différents" ? » ou « Qu'est-ce qui est différent ? »
« Comment savoir que "et" s'écrit e-t ? »

Séance 6 : Dictée bilan

Objectif : Écrire sous la dictée en tenant compte des règles apprises.

Matériel :
– Cahier de français, cahier du jour, cahier d'évaluation (selon l'organisation de la classe).
– Dictée à trous 5.
– Pour l'enseignant : dictées flash et bilan 5.
– Fiche de méthodologie n° 3.

Durée : 45 min.

Étape 1 : Lecture magistrale de la dictée (5 min)

• Écrire au tableau les mots « Vivaldi », « XVIIIe » et « concerto ».

Étape 2 : Dictée phrase par phrase du texte et différenciation (30 min)

Dictée bilan

La **musique classique** nait en **Europe** au *XVIIIe* siècle. Les **instruments jouent ensemble** des **mélodies différentes**. *Vivaldi* **compose** quatre *concertos*, un pour **chaque** saison. Ils sont joués par des **instruments** à cordes : des **violons**.	34 mots
D'abord, le **premier** *concerto* **décrit l'arrivée** du **printemps**, les **oiseaux chanteurs** et les prairies **fleuries**. Le **deuxième** évoque **ensuite** l'**été**, les **petits insectes affolés** par l'**orage** et les blés qui **se couchent sous** la **forte pluie**.	70 mots
Dans le **troisième** *concerto*, un matin d'**automne**, des **chasseurs** partent **avec** leurs **chiens fidèles**. **Enfin**, le **dernier** *concerto* **raconte** une **longue** marche **dans** la **neige** et le **froid** de **l'hiver**.	100 mots

Les groupes jaune, vert et violet s'arrêtent d'écrire respectivement aux mots : « violons », « pluie » et « hiver ».

Les élèves en difficulté complètent la dictée à trous.

Dictée 5

Les Quatre Saisons

La _____ _____ nait au XVIIIe siècle.
Les _____ jouent _____ des _____
_____. Vivaldi compose _____ concertos,
un pour chaque _____. Ils sont joués par des
_____ à cordes : des _____.

• Étape 3 : Relecture de la dictée (10 min)

➤ Fiche de méthodologie n° 3

Aide pour la correction de la dictée par l'enseignant

On retire un point pour :
– les correspondances graphème-phonème non respectées (dont s/ss) ;
– les erreurs de ponctuation et de majuscule ;
– chaque mot en gras mal orthographié (mots à apprendre) ;
– les mots écrits au tableau (en italique) mal copiés ;
– les règles d'écriture des nombres non respectées ;
– les erreurs d'homophones : a/à, est/et ;
– **les accords non marqués : noms et adjectifs (soulignés).**

Séance 7 : Correction de la dictée

Déroulement identique à la séance 7 de la dictée 1 « La tour Eiffel », p. 32.

Les marques du pluriel

La Trahison des images

Connaissances pour l'enseignant

Artiste : René Magritte
Domaine artistique : peinture
Technique : huile sur toile
Courant artistique : surréalisme
Date de création : 1929
Lieu de création : Paris
Lieu d'exposition : Musée d'art du comté de Los Angeles

Pourquoi étudier cette œuvre *La Trahison des images* ?

Pour le questionnement qu'elle suscite

Cette œuvre a pour but de créer la surprise en raison de son apparente contradiction interne. En effet, le texte « ceci n'est pas une pipe » semble s'opposer à l'image. L'étonnement produit chez les élèves peut aisément susciter un questionnement : « Qu'a voulu dire le peintre ? » Magritte lui-même nous interpelle et nous soumet cette question.

Pour son introduction au surréalisme

Ce tableau peut être considéré comme une tentative de définition du projet surréaliste : interroger le rapport de l'être à l'objet et, à travers lui, le rapport de l'être à la réalité.

Pour les possibilités artistiques qu'elle entraine

On a longtemps jaugé la qualité des artistes – les peintres en particulier – à leur capacité à représenter le plus fidèlement possible la réalité. Avec cette œuvre, Magritte nous situe dans les problématiques de l'art du XXe siècle. Bien que l'objet représenté le soit très précisément, l'enjeu est ailleurs, dans la réflexion ou la rêverie qu'il crée.

Séance 1 : Découverte de l'œuvre

Objectif :	Découvrir une œuvre : *La Trahison des images,* et s'exprimer à son propos.
Matériel :	– Diaporama histoire des arts 6 à projeter et la vignette de l'œuvre à placer sur la frise chronologique. – Carte murale de l'Europe, frise chronologique. – Fiche élève histoire des arts 6. – Fiche de méthodologie n° 1.
Durée :	30 min.

Étape 1 : Introduction de la séance (5 min)

Présenter l'œuvre d'art de la semaine

Projeter la page 1 du diaporama histoire des arts. Le titre est provisoirement caché. Demander : « À quel domaine artistique appartient cette œuvre ? » Il s'agit d'un tableau, c'est de la peinture. « Qui a peint ce tableau ? Le connaissez-vous ? » Dire que le titre de l'œuvre leur sera précisé plus tard.

Situer l'œuvre dans l'espace

Expliquer : Magritte est né en Belgique, mais il a déménagé à Paris pour rencontrer d'autres artistes. C'est là qu'il a peint le tableau. Un élève vient situer la Belgique et Bruxelles sur une carte d'Europe. Matérialiser avec le doigt le déménagement du peintre de Bruxelles à Paris (évoqué dans la dictée).

Situer l'œuvre dans le temps

• Faire lire la date de création de l'œuvre et préciser sa période historique (Époque contemporaine). Un élève complète la frise de la classe avec la vignette de l'œuvre.

Étape 2 : Découverte de l'œuvre par les élèves (10 min)

• Encourager la parole descriptive des élèves : « Que voyez-vous ? »
Évoquer ensemble : la pipe, le fond très sobre, le texte écrit « à la main », la signature.

• Encourager la parole émotionnelle des élèves : « Quel effet vous fait ce tableau ? »

• Encourager la parole élaborative des élèves. Les élèves devraient s'interroger spontanément sur le rapport entre le texte et l'image. Ceux-ci semblent se contredire. Un débat peut s'installer dans la classe. « D'après-vous, quelle est l'intention du peintre ? » Les élèves peuvent alors évoquer l'intention de surprendre, de faire rire, de faire réfléchir, de se questionner. Faire le lien avec ce qui a été répondu à la question précédente : « Quel effet vous fait ce tableau ? »

• À un moment qui parait opportun pendant ce débat, dévoiler le titre de l'œuvre (page 2 du diaporama) et expliquer son sens. On peut dire par exemple qu'une trahison est une tromperie : on s'engage à faire quelque chose que l'on ne fait pas, on manque à sa parole. Laisser les élèves poursuivre leur réflexion puis expliquer : ici, Magritte dit que les images trahissent celui qui les regarde.

Étape 3 : Apports culturels supplémentaires (10 min)

• Élargir le sujet en évoquant le mouvement des surréalistes auquel appartenait Magritte. Ces artistes, qu'ils soient peintres, écrivains, sculpteurs ou cinéastes, ne cherchaient pas à représenter la réalité. Ils s'intéressaient à tout ce qui était mystérieux : le rêve, l'esprit, le hasard, la création poétique.

• Préciser : Magritte cherche à montrer avec cette toile que, quelle que soit la précision de la représentation, un tableau comme le sien reste l'image d'un objet, pas l'objet lui-même. Le mot « pipe » lui non plus n'est pas la pipe, c'est un mot qui a été choisi arbitrairement pour la désigner.

Le saviez-vous ?
À propos de ce tableau, Magritte aurait dit : « La fameuse pipe, me l'a-t-on assez reprochée ! Et pourtant, pouvez-vous la bourrer ma pipe ? Non, n'est-ce pas, elle n'est qu'une représentation. Donc si j'avais écrit sous mon tableau "Ceci est une pipe", j'aurais menti ! »

• Distribuer la fiche histoire des arts. Après avoir lu le cartel de l'œuvre, les élèves colorient l'Époque contemporaine sur leur frise. Ils lisent ensuite la description de l'œuvre.

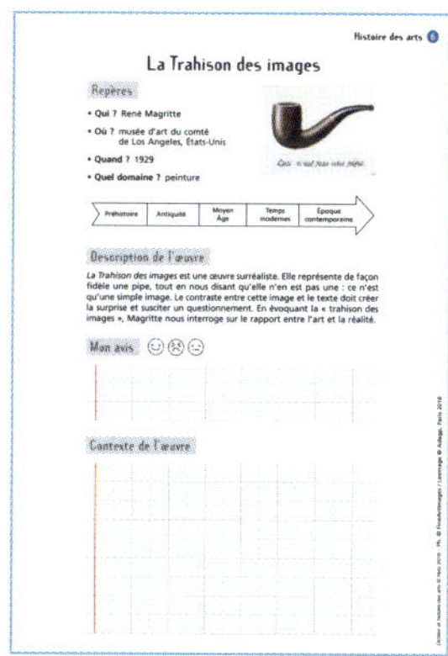
Histoire des arts 6

La Trahison des images

Repères

• Qui ? René Magritte
• Où ? musée d'art du comté de Los Angeles, États-Unis
• Quand ? 1929
• Quel domaine ? peinture

Préhistoire | Antiquité | Moyen Âge | Temps modernes | Époque contemporaine

Description de l'œuvre

La Trahison des images est une œuvre surréaliste. Elle représente de façon fidèle une pipe, tout en nous disant qu'elle n'en est pas une : ce n'est qu'une simple image. Le contraste entre cette image et le texte doit créer la surprise et susciter un questionnement. En évoquant la « trahison des images », Magritte nous interroge sur le rapport entre l'art et la réalité.

Mon avis

Contexte de l'œuvre

Étape 4 : Expression personnelle (5 min)

• Sur la partie dédiée de la fiche, les élèves écrivent leur avis sur l'œuvre. Préciser que cet avis doit être justifié.

➤ Fiche de méthodologie n° 1

• Les élèves volontaires lisent leur production.

Prolongements possibles

– Découvrir d'autres œuvres de Magritte comme *L'Empire des lumières* ou *Le Modèle rouge* et les utiliser comme point de départ en arts visuels.

– Découvrir le tableau *Le Bon Exemple* de Magritte et des pistes d'analyse en regardant la vidéo « 1 minute au musée : *Le bon exemple* », disponible sur le site : www.lesite.tv/edutheque/cycle-2/enseignements-artistiques/video/le-bon-exemple-rene-magritte

– Retrouver les citations de l'œuvre de Magritte dans les magnifiques albums d'Anthony Browne.

Séance 2 : Les marques du pluriel

Objectifs :	– Distinguer les marques courantes du pluriel, pour les noms et les adjectifs : -s ; pour les verbes : -nt. – Marquer le pluriel des noms, des adjectifs et des verbes.
Matériel :	– Fiche élève orthographe 6. – Exercices d'entrainement autonome 6. – Diaporama orthographe 6 à projeter.
Durée :	50 min.

Étape 1 : Introduction de la séance (5 min)

• Présenter l'objectif d'apprentissage de la séance à l'aide de la page 1 du diaporama et dire : « Nous allons apprendre à distinguer les différentes marques du pluriel. »

Faire rappeler les connaissances antérieures : « Qu'est-ce qu'un nom ? un adjectif ? un verbe ? » Le nom est un mot qui désigne une personne, un animal ou une chose. Un adjectif donne des renseignements sur le nom, il s'accorde avec le nom. Le verbe est le mot qui donne l'action de la phrase, il se conjugue.

« Qu'appelle-t-on le pluriel ? » Le pluriel marque la présence de plusieurs éléments.

« Quelles sont les marques du pluriel les plus fréquentes ? » Les élèves évoquent la marque -s et éventuellement -ent.

Étape 2 : Enseignement (15 min)

Observer

Projeter la page 2 du diaporama et demander aux élèves de repérer les marques de pluriel. Valider avec la page 3. Demander : « Dans quels cas la marque du pluriel est-elle -s ? Dans quels cas est-elle -nt ? »

OBSERVER

Les hirondelles se posent sur les fils électriques.

Expliquer

« Pour marquer correctement le pluriel, il faut d'abord se demander si le mot à accorder est un nom, un adjectif ou un verbe. Si c'est un nom ou un adjectif, dans la plupart des cas, on marque le pluriel avec un -s. Si c'est un verbe conjugué à la troisième personne du pluriel, on ajoute -nt. »

Illustrer

Projeter la page 4 du diaporama (puis la page 5).
« Je veux écrire la phrase :
"Les lointaines étoiles brillent."
Je dois marquer le pluriel des mots "étoiles", "lointaines" et "brillent".
– "étoiles" est un nom (je peux dire "une étoile"), je mets un –s ;
– "lointaines" est un adjectif qui qualifie les étoiles, je mets un –s ;
– "brillent" est un verbe (le verbe "briller"), j'écris -nt. »

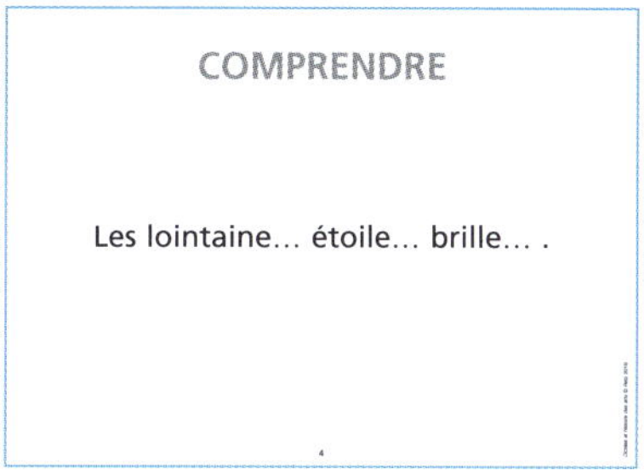

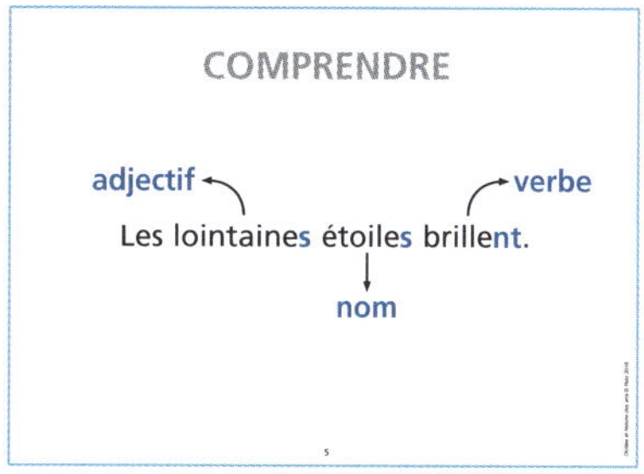

Vérifier la compréhension

Projeter la page 6 du diaporama.
Les élèves sont invités à répondre aux questions.
Puis, diaporama caché, faire synthétiser la notion apprise par les élèves.
Pour conclure, distribuer la fiche orthographe puis lire ensemble la leçon :

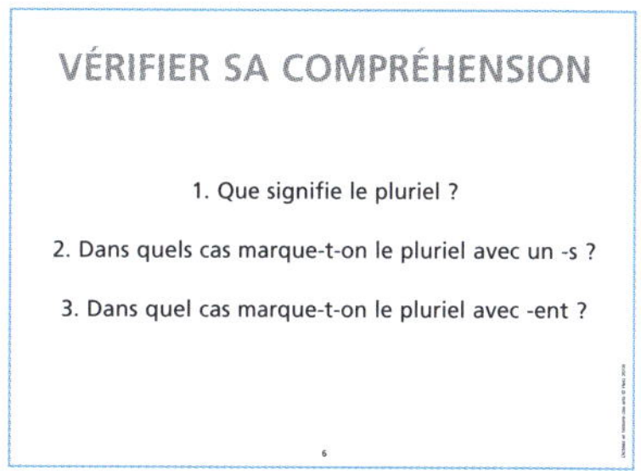

La plupart du temps :
- pour marquer le pluriel d'un **nom**, on ajoute un **-s**.
Exemple : les artiste**s**.
- pour marquer le pluriel d'un **adjectif**, on ajoute un **-s**.
Exemple : les artistes surréaliste**s**.
- pour marquer le pluriel d'un **verbe**, on écrit **-nt** à la fin du verbe.
Exemple : Les artistes surréalistes se rencontre**nt** à Paris.

Étape 3 : Entrainement (30 min)

Entrainement guidé

Projeter les pages 7 à 16. Les élèves s'entrainent en écrivant une par une les phrases dictées sur l'ardoise. À chaque fois, demander à un élève de justifier sa réponse.

Pour cela, insister sur la nature des mots. Dévoiler progressivement la correction avec le diaporama.

Les chat**s** joue**nt**.
Pauline et Lucas bavarde**nt**.
La pluie tombe.
Les grosse**s** vague**s** s'écrase**nt**.
L'aiguille nous pique les doigts.
Les grand**s** arbre**s** se dresse**nt**.
Les voisin**s** déménage**nt**.
Les enfant**s** sorte**nt** leur**s** cahier**s** vert**s**.
Les passant**s** marche**nt** dans les rue**s** étroite**s**.
Des clé**s** tourne**nt** dans la serrure.

Entrainement autonome

Les élèves s'entrainent dans leur cahier avec un exercice écrit de niveau 1 (★) ou 2 (★★).

Niveau 1 (∗)

Complète les phrases avec -s ou -nt.

Les rosier...... fleurisse...... .

Elles réponde...... à toutes leurs question...... .

Les candidat...... débatte...... à la télévision.

Les ballon...... des enfant...... s'envole...... .

Les joueur...... marque...... des point...... décisif...... .

Niveau 2 (∗∗)

Complète les phrases avec -s ou -nt si nécessaire.

Les petit...... koala...... croque...... des feuille...... d'eucalyptus.

Ils préfère...... les pièce...... comique...... .

Finalement, elles remporte...... tous les match...... de la saison...... .

Les technicien...... utilise...... des ordinateur...... perfectionné...... .

Les meilleur...... joueur...... marque...... des but...... .

Séance 3 : Première appropriation des mots

Objectif : Découvrir les mots à apprendre, mettre en lumière les difficultés.

Matériel :
- Fiche élève orthographe 6.
- Fiche de méthodologie n° 2.

Durée : 30 min.

Étape 1 : Observation des mots (15 min)

Orthographe 6

Les marques du pluriel

Des artistes surréalistes se retrouvent à Paris.

La plupart du temps :
• pour marquer le pluriel d'un nom, on ajoute un -s.
Exemple : les artistes.
• pour marquer le pluriel d'un adjectif, on ajoute un -s.
Exemple : les artistes surréalistes.
• pour marquer le pluriel d'un verbe, on écrit -nt à la fin du verbe.
Exemple : Les artistes surréalistes se rencontrent à Paris.

Mots à apprendre pour la dictée
La Trahison des images

noms	**la fête, une année, un artiste, la femme, le modèle**, la publicité, France, Paris, un époux, une affiche, *un peintre, le mot, le poète, l'écrivain, le musicien, le rêve, l'imagination, le hasard, l'image*
verbes	**rencontrer, rêver, devenir, déménager, gagner, dessiner**, s'installer, *s'intéresser, jouer*
adjectifs	**belge, forain**, entier, *étrange*
mots invariables	**quand, plusieurs, plus, tard, d'abord, ensuite, près, là, comme, avec**

• Lecture collective des mots à apprendre sur la fiche orthographe. Le sens des mots est rappelé si nécessaire, et les difficultés orthographiques sont surlignées.

Exemples de difficultés :
une fête, une année, la femme, la France, Paris, un époux/une épouse, un écrivain, un musicien, le rêve, le hasard, une affiche, rêver, s'installer, s'intéresser, forain/foraine, d'abord, quand, tard, près de, comme.

• Rappeler que lors de la dictée bilan, il faudra conjuguer les verbes et accorder les mots dans les groupes nominaux.

Étape 2 : Mémorisation des mots (15 min)

Découverte d'une autre méthode de mémorisation des mots : les lettres mobiles.

➤ Fiche de méthodologie n° 2

• Première mise en mémoire des mots. Les élèves commencent à apprendre leurs mots individuellement puis en binôme.

• Les mots sont donnés à apprendre à la maison pour la semaine suivante. Les élèves du groupe jaune et ceux qui feront la dictée à trous n'ont que les mots en gras à apprendre.

Séance 4 : Dictée flash n° 1

Déroulement identique à la séance 4 de la dictée 1 « La tour Eiffel », p. 30.

Étape 1 : Dictée de groupes nominaux (5 min)

un artiste belge – des année**s** entière**s** – des écrivain**s** étrange**s** –
plusieurs musicien**s** – une fête foraine

Séance 5 : Dictée flash n° 2

Déroulement identique à la séance 5 de la dictée 1 « La tour Eiffel », p. 30.

Étape 1 : Dictée de phrase (5 min)

Écrire au tableau les mots « Magritte » et « Georgette ».

Magritte rencontre Georgette, et ensuite les époux rencontr**ent** des artiste**s** du monde entier.

Étape 4 : Correction collective, puis individuelle (10 min)

Exemples de questions pouvant éclairer la correction :
« Comment savoir comment s'écrit le mot "et" ? »
« Pourquoi, la première fois, le verbe "rencontre" se termine-t-il par -e ? Pourquoi, la deuxième fois, se termine-t-il par -ent ? »
« Pourquoi y a-t-il un -s à "artistes" ? »

Séance 6 : Dictée bilan

Objectif :	Écrire sous la dictée en tenant compte des règles apprises.
Matériel :	– Cahier de français, cahier du jour, cahier d'évaluation (selon l'organisation de la classe). – Diaporama histoire des arts 6. – Dictée à trous 6. – Pour l'enseignant : dictées flash et bilan 6. – Fiche de méthodologie n° 3.
Durée :	45 min.

Étape 1 : Projection de l'œuvre et lecture magistrale de la dictée (5 min)

Écrire au tableau les mots « René Magritte », « Georgette », « surréaliste » et « Bruxelles ».

Étape 2 : Dictée phrase par phrase du texte et différenciation (30 min)

Dictée bilan

René Magritte est **belge**. Il a quatorze ans **quand** il **rencontre** *Georgette*, à la **fête foraine**. Elle deviendra **plusieurs années plus tard** sa **femme** et son **modèle**. *Magritte* **rêve** de **devenir artiste**.	32 mots
D'abord, il **déménage** à *Bruxelles*. Pour **gagner** sa vie, il **dessine** des **affiches** et des **publicités. Ensuite**, les **époux s'installent** en **France, près** de **Paris. Là**, ils **rencontrent** les *surréalistes* du monde **entier**.	66 mots
Les *surréalistes* sont des **peintres**, des **poètes**, des **écrivains** et des **musiciens** qui **s'intéressent** à ce qui est caché et **étrange comme** le rêve, **l'imagination**, le **hasard**. Ils **jouent avec** les **mots** et les **images**.	100 mots

Les élèves en difficulté complètent la dictée à trou.

Dictée 6

La Trahison des images

René Magritte …… belge. Il …… quatorze ans

…… il …… Georgette, à la ……

foraine. Elle deviendra plusieurs …… plus

…… sa …… et son modèle.

Magritte …… de devenir …… .

Étape 3 : Relecture de la dictée (10 min)

➤ Fiche de méthodologie n° 3

Aide pour la correction de la dictée par l'enseignant

On retire un point pour :
– les correspondances graphème/phonème non respectées (dont s/ss) ;
– les erreurs de ponctuation et de majuscule ;
– chaque mot en gras mal orthographié (mots à apprendre) ;
– les mots écrits au tableau (en italique) mal copiés ;
– les règles d'écriture des nombres non respectées ;
– les erreurs d'homophones : a/à, est/et ;
– **les accords non marqués (cas simples : noms, adjectifs et verbes).**

Séance 7 : Correction de la dictée

Déroulement identique à la séance 7 de la dictée 1 « La tour Eiffel », p. 32.

Écrire « ou » ou « où »

Persée et Méduse

Connaissances pour l'enseignant

Auteurs : le personnage de Persée est cité par plusieurs auteurs (dont Homère). L'épisode de la décapitation de Méduse est raconté par Hésiode, Phérécyde, Eschyle et Ovide. L'extrait choisi raconte l'affrontement de Persée avec la Gorgone.

Domaine artistique : littérature

Genre littéraire : récit mythologique

Date de création : VIIIe siècle avant notre ère

Lieu de création : Grèce

Pourquoi étudier le mythe de Persée ?

Parce que la mythologie est une clé de la culture commune

Les mythes, leurs thèmes et leurs personnages ont une influence considérable dans la culture ancienne et moderne. Les héros comme les épreuves qu'ils relèvent ont inspiré de nombreuses œuvres dans plusieurs domaines artistiques (la littérature, la peinture, le cinéma…). Lire ces récits permet d'accéder à des références culturelles fondamentales.

Pour son héros, Persée

Persée incarne à la perfection le héros mythologique. Il est à la fois fort et rusé. Ses intentions louables (sauver sa mère) et son courage attirent la sympathie de la déesse Athéna et du dieu Hermès, comme celle des lecteurs.

Parce que la mythologie aide à la construction de l'enfant

Dans les mythes, il est question d'abandon, de jalousie, de rapport de force, d'estime de soi, on y aborde la peur de se perdre, d'être dévoré par un monstre, de mourir, etc. Tout cela crée un écho formidable aux angoisses des enfants.

Séance 1 : Découverte de l'œuvre

Objectif : Découvrir une œuvre littéraire : Persée et Méduse.

Matériel :
- Planisphère, frise chronologique.
- Texte « Dans lequel Persée affronte la Gorgone ».
- Fiche élève histoire des arts 7.
- Photo de la sculpture de Persée.
- Vignette de l'œuvre à placer sur la frise chronologique.
- Fiche de méthodologie n° 1.

Durée : 40 min.

Étape 1 : Introduction de la séance (5 min)

Présenter l'œuvre de la semaine

• « L'œuvre de la semaine fait partie du domaine de la littérature, c'est un mythe grec. Parmi les aventures de Persée, nous allons lire ensemble celle au cours de laquelle il affronte la gorgone Méduse. »

Situer l'œuvre dans l'espace

• Un élève vient situer la Grèce sur un planisphère. On situe ensuite la Grèce par rapport à la France.

Situer l'œuvre dans le temps

• Donner la date de création (approximative) et la période historique à laquelle elle correspond (Antiquité).

Étape 2 : Découverte de l'œuvre par les élèves (20 min)

• Expliquer que Persée bébé et sa mère Danaé ont été abandonnés. Ils sont sauvés par un pêcheur et peuvent vivre en paix dans le royaume du roi Polydectès. Polydectès veut épouser Danaé, mais celle-ci refuse, soutenue par son fils. Pour éloigner Persée du royaume, Polydectès lui ordonne de lui apporter la tête de Méduse, une créature terriblement dangereuse.

• Faire ensuite lire le texte silencieusement, puis en faire une lecture magistrale.

• Encourager la parole descriptive des élèves : « Que raconte cette histoire ? »

• Parvenir à un résumé de l'histoire.

1. Des dieux aident Persée à combattre Méduse : Athéna lui offre un bouclier et lui explique comment éviter d'être pétrifié. Hermès lui donne des sandales ailées, un casque d'invisibilité, une épée et un sac.

2. Persée va rencontrer les Gorgones. Le chemin qu'il emprunte est parsemé de statues de pierre : ce sont les animaux et les hommes qui ont été pétrifiés par le regard de Méduse.

3. Grâce aux objets magiques et à l'aide des dieux, Persée parvient à tuer Méduse.

4. Du corps de Méduse surgit le cheval Pégase.

• Encourager la parole élaborative des élèves. « Qui peut expliquer comment Persée parvient à tuer Méduse ? » Persée utilise le miroir : il évite de regarder Méduse en face mais regarde son reflet sur le bouclier. Persée réussit ainsi à l'approcher et à lui trancher la tête, qu'il glisse immédiatement dans son sac.

> **Le saviez-vous ?**
> Méduse est à l'origine une très belle femme. Poséidon s'éprend d'elle et l'attire dans un temple dédié à Athéna. Athéna en conçoit une terrible colère et se venge de Méduse en la transformant en créature infernale.

• Encourager la parole émotionnelle des élèves. « Qu'avez-vous ressenti à la lecture de ce texte ? Quel effet vous fait Méduse ? Que pensez-vous de Persée ? »

Étape 3 : Apports culturels supplémentaires (10 min)

• « Persée est ce qu'on appelle le personnage principal. Quels sont les personnages secondaires ? » Lister les personnages en comparant leur rôle dans l'intrigue.

– Polydectès et Danaé sont à l'origine de la quête (l'un volontairement, l'autre non).

– Hermès et Athéna aident le héros à parvenir à ses fins.

– Méduse est le monstre à abattre.

• Élargir en demandant « Connaissez-vous le sens figuré de l'expression "être pétrifié" ? » On emploie plus souvent le terme « pétrifié » dans son sens non littéral pour signifier « être paralysé par la peur ». Persée a affronté sa peur et a gardé sa liberté de mouvement.

• Distribuer la fiche histoire des arts. Lecture du cartel de l'œuvre. Projeter la photo de la statue de Persée pour que les élèves l'observent. Expliquer que la statue a été réalisée bien après l'œuvre littéraire, au XVIe siècle.

Les élèves colorient l'Antiquité, puis lisent le contexte de l'œuvre littéraire. Un élève va ajouter la vignette de la sculpture représentant Persée sur la frise chronologique de la classe, pour rappeler l'œuvre littéraire étudiée.

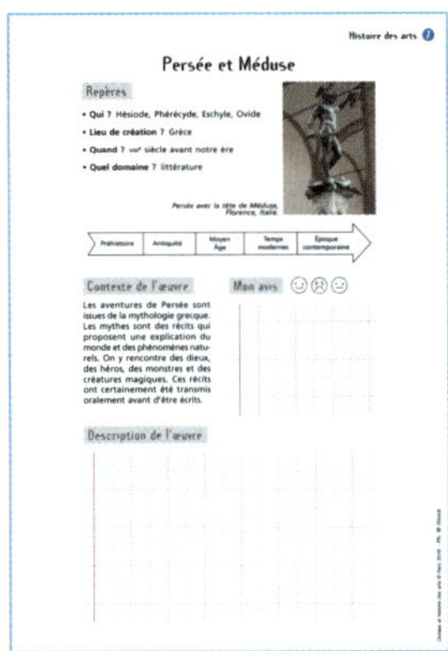
Histoire des arts 7

Persée et Méduse

Repères
• Qui ? Hésiode, Phérécyde, Eschyle, Ovide
• Lieu de création ? Grèce
• Quand ? VIIIe siècle avant notre ère
• Quel domaine ? littérature

Persée avec la tête de Méduse, Florence, Italie

Préhistoire | Antiquité | Moyen Âge | Temps modernes | Époque contemporaine

Contexte de l'œuvre
Les aventures de Persée sont issues de la mythologie grecque. Les mythes sont des récits qui proposent une explication du monde et des phénomènes naturels. On y rencontre des dieux, des héros, des monstres et des créatures magiques. Ces récits ont certainement été transmis oralement avant d'être écrits.

Mon avis

Description de l'œuvre

Étape 4 : Expression personnelle (5 min)

• Les élèves écrivent leur avis sur l'œuvre et tâchent de justifier cet avis. Préciser qu'on leur demande bien leur avis sur l'histoire et non sur la statue.

➤ Fiche de méthodologie n° 1

• Les élèves volontaires lisent leur production.

Prolongements possibles

– Regarder des extraits des films *Percy Jackson* ou *Le Choc des Titans* et comparer le mythe avec ces versions modernes.

– Dessiner la Gorgone telle que décrite dans le texte, puis comparer les dessins avec des œuvres comme *Méduse* du Caravage, *Tête de Méduse* de Rubens ou *Buste de Méduse* du Bernin.

– Lire la suite des aventures de Persée ou d'autres mythes. Lire les livres *Le Feuilleton d'Hermès, Le Feuilleton d'Ulysse* et *Le Feuilleton de Thésée* de Muriel Szac. L'auteure y raconte les mythes dans un style agréable et accessible, en cent épisodes.

Séance 2 : Écrire « ou » ou « où »

Objectifs :	– Distinguer le mot « où » et la conjonction de coordination « ou ». – Savoir écrire « ou » et « où ».
Matériel :	– Fiche élève orthographe 7. – Exercices d'entrainement autonome 7. – Diaporama orthographe 7 à projeter.
Durée :	50 min.

Étape 1 : Introduction de la séance (5 min)

• Présenter l'objectif d'apprentissage de la séance à l'aide de la page 1 du diaporama. Dire : « Aujourd'hui, nous allons apprendre à savoir écrire "ou" o-u et "où" o-ù. »

• Faire rappeler les connaissances antérieures en demandant :

« Qui peut me dire ce qu'est le mot "ou" ? » Le mot « ou » est une conjonction, il sert à introduire un choix.

« Qui peut me dire ce qu'est le mot "où" ? » Le mot « où » est un adverbe ou un pronom qui exprime la plupart du temps une idée de lieu.

Étape 2 : Enseignement (15 min)

Observer

Projeter la page 2 du diaporama. Faire remarquer aux élèves que dans la phrase on trouve les mots « ou » et « où ». Puis projeter la page 3 et demander : « Par quel mot a-t-on remplacé "ou" ? » Puis, si les élèves n'en font pas la remarque spontanément : « Le mot "où" indique-t-il une idée de lieu ? » Le mot « où » indique parfois une idée de temps.

OBSERVER

Au moment **où** ton avion a atterri,
faisait-il jour **ou** nuit ?

OBSERVER

Au moment **où** ton avion a atterri,
faisait-il jour **ou** nuit ?
→ **ou bien**

Expliquer

« Pour savoir s'il s'agit du mot "ou" ou du mot "où", j'essaie de le remplacer par "ou bien". Si la construction de la phrase est correcte, c'est que le mot "où" s'écrit o-u. Le mot "où" écrit o-ù exprime la plupart du temps une idée de lieu, mais parfois aussi une idée de temps. »

COMPRENDRE

Cet été … iras-tu passer tes vacances,
en Espagne … en Italie ?

Illustrer

« Je veux écrire la phrase :

"Cet été, où iras-tu passer tes vacances, en Espagne ou en Italie ?"

Je ne peux pas dire "Cet été ~~ou bien~~ iras-tu". → J'en déduis qu'il s'agit de l'adverbe "où".

Je peux dire "En Espagne ou bien en Italie" → Il s'agit de la conjonction "ou". »

Vérifier la compréhension

Projeter la page 7 du diaporama.

Les élèves sont invités à répondre aux questions.

Puis, diaporama caché, faire synthétiser la notion apprise par les élèves.

Pour conclure, distribuer la fiche orthographe 7 puis lire ensemble la leçon :

VÉRIFIER SA COMPRÉHENSION

1. Dans quels cas écrit-on « **ou** » ? « **où** » ?
2. Quelle est la nature du mot « **ou** » ? du mot « **où** » ?
3. Par quoi puis-je remplacer le mot « **ou** » ?

- **ou** (sans accent) marque un choix entre deux choses. C'est une conjonction. On peut la remplacer par « ou bien ».
Exemple : Le héros va-t-il échouer **ou** réussir ? (échouer **ou bien** réussir)

- **où** (avec un accent grave) peut être un adverbe ou un pronom qui exprime le plus souvent une idée de lieu. On ne peut pas le remplacer par « ou bien ».
Exemple : **Où** va-t-il ?

Étape 3 : Entrainement (30 min)

Entrainement guidé

Projeter les pages 8 à 17 du diaporama. Les élèves s'entrainent en écrivant « ou » ou « où », sur leur ardoise, pour compléter les phrases à trous du diaporama. Choisir au hasard un élève qui doit justifier sa réponse.

La rue **où** j'habite est en travaux.
Ton frère **ou** ta sœur t'accompagnera à l'école.
On prendra le métro **ou** le bus pour aller au théâtre ?
Où est passé le chat ?
À l'heure **où** le soleil se couche, cet endroit est magnifique.
Je ne sais pas très bien si c'est un merle **ou** une pie.
Dépêche-toi **où** tu arriveras en retard.
Je l'appellerai ce soir **ou** demain.
Au cas **où** vous en auriez besoin, je reste à votre disposition.
C'est la région d'**où** viennent les voisins.

Entrainement autonome

Les élèves s'entrainent dans leur cahier avec un exercice écrit de niveau 1 (★) ou 2 (★★).

Niveau 1 (∗)

Complète les phrases avec « ou » ou « où ».

Préfères-tu le melon ..... la pastèque ?

..... vas-tu ?

C'est le parc ..... j'ai perdu mon manteau.

J'aimerais un jeu vidéo ..... des rollers.

Il fait froid, mets un pull ..... un gilet.

Niveau 2 (∗∗)

Complète les phrases avec « ou » ou « où ».

C'est la maison ..... je suis née.

Vaut-il mieux prendre des douches ..... des bains ?

Sophie est dans sa chambre ..... dans le jardin.

Au rythme ..... tu vas, tu vas prendre du retard.

..... préfèrez-vous aller ? À la plage ..... à la montagne ?

Séance 3 : Première appropriation des mots

Objectif :	Découvrir les mots à apprendre, mettre en lumière les difficultés.
Matériel :	– Fiche élève orthographe 7. – Fiche de méthodologie n° 2.
Durée :	30 min.

Étape 1 : Observation des mots (15 min)

Orthographe 7

Écrire « ou » ou « où »

Le héros va-t-il échouer ou réussir ?
Où va-t-il ?

• ou (sans accent) marque un choix entre deux choses. C'est une conjonction. On peut la remplacer par « ou bien ».

Exemple : Le héros va-t-il échouer ou réussir ? (échouer ou bien réussir)

• où (avec un accent grave) peut être un adverbe ou un pronom qui exprime le plus souvent une idée de lieu. On ne peut pas le remplacer par « ou bien ».

Exemple : Où va-t-il ?

Mots à apprendre pour la dictée
Persée et Méduse

noms	**une tête, la mère, une créature, le cheveu/les cheveux, le serpent, la pierre,** un dieu/des dieux, un conseil, un objet, une sandale, la montagne, le casque, *un bouclier, le reflet*
verbes	**apporter, épouser, regarder, devoir,** donner, rejoindre, se coiffer, habiter, être, *pouvoir, risquer, bondir*
adjectifs et participes passés	**monstrueux/monstrueuse, vivant,** magique, ailé, invisible, *terrible, pétrifié*
mots invariables	**celui-ci, dont, aussitôt, avec, puis, afin de, dans, sans, sur, soudain**

• Lecture collective des mots à apprendre. Le sens des mots est rappelé si nécessaire, et les difficultés orthographiques sont surlignées.

Exemples de difficultés :

une tête, un serpent, une pierre, le conseil, un bouclier, apporter, rejoindre, se coiffer, habiter, terrible, aussitôt, celui-ci.

• Rappeler que lors de la dictée bilan il faudra conjuguer les verbes et accorder les mots dans les groupes nominaux.

• S'entrainer à conjuguer les verbes « rejoindre », « devoir » et « pouvoir » au présent.

Étape 2 : Mémorisation des mots (15 min)

• Enseignement d'une méthode de mémorisation des mots : l'épellation.

➤ Fiche de méthodologie n° 2

• Première mise en mémoire des mots. Les élèves commencent à apprendre leurs mots individuellement puis en binôme.

• Les mots sont donnés à apprendre à la maison pour la semaine suivante. Les élèves du groupe jaune et ceux qui feront la dictée à trous n'ont que les mots en gras à apprendre.

Séance 4 : Dictée flash n° 1

Déroulement identique à la séance 4 de la dictée 1 « La tour Eiffel », p. 30.

Étape 1 : Dictée de groupes nominaux (5 min)

des serpents terribles – une créature pétrifiée – une tête monstrueuse –
les conseils des dieux – des objets magiques

Séance 5 : Dictée flash n° 2

Déroulement identique à la séance 5 de la dictée 1 « La tour Eiffel », p. 30.

Étape 1 : Dictée de phrase (5 min)

Persée doit couper la tête de Méduse sans la regarder **ou** il sera pétrifié.

Étape 4 : Correction collective, puis individuelle (10 min)

Exemples de questions pouvant éclairer la correction :
« Comment savoir s'il s'agit de "ou" o-u ou de "où" o-ù ? »
« Pourquoi la fin des mots "couper" et "regarder" s'écrit-elle -er ? »
« Pourquoi la fin du mot "pétrifié" s'écrit-elle -é ? »
NB : La technique pour distinguer l'infinitif du participe passé n'a pas encore été enseignée, mais elle peut être abordée en s'appuyant sur les connaissances des élèves.

Séance 6 : Dictée bilan

Objectif :	Écrire sous la dictée en tenant compte des règles apprises.
Matériel :	– Cahier de français, cahier du jour, cahier d'évaluation (selon l'organisation de la classe). – Diaporama histoire des arts 7. – Dictée à trous 7. – Pour l'enseignant : dictées flash et bilan 2. – Fiche de méthodologie n° 3.
Durée :	45 min.

Étape 1 : Projection de l'œuvre et lecture magistrale de la dictée (5 min)

- Écrire au tableau les mots « Persée », « Méduse » et « Polydectès ».

Étape 2 : Dictée phrase par phrase du texte et différenciation (30 min)

Dictée bilan

Persée **doit apporter** la **tête** de *Méduse* au roi *Polydectès* **ou** **celui-ci épousera** sa **mère**. *Méduse* **est** une **créature monstrueuse dont** les **cheveux** sont des **serpents vivants**. Il ne faut pas la **regarder** **ou** on **est** **aussitôt** changé en **pierre**.	40 mots
Les **dieux donnent** **à** *Persée* des **conseils** **et** des **objets magiques**. **Avec** ses **sandales ailées**, il **rejoint** les **montagnes** **où** **habite** *Méduse*. **Puis** il **se coiffe** de son **casque afin d'être invisible**.	73 mots
Persée **regarde dans** le **bouclier** **où** il **peut** voir le **terrible reflet** de *Méduse* **sans risquer** d'**être pétrifié**. Il **bondit** sur elle **et**, **soudain**, lui coupe la **tête**.	100 mots

Les élèves en difficulté complètent la dictée à trous.

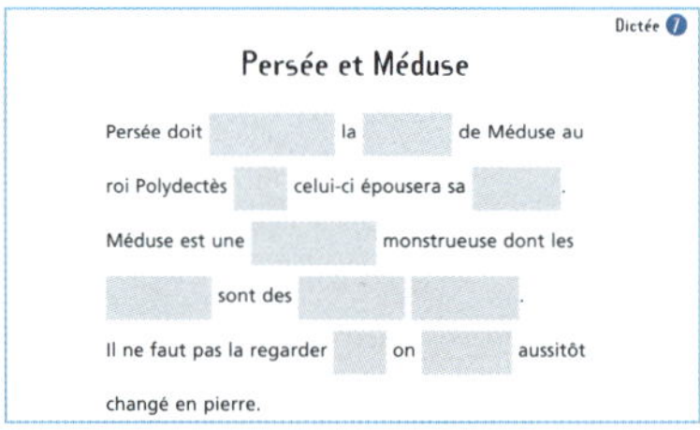
Dictée 7

Persée et Méduse

Persée doit … la … de Méduse au roi Polydectès … celui-ci épousera sa … . Méduse est une … monstrueuse dont les … sont des … … . Il ne faut pas la regarder … on … aussitôt changé en pierre.

Étape 3 : Relecture de la dictée (10 min)

Fiche de méthodologie n° 3

Aide pour la correction de la dictée par l'enseignant

On retire un point pour :
- les correspondances non respectées (dont s/ss) ;
- les erreurs de ponctuation et de majuscule ;
- chaque mot en gras mal orthographié (mots à apprendre) ;
- les mots écrits au tableau (en italique) mal copiés ;
- les règles d'écriture des nombres non respectées ;
- les erreurs d'homophones : a/à, est/et, **ou/où** ;
- les accords non marqués (cas simples : noms, adjectifs et verbes).

Séance 7 : correction de la dictée

Déroulement identique à la séance 7 de la dictée 1 « La tour Eiffel », p. 32.

Écrire « g » ou « gu »

La Naissance de Vénus

Connaissances pour l'enseignant

Auteur : Sandro Botticelli
Domaine artistique : peinture
Technique : tempera maigre (pigments liés avec de l'œuf)
Courant artistique : Renaissance italienne
Date de création : 1484-1485
Lieu de création : Florence, Italie
Lieu d'exposition : Galerie des Offices, Florence

Pourquoi étudier La Naissance de Vénus ?

Pour ses références mythologiques

Cette œuvre met en évidence la passion des artistes de la Renaissance pour l'art antique et la mythologie grecque. L'étude du tableau est l'occasion de faire un lien entre différents arts (littérature et peinture) et différentes époques (Antiquité et Temps modernes). Ces liens sont ce qui fait la culture : une œuvre permet d'en éclairer une autre.

Pour faire repérer une technique

Ce tableau est l'occasion pour les élèves de repérer les techniques utilisées pour représenter le mouvement en peinture. On peut évoquer le mouvement des personnages, comme celui du vent ou des vagues.

Pour l'accueil qu'elle reçoit

L'harmonie des couleurs, les formes aux contours nets et doux, la beauté intemporelle des visages et le thème enchanteur évoqué concourent au succès de l'œuvre auprès des enfants. La nudité de Vénus peut cependant créer une gêne chez certains, qu'il faut alors laisser s'exprimer.

Séance 1 : Découverte de l'œuvre

Objectif : Découvrir une œuvre : *La Naissance de Vénus* et s'exprimer à son propos.

Matériel :
- Diaporama histoire des arts 8 à projeter et la vignette de l'œuvre à placer sur la frise chronologique.
- Fiche élève histoire des arts 8.
- Carte d'Europe, frise chronologique.
- Fiche de méthodologie n° 1.

Durée : 30 min.

Étape 1 : Introduction de la séance (5 min)

Présenter l'œuvre d'art de la semaine

• Projeter l'œuvre ou l'afficher au tableau. Demander à un élève de la nommer. Questionner : « Cette semaine, l'œuvre est un tableau, de quel domaine artistique est-il question ? »

Situer l'œuvre dans l'espace

• Un élève vient situer l'Italie sur un planisphère. On peut ensuite situer le pays par rapport à la France.

Situer l'œuvre dans le temps

• Faire lire la date de création (approximative) et nommer la période historique à laquelle elle correspond (les Temps modernes). Un élève ajoute la vignette de l'œuvre sur la frise chronologique de la classe.

Étape 2 : Découverte de l'œuvre par les élèves (10 min)

• Encourager la parole descriptive des élèves : « Que voyez-vous ? »

Évoquer ensemble : la présence centrale de Vénus, le couple volant à sa gauche et la jeune fille à sa droite. Vénus rejoint le rivage debout sur une énorme coquille. Elle est nue et pudiquement « habillée » par ses cheveux et ses mains. À sa gauche, le dieu du Vent Zéphir souffle pour la pousser vers la Terre. Il est enlacé par son épouse, la nymphe Chloris, le vent doux du printemps qui disperse des fleurs. À la droite de Vénus, une déesse (certainement l'Heure du printemps) l'attend pour la recouvrir d'un manteau.

Le saviez-vous ?
Le mythe raconte que la déesse Aphrodite (appelée Vénus par les Romains) est née d'une goutte de sang d'Ouranos tombée dans la mer. Elle est la déesse de l'Amour et de la Beauté.

• Encourager la parole élaborative des élèves. « D'après vous, que va faire Vénus dans l'instant ? Que s'apprête à faire la déesse à ses côtés ? » Vénus est sur le point de déplacer sa jambe droite pour avancer vers le rivage. La déesse à sa droite semble vouloir l'habiller d'un manteau. Faire localiser les autres lieux de mouvement sur le tableau : « Comment le peintre fait-il pour donner cette impression de mouvement ? » Les divinités de gauche volent, elles sont représentées penchées, les tissus de leurs vêtements ondulent. L'écume, à la base du coquillage, figure le mouvement des vagues et celui du coquillage, qui glisse sur elles. L'ondulation des cheveux de Vénus et de la déesse, ainsi que celles du tissu rouge sont là pour faire percevoir les mouvements du vent. Les fleurs sont portées par la brise (voir page 2 du diaporama).

• Encourager la parole émotionnelle des élèves. « Nous avons évoqué ce que l'on voit. Essayez maintenant d'imaginer avec vos autres sens. Qu'entendez-vous ? » Bruits des vagues, du vent, du souffle de Zéphir… « Que sentez-vous ? » L'odeur iodée de la mer, des fleurs semées par les divinités… « Que ressentez-vous ? » Le vent, une température plutôt estivale si l'on en croit les tenues des protagonistes…

Étape 3 : Apports culturels supplémentaires (10 min)

• Élargir : « D'après vous, pourquoi Sandro Botticelli a-t-il choisi ce sujet ? » Les réponses des élèves différeront selon que la période de la Renaissance aura été traitée ou non. Ce sujet montre l'intérêt des peintres de la Renaissance pour l'Antiquité en général et la mythologie grecque en particulier. C'est aussi l'occasion de représenter un corps nu aux proportions parfaites (puisque divines).

• Ajouter que le visage de la femme peinte diffère quant à lui, très nettement, de celui des statues de l'Antiquité. Son visage est doux alors que ceux en marbre nous paraissent durs et froids. Ce visage est le portrait de Simonetta Vespucci, considérée comme la plus belle femme de son temps et faisant pour Botticelli un parfait modèle pour la déesse de la Beauté.

Le saviez-vous ?
Simonetta Vespucci était la cousine du navigateur Amerigo Vespucci qui a donné son nom à l'Amérique.

• Distribuer la fiche histoire des arts. Après avoir lu le cartel de l'œuvre, les élèves colorient les Temps modernes sur leur frise. Ils lisent ensuite le contexte de l'œuvre.

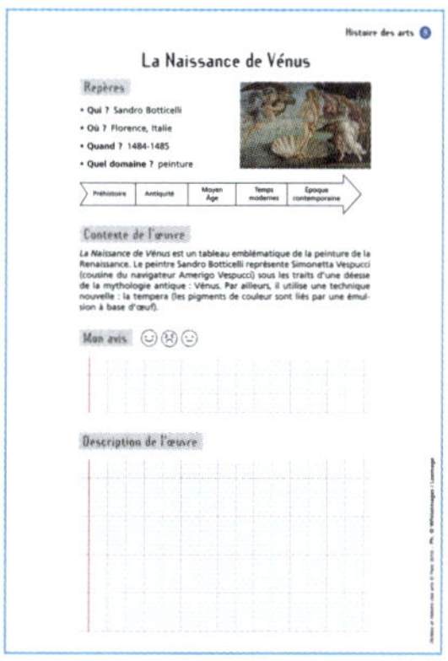
Histoire des arts 5

La Naissance de Vénus

Repères
• Qui ? Sandro Botticelli
• Où ? Florence, Italie
• Quand ? 1484-1485
• Quel domaine ? peinture

Contexte de l'œuvre
La Naissance de Vénus est un tableau emblématique de la peinture de la Renaissance. Le peintre Sandro Botticelli représente Simonetta Vespucci (cousine du navigateur Amerigo Vespucci) sous les traits d'une déesse de la mythologie antique : Vénus. Par ailleurs, il utilise une technique nouvelle : la tempera (les pigments de couleur sont liés par une émulsion à base d'œuf).

Mon avis

Description de l'œuvre

Étape 4 : Expression personnelle (5 min)

• Les élèves écrivent leur avis sur l'œuvre et justifient cet avis.

> Fiche de méthodologie n° 1

• Les élèves volontaires lisent leur production.

Prolongements possibles

– Lire et étudier la naissance de Vénus telle qu'elle est racontée dans les récits mythologiques. Comparer avec la version donnée ici.

– Lire le livre *Le Peintre de la beauté* d'Alice Brière-Haquet. Il existe un dossier pédagogique pour accompagner cette lecture sur http://collection-pontdesarts.fr/Le-Peintre-de-la-beaute.html

– Regarder le début de la vidéo « *La Naissance de Vénus* de Botticelli – Cet obscur objet du désir » sur le site canal éducatif. www.canal-educatif.fr/videos/art/29/botticelli-art-en-question-3/botticelli-venus.html

Séance 2 : Écrire « g » ou « gu »

Objectifs :	– Connaitre les valeurs de la lettre g. – Savoir que le son [g] s'écrit « gu » devant les lettres e et i.
Matériel :	– Fiche élève orthographe 8. – Exercices d'entrainement autonome 8. – Diaporama orthographe 8 à projeter.
Durée :	50 min.

Étape 1 : Introduction de la séance (5 min)

• Présenter l'objectif d'apprentissage de la séance à l'aide de la page 1 du diaporama ou l'annoncer oralement : « Aujourd'hui, nous allons apprendre à écrire le son [g]. »

• Rappeler les connaissances antérieures en demandant :

• « Avec quelle lettre écrit-on le son [g] ? » On écrit le son [g] avec la lettre g.

Étape 2 : Enseignement (15 min)

Observer

Projeter la page 2 du diaporama avec les mots à observer. Demander aux élèves de repérer les différentes façons d'écrire le son [g]. Valider avec la page 3, puis demander : « Dans quels cas le son [g] s'écrit-il "gu" ? »

OBSERVER

J'entends ...	
J'écris ...	J'écris ...
gris un gorille agacé aigu	une algue un guépard les guirlandes une anguille

OBSERVER

J'entends [g]	
J'écris « g »	J'écris « g »
gris un gorille agacé aigu	une algue un guépard les guirlandes une anguille

Expliquer

« Devant les lettres e et i, le son [g] s'écrit "gu". Devant toutes les autres lettres, un simple g suffit. »

Illustrer

Projeter la page 4 (puis les pages 5 et 6).

« Je veux écrire la phrase :

"Ce **g**arçon aime la **gu**itare."

– "garçon" contient le son [g] que j'écris "g" parce qu'il est suivi d'un a ;

– "guitare" contient le son [g] que j'écris "gu" parce qu'il est suivi d'un i. »

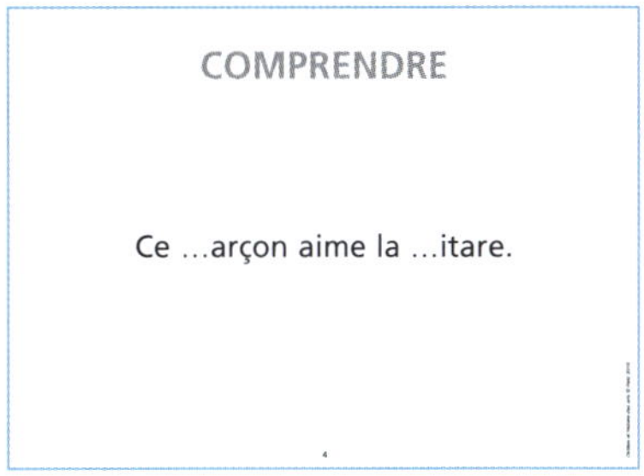

Vérifier la compréhension

Projeter la page 7 du diaporama.

Les élèves sont invités à répondre aux questions.

Puis, diaporama caché, faire synthétiser la notion apprise par les élèves.

Pour conclure, distribuer la fiche orthographe 8 puis lire ensemble la leçon :

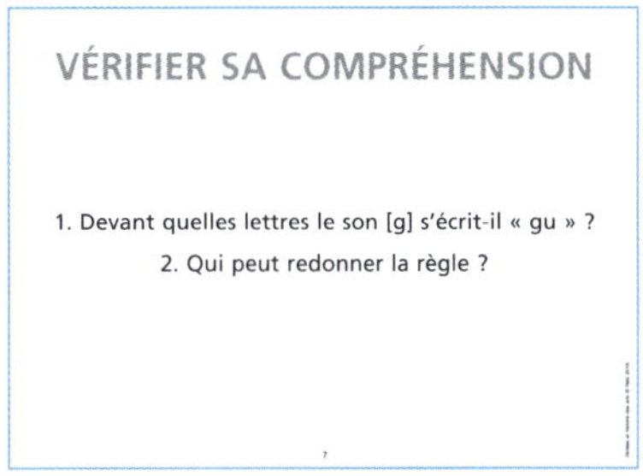

• La lettre **g** se prononce [g] quand elle est devant **a**, **o**, **u** ou devant une consonne.
Exemples : à **g**auche, la fi**g**ure de la déesse, **g**rand.

• Pour obtenir le son [g] devant **e** et **i**, on écrit **gu**.
Exemples : **gu**idé, la va**gu**e.

Étape 3 : Entrainement (30 min)

Entrainement guidé

Projeter la page 8. Les élèves s'entrainent en écrivant un par un sur leur ardoise les mots dictés et projetés. Ils doivent justifier l'emploi de « gu » en citant la lettre suivante.

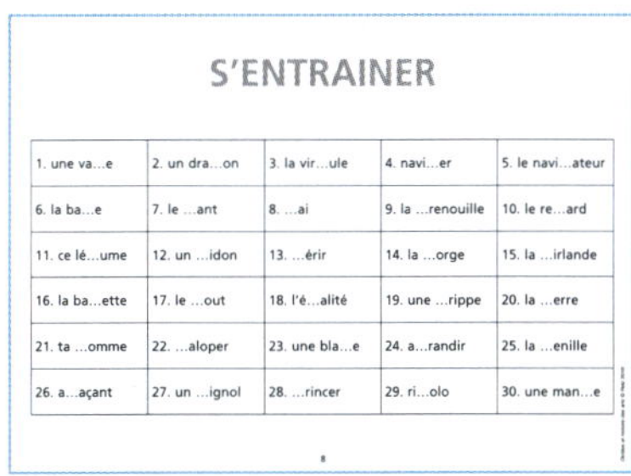
S'ENTRAINER

1. une va...e	2. un dra...on	3. la vir...ule	4. navi...er	5. le navi...ateur
6. la ba...e	7. le ...ant	8. ...ai	9. la ...renouille	10. le re...ard
11. ce lé...ume	12. un ...idon	13. ...érir	14. la ...orge	15. la ...irlande
16. la ba...ette	17. le ...out	18. l'é...alité	19. une ...rippe	20. la ...erre
21. ta ...omme	22. ...aloper	23. une bla...e	24. a...randir	25. la ...enille
26. a...açant	27. un ...ignol	28. ...rincer	29. ri...olo	30. une man...e

8

Entrainement autonome

Les élèves s'entrainent dans leur cahier avec un exercice écrit de niveau 1 (★) ou 2 (★★).

Niveau 1 (∗)

Complète les mots avec « g » ou « gu ».

une ....renouille – une ....êpe – le ....renier – un dé....isement – cette ....irlande – fati....é

la ....auche – distin....er – la va....e

Niveau 2 (∗∗)

Complète les mots avec « g » ou « gu ».

La ....renouille ....luante ....obe la ....rosse ....êpe.

Au ....renier on ....arde les dé....isements et les ....irlandes de Noël.

Nous sommes fati....és mais heureux d'avoir ....agné le ....ros lot.

À ....auche, on distin....e une ....rande ....alerie dans la roche.

Un ....roupe de touriste re....arde les va....es gi....antesques.

Séance 3 : Première appropriation des mots

Objectif : Découvrir les mots à apprendre, mettre en lumière les difficultés.

Matériel :
– Fiche élève orthographe 8.
– Fiche de méthodologie n° 2.

Durée : 30 min.

Étape 1 : Observation des mots (15 min)

Orthographe 8

Écrire « g » ou « gu »

Dans un grand coquillage posé sur les vagues, Vénus est guidée par le vent.

• La lettre g se prononce [g] quand elle est devant a, o, u ou devant une consonne.
Exemples : à gauche, la figure de la déesse, grand.
• Pour obtenir le son [g] devant e et i, on écrit gu.
Exemples : guidé, la vague.

Mots à apprendre pour la dictée
La Naissance de Vénus

noms	le tableau, la scène, la naissance, le dieu/la déesse, la beauté, le coquillage, le rivage, le vent, la gauche, la fleur, la femme la chevelure, la droite, l'œuvre, le printemps, l'arrivée
verbes	représenter, naviguer, distinguer, souffler, guetter, recouvrir
adjectifs et participes passés	inspiré, gigantesque, guidé, habillé, long, grand, fleuri
mots invariables	celui-ci, sur, vers, à côté, autour, seulement, également

• Lecture collective des mots à apprendre sur la fiche orthographe. Le sens des mots est rappelé si nécessaire, et les difficultés orthographiques sont surlignées.

<u>Exemples de difficultés</u> :

la scène, la naissance, la déesse, le coquillage, le printemps, l'arrivée, naviguer, distinguer, souffler, guetter, celui-ci, vers, à côté, autour, seulement, également.

• Rappeler que lors de la dictée bilan il faudra conjuguer les verbes et accorder les mots dans les groupes nominaux.

Étape 2 : Mémorisation des mots (15 min)

• Enseignement d'une méthode de mémorisation des mots : le MP3.

▶ Fiche de méthodologie n° 2

• Première mise en mémoire des mots. Les élèves commencent à apprendre leurs mots individuellement puis en binôme.

• Les mots sont donnés à apprendre à la maison pour la semaine suivante. Les élèves du groupe jaune et ceux qui feront la dictée à trous n'ont que les mots en gras à apprendre.

Séance 4 : Dictée flash n° 1

Déroulement identique à la séance 4 de la dictée 1 « La tour Eiffel », p. 30.

Étape 1 : Dictée de groupes nominaux (5 min)

une déesse inspirée – des dieux habillés – une chevelure lon**gu**e –
un **g**rand coquillage – des va**gu**es gi**g**antesques

Séance 5 : Dictée flash n° 2

Déroulement identique à la séance 5 de la dictée 1 « La tour Eiffel », p.30.

Étape 1 : Dictée de phrase (5 min)

À sa naissance, Vénus navi**gu**e sur un coquillage **gu**idé par le vent et les va**gu**es.

Étape 4 : Correction collective, puis individuelle (10 min)

<u>Exemples de questions pouvant éclairer la correction</u> :

« Comment savoir comment s'écrit le premier "à" ? »

« Comment savoir que le son [g] s'écrit "gu" dans le mot "navi**gu**e" ? "**gu**idé" ? "va**gu**e" ? »

« Pourquoi y a-t-il un -s à "vague**s**" ? »

« Comment savoir que le mot "**et**" s'écrit e-t ? »

*NB : le mot « guidé » sera accepté au masculin comme au féminin car on peut considérer que l'on parle de Vénus (guid**ée**) ou du coquillage (guid**é**).*

Séance 6 : dictée bilan

Objectif :	Écrire sous la dictée en tenant compte des règles apprises.
Matériel :	– Cahier de français, cahier du jour, cahier d'évaluation (selon l'organisation de la classe). – Diaporama histoire des arts 8. – Dictée à trous 8. – Pour l'enseignant : dictées flash et bilan 8. – Fiche de méthodologie n° 3.
Durée :	45 min.

Étape 1 : Projection de l'œuvre et lecture magistrale de la dictée (5 min)

- Écrire les mots « mythologie », « Vénus », « grecque » et « Zéphir » au tableau.

Étape 2 : Dictée phrase par phrase du texte et différenciation (30 min)

Ce **tableau représente** une **scène inspirée** de la *mythologie grecque* : la **naissance** de *Vénus*, **déesse** de la **beauté**. *Vénus* **navigue sur** un **gigantesque coquillage. Celui-ci** est **guidé vers** le **rivage** par le **vent** et les vagues.	36 mots
Elle est nue, **seulement habillée** de sa **longue chevelure**. Sur la **gauche**, on **distingue** *Zéphir*, le **dieu** du **vent**. Il **souffle**, et à **côté** de lui sa **femme** sème des **fleurs autour** de *Vénus*.	70 mots
Sur la **droite**, une **déesse guette** *Vénus*, prête à la **recouvrir** d'un **grand** voile **fleuri**. L'œuvre est une figure de la **beauté** et annonce **également** l'**arrivée** du **printemps**.	100 mots

Les élèves en difficulté complètent la dictée à trous.

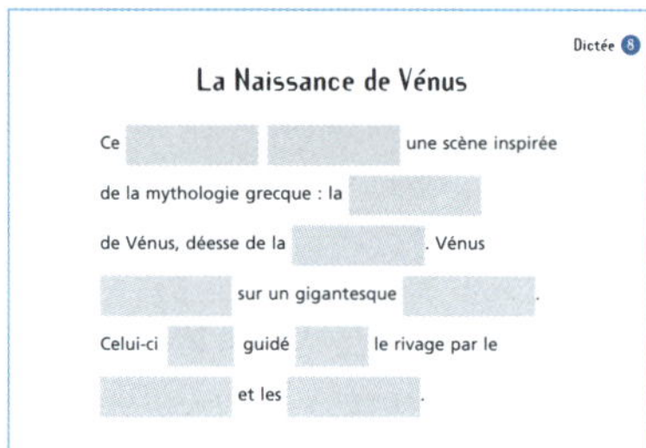
Dictée 8

La Naissance de Vénus

Ce ______ ______ une scène inspirée de la mythologie grecque : la ______ de Vénus, déesse de la ______. Vénus ______ sur un gigantesque ______. Celui-ci ______ guidé ______ le rivage par le ______ et les ______.

Étape 3 : Relecture de la dictée (10 min)

Fiche de méthodologie n° 3

Aide pour la correction de la dictée par l'enseignant

On retire un point pour :
- les correspondances non respectées (dont s/ss, **g/gu**) ;
- les erreurs de ponctuation et de majuscule ;
- chaque mot en gras mal orthographié (mots à apprendre) ;
- les mots écrits au tableau (en italique) mal copiés ;
- les règles d'écriture des nombres non respectées ;
- les erreurs d'homophones : a/à, est/et, ou/où ;
- les accords non marqués (cas simples : noms, adjectifs et verbes).

Séance 7 : Correction de la dictée

Déroulement identique à la séance 7 de la dictée 1 « La tour Eiffel », p. 32.

Écrire « g » ou « ge »

Le château de Bonaguil

Connaissances pour l'enseignant

Architecte : inconnu

Premier propriétaire connu : Bérenger de Roquefeuil

Domaine artistique : architecture

Style : médiéval

Date de construction : construit au XIIIe siècle, remanié jusqu'au XVIe

Situation : Lot-et-Garonne, Nouvelle-Aquitaine, France

Pourquoi étudier le château de Bonaguil ?

Pour son état de conservation

Les transformations menées par Bérenger de Roquefeuil, donnant sa forme actuelle au château, ont été réalisées à la fin du Moyen Âge. La forteresse, si imprenable soit-elle, n'a connu aucune guerre. En conséquence, son état de conservation est tout à fait remarquable.

Pour son arsenal défensif unique

Le château de Bonaguil possède, outre des techniques défensives classiques (la barbacane, le fossé, les ponts-levis, des murs d'enceinte, des tours, un donjon), des innovations adaptées aux armes modernes, les armes à feu (caponnières pour protéger les tireurs, murs plus épais et courbes résistant mieux aux tirs).

Pour faire le lien avec les programmes d'histoire

L'étude d'un château fort permet de travailler sur sa fonction au sein de la société féodale. Le château est l'emblème du pouvoir seigneurial. C'est en ce lieu que le seigneur loge et que s'exerce son autorité, mais c'est également un lieu de refuge possible, en cas de conflit, pour les habitants de la seigneurie.

Séance 1 : Découverte de l'œuvre

Objectif :	Découvrir une œuvre : le château de Bonaguil et s'exprimer à son propos.
Matériel :	– Diaporama histoire des arts 9 à projeter et la vignette de l'œuvre à placer sur la frise chronologique. – Fiche élève histoire des arts 9. – Carte murale de France, frise chronologique. – Fiche de méthodologie n° 1.
Durée :	30 min.

Étape 1 : Introduction de la séance (5 min)

Présenter l'œuvre d'art de la semaine

• Projeter l'œuvre au tableau, puis la faire nommer par un élève. Demander : « Cette semaine, nous allons étudier un monument, de quel domaine artistique est-il question ? »

Situer l'œuvre dans l'espace

• Un élève vient situer la Nouvelle-Aquitaine (et/ou le Lot-et-Garonne) sur une carte de France. On peut ensuite situer cette région par rapport à celle où vivent les élèves.

Le saviez-vous ?
Le nom Bonaguil est celui de l'éperon calcaire sur lequel le château est construit. Il signifierait « bonne aiguille ».

Situer l'œuvre dans le temps

• Faire lire la date de création de l'œuvre (la construction débute au XIIIe siècle mais est poursuivie jusqu'au XVIe) et préciser sa période historique (le Moyen Âge). Un élève complète la frise de la classe avec la vignette de l'œuvre.

Étape 2 : Découverte de l'œuvre par les élèves (10 min)

• Encourager la parole descriptive des élèves : « Que voyez-vous ? »

• Évoquer ensemble : les murs de pierre, les tours, le donjon, les créneaux, l'enceinte, les rares fenêtres, la situation spatiale (selon les connaissances des élèves).

• Encourager la parole élaborative des élèves. « D'après vous, à quoi servait ce bâtiment ? » Ce bâtiment servait à loger le seigneur et sa famille. En cas d'attaque, les habitants de la seigneurie pouvaient également s'y réfugier. « À quoi voit-on que c'est un bâtiment défensif ? » On voit que c'est un bâtiment défensif à ses hauts murs, ses tours, ses remparts, sa localisation en hauteur…

• Encourager la parole émotionnelle des élèves. « Quel effet vous fait ce château ? D'après vous, que pouvaient ressentir ses habitants ? » Les élèves pourront évoquer l'aspect rassurant d'un château si bien défendu, mais également l'inconfort qu'ils peuvent supposer de son intérieur.

Étape 3 : Apports culturels supplémentaires (10 min)

• Projeter la deuxième page du diaporama. Nommer les différentes parties du château en expliquant leur utilité :

– Les tours étaient utilisées pour guetter les éventuels assaillants.

– L'une d'elles se distingue par sa hauteur (60 mètres), c'est le donjon, accueillant la demeure du seigneur et de sa famille. Il a une forme allongée assez originale.

– Les remparts de 40 mètres de hauteur et de 4 mètres d'épaisseur rendaient le château imprenable.

– Les sept ponts-levis pouvaient être relevés pour empêcher l'ennemi de pénétrer dans le château.

– La barbacane, fortification circulaire avancée, constituait un sas entre l'extérieur et le château.

• Préciser : Le château de Bonaguil contient presque tous les perfectionnements militaires de son époque et prend en compte les progrès de l'artillerie. Malgré cela, il apparait obsolète dans son contexte historique et artistique : celui de l'édification des premiers châteaux de la Loire.

Le saviez-vous ?
Le château de Bonaguil est pourvu d'un arsenal défensif considérable, mais il n'a semble-t-il jamais été attaqué. En revanche, il a été habité presque sans arrêt jusqu'à la Révolution française, pendant laquelle il a été saccagé et pillé.

• Distribuer la fiche histoire des arts. Après avoir lu le cartel de l'œuvre, les élèves colorient le Moyen Âge sur leur frise. Ils lisent ensuite la description de l'œuvre.

Étape 4 : Expression personnelle (5 min)

• Sur la partie dédiée de la fiche, les élèves écrivent leur avis sur l'œuvre. Préciser que cet avis doit être justifié.

• Les élèves volontaires lisent leur production.

Fiche de méthodologie n° 1

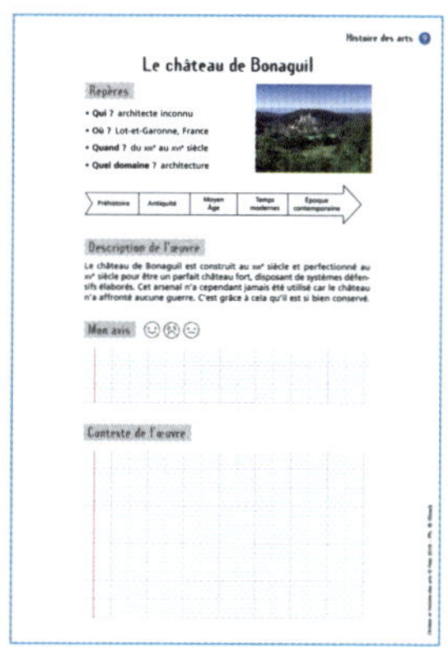
Histoire des arts

Le château de Bonaguil

Repères
• Qui ? architecte inconnu
• Où ? Lot-et-Garonne, France
• Quand ? du XIIIe au XVIe siècle
• Quel domaine ? architecture

Préhistoire | Antiquité | Moyen Âge | Temps modernes | Époque contemporaine

Description de l'œuvre
Le château de Bonaguil est construit au XIIIe siècle et perfectionné au XVe siècle pour être un parfait château fort, disposant de systèmes défensifs élaborés. Cet arsenal n'a cependant jamais été utilisé car le château n'a affronté aucune guerre. C'est grâce à cela qu'il est si bien conservé.

Mon avis

Contexte de l'œuvre

Prolongements possibles

• Regarder les épisodes de « C'est pas sorcier » *Un château très très fort* ou *Quelle aventure !* consacrés aux chevaliers, tournés à Castelnaud.

• Travailler sur le plan du château, réalisé par Viollet-le-Duc, pour y retrouver les différents éléments étudiés.
• Lors de l'étude de châteaux construits ultérieurement : Chambord (séquence 12) et Versailles (séquence 16), utiliser Bonaguil pour comparer les styles.

Séance 2 : Écrire « g » ou « ge »

Objectifs : – Connaitre les valeurs de la lettre g.
– Savoir que le son [ʒ] s'écrit « ge » devant les lettres a, u et o.

Matériel : – Fiche élève orthographe 9.
– Exercices d'entrainement autonome 9.
– Diaporama orthographe 9 à projeter.

Durée : 50 min.

Étape 1 : Introduction de la séance (5 min)

• Présenter l'objectif d'apprentissage de la séance à l'aide de la page 1 du diaporama et l'annoncer oralement : « Aujourd'hui, nous allons continuer de travailler sur la lettre g. Elle peut également faire le son [ʒ], nous allons voir de quelles façons. »
• Faire rappeler les connaissances antérieures en demandant :
« Devant quelles lettres la lettre g fait elle le son [g] ? » Devant a, o, u et les consonnes.

Étape 2 : Enseignement (15 min)

Observer

Projeter la page 2 du diaporama contenant les mots à observer. Demander aux élèves de repérer les différentes façons d'écrire le son [ʒ]. Valider avec la page 3, puis demander : « Dans quels cas le son [ʒ] s'écrit-il "ge" ? »

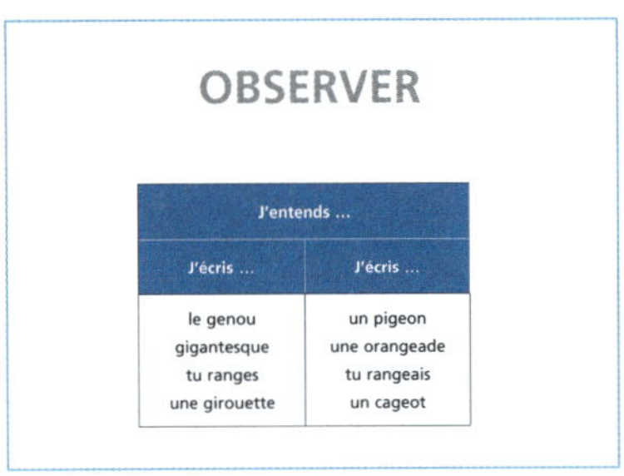

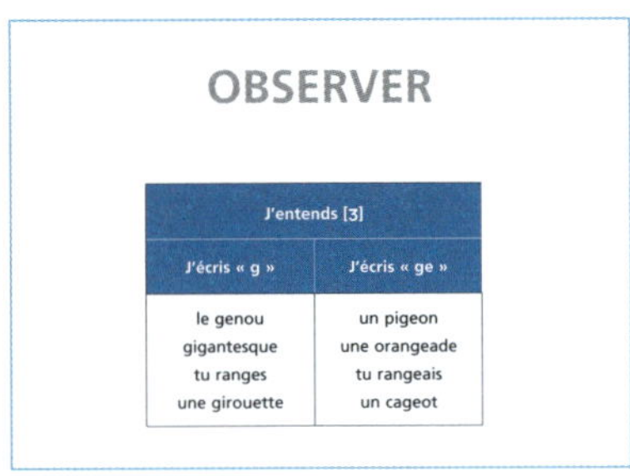

Expliquer

« Devant les lettres e et i, le son [ʒ] s'écrit "g". Devant les lettres a, o et u, il faut écrire "ge". »

Illustrer

Projeter la page 4 du diaporama (puis les 5 et 6).

« Je veux écrire la phrase :
"À la pla**g**e, j'ai fait de beaux plon**ge**ons."
– "plage" contient le son [ʒ] que j'écris "g",
– "plongeon" contient le son [ʒ] que j'écris "ge" parce qu'il est suivi d'un o. »

Vérifier la compréhension

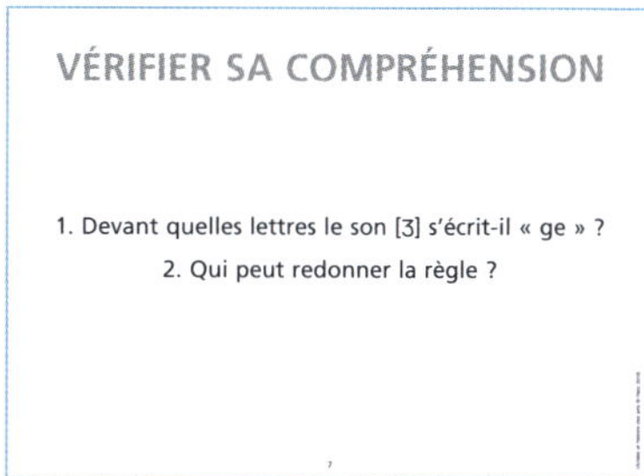

Projeter la page 7 du diaporama.

Les élèves sont invités à répondre aux questions.

Puis, diaporama caché, faire synthétiser la notion apprise par les élèves.

Pour conclure, distribuer la fiche orthographe 9 puis lire ensemble la leçon :

- La lettre **g** se prononce [ʒ] quand elle est devant **e** et **i**.
  Exemples : le dan**g**er, la ré**g**ion.
- Pour obtenir le son [ʒ] devant **a**, **o**, **u**, on écrit **ge**.
  Exemples : les villa**ge**ois, proté**ge**ait.

Étape 3 : Entrainement (30 min)

Entrainement guidé

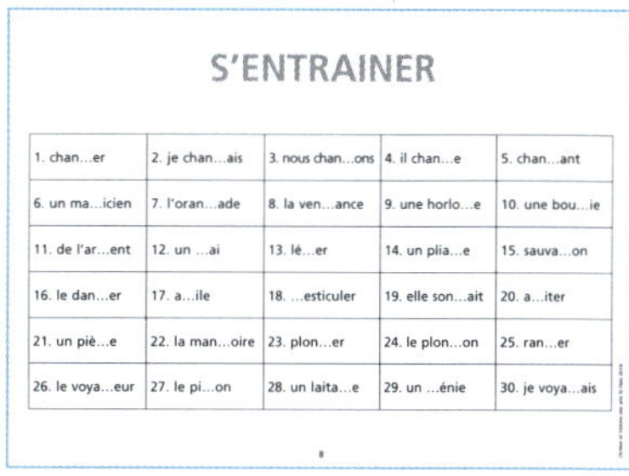

1. chan...er	2. je chan...ais	3. nous chan...ons	4. il chan...e	5. chan...ant
6. un ma...icien	7. l'oran...ade	8. la ven...ance	9. une horlo...e	10. une bou...ie
11. de l'ar...ent	12. un ...ai	13. lé...er	14. un plia...e	15. sauva...on
16. le dan...er	17. a...ile	18. ...esticuler	19. elle son...ait	20. a...iter
21. un piè...e	22. la man...oire	23. plon...er	24. le plon...on	25. ran...er
26. le voya...eur	27. le pi...on	28. un laita...e	29. un ...énie	30. je voya...ais

Projeter la page 8. Les élèves s'entrainent en écrivant un par un les mots proposés, sur l'ardoise. Ils doivent justifier l'emploi de « ge » en citant la lettre suivante.

Entrainement autonome

Les élèves s'entrainent dans leur cahier avec un exercice écrit de niveau 1 (★) ou 2 (★★).

Niveau 1 (✶)

Complète les mots avec « g » ou « ge ».

sauva....e – ru....ir – le villa....ois – un ca....ot – une oran....e – en voya....ant – la na....oire

Niveau 2 (✶✶)

Complète les mots avec « g » ou « ge ».

La bête sauva....e ru....it en se diri.... ant vers moi.

Les villa....ois remplissent des ca....ots d'oran....es.

En voya....ant, il a découvert de nouveaux paysa....es.

Avec son ré....ime, il man....ait beaucoup moins.

La .... irouette chan....a brutalement de direction.

Séance 3 : Première appropriation des mots

Objectif : Découvrir les mots à apprendre, mettre en lumière les difficultés.

Matériel :
– Fiche élève orthographe 9.
– Fiche de méthodologie n° 2.

Durée : 30 min.

Étape 1 : Observation des mots (15 min)

• Lecture collective des mots à apprendre sur la fiche orthographe. Le sens des mots est rappelé si nécessaire, et les difficultés orthographiques sont surlignées.

Exemples de difficultés :

Moyen Âge, le château, un habitant, la hauteur, un rempart, un ennemi, le donjon, le seigneur, le villageois, le danger, la puissance, l'argent, permettre, surgir, loger, se réfugier, plongeant, prestigieux, ainsi, plusieurs, lorsque, quelquefois, parfois.

Orthographe 9

Écrire « g » ou « ge »

En cas de danger, le château protégeait tous les villageois de la région.

• La lettre g se prononce [ʒ] quand elle est devant e et i.
Exemples : le danger, la région.
• Pour obtenir le son [ʒ] devant a, o, u, on écrit ge.
Exemples : les villageois, protégeait.

Mots à apprendre pour la dictée
Le château de Bonaguil

noms	**Moyen Âge, le château/les châteaux, un habitant, la hauteur, la vue, la tour, la région, un rempart**, un ennemi, le donjon, la famille, *l'argent, un seigneur, le cas, le villageois, le danger, la puissance, le travail/les travaux*
verbes	**protéger**, être, permettre, voir, surgir, loger, *se réfugier*
adjectifs et participes passés	**fort, construit, plongeant, large**, haut, *grand, prestigieux*
mots invariables	**ainsi, plusieurs, sans, lorsque, quelquefois, souvent, aussi, parfois, plus**

• S'entrainer à changer le genre et le nombre des noms et des adjectifs.

• Conjuguer les verbes à l'imparfait.

Étape 2 : Mémorisation des mots (15 min)

• Les méthodes de mémorisation ont toutes été essayées en classe. Désormais, les élèves choisiront celles qui leur conviennent. ▶ Fiche de méthodologie n° 2

• Première mise en mémoire des mots. Les élèves commencent à apprendre leurs mots individuellement puis en binôme.

• Les mots sont donnés à apprendre à la maison pour la semaine suivante. Les élèves du groupe jaune et ceux qui feront la dictée à trous n'ont que les mots en gras à apprendre.

Séance 4 : Dictée flash n° 1

Déroulement identique à la séance 4 de la dictée 1 « La tour Eiffel », p. 30.

Étape 1 : Dictée de groupes nominaux (5 min)

de hauts donjons – un seigneur presti**g**ieux – les ennemis de la famille – de grands travaux – une vue plon**ge**ante

Séance 5 : Dictée flash n° 2

Déroulement identique à la séance 5 de la dictée 1 « La tour Eiffel », p. 30.

Étape 1 : Dictée de phrase (5 min)

Les châteaux forts proté**ge**aient le seigneur et sa famille, et en cas de dan**g**er les villa**ge**ois s'y réfu**g**iaient aussi.

Étape 4 : Correction collective, puis individuelle (10 min)

Exemples de questions pouvant éclairer la correction :
« Comment savoir comment s'écrit le mot "et" ? »
« Pourquoi le verbe "protégeaient" se termine par -ent ? "réfugiaient" ? »
« Pourquoi y a-t-il un -x à "châteaux" ? un -s à "forts" ? »
« Pourquoi le son [ʒ] s'écrit-il "ge" dans les mots "protégeaient" et "villageois" ? »

Séance 6 : Dictée bilan

Objectif :	Écrire sous la dictée en tenant compte des règles apprises.
Matériel :	– Cahier de français, cahier du jour, cahier d'évaluation (selon l'organisation de la classe). – Diaporama histoire des arts 9. – Dictée à trous 9. – Pour l'enseignant : dictées flash et bilan 9. – Fiche de méthodologie n° 3.
Durée :	45 min.

Étape 1 : Projection de l'œuvre et lecture magistrale de la dictée (5 min)

Écrire le mot « pont-levis » au tableau.

Étape 2 : Dictée phrase par phrase du texte et différenciation (30 min)

Dictée bilan

Au **Moyen Âge**, les **châteaux forts protégeaient** leurs **habitants**. Ils étaient **construits** en **hauteur**, **ainsi** on avait une **vue plongeante** sur la **région**. Ils étaient entourés de **larges remparts** et de **plusieurs tours**.	33 mots
Les meurtrières **permettaient** de **voir sans être** vu. **Lorsque quelquefois**, des **ennemis surgissaient**, on remontait le *pont-levis*. Le **seigneur** et sa **famille logeaient souvent** dans le **donjon**, la plus **haute tour**.	64 mots
En échange de leurs **travaux**, les **villageois** s'y **réfugiaient parfois** en **cas** de **danger**. Le **château** servait **aussi** à montrer la **puissance** du **seigneur** : **plus** il avait d'**argent**, **plus** le **château** était **grand** et **prestigieux**.	100 mots

Les élèves en difficulté complètent la dictée à trous.

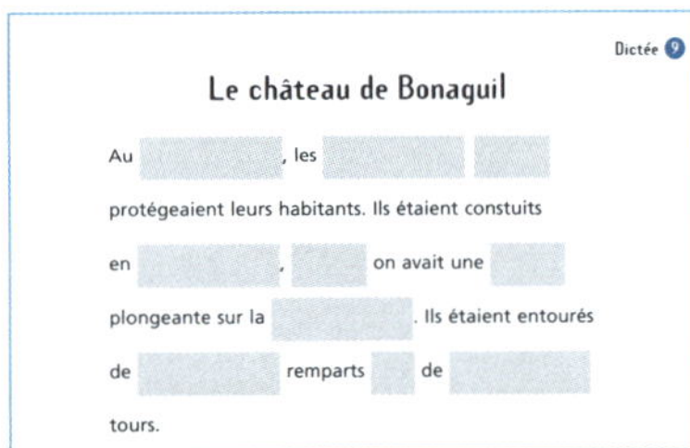
Dictée 9

Le château de Bonaguil

Au ______, les ______ ______

protégeaient leurs habitants. Ils étaient constuits

en ______, ______ on avait une ______

plongeante sur la ______. Ils étaient entourés

de ______ remparts ______ de ______

tours.

Étape 3 : Relecture de la dictée (10 min)

Fiche de méthodologie n° 3

Aide pour la correction de la dictée par l'enseignant

On retire un point pour :
- les correspondances non respectées (dont s/ss, g/gu, **g/ge**) ;
- les erreurs de ponctuation et de majuscule ;
- chaque mot en gras mal orthographié (mots à apprendre) ;
- les mots écrits au tableau (en italique) mal copiés ;
- les règles d'écriture des nombres non respectées ;
- les erreurs d'homophones : a/à, est/et, ou/où ;
- les accords non marqués (cas simples : noms, adjectifs et verbes).

Séance 7 : Correction de la dictée

Déroulement identique à la séance 7 de la dictée 1 « La tour Eiffel », p . 32.

Écrire « son » ou « sont »

Jaune-rouge-bleu

Connaissances pour l'enseignant

Artiste : Vassily Kandinsky
Domaine artistique : peinture
Technique et dimensions : huile sur toile, 128 × 201,5 cm
Courant artistique : art abstrait
Date de création : 1925
Lieu de création : Dessau, Allemagne
Lieu d'exposition : Musée d'Art moderne Georges-Pompidou, Paris

Pourquoi étudier *Jaune-rouge-bleu* ?

Pour découvrir l'art abstrait

Kandinsky est considéré comme l'inventeur de l'art abstrait. Il en a également établi les principes. Il est important de faire comprendre aux élèves que certains artistes du XXe siècle passent outre l'injonction de représenter pour s'intéresser aux formes, aux couleurs et aux émotions qu'elles provoquent. L'art abstrait, ce n'est pas « n'importe quoi », le tableau est élaboré et composé avec autant de soin qu'un tableau figuratif.

Pour ses enseignements techniques

Cette œuvre est l'occasion d'aborder différentes notions plastiques comme celles concernant la couleur (cercle chromatique, couleurs primaires et secondaires, couleurs complémentaires, couleurs chaudes et froides…), les lignes (courbes, droites, brisées), les formes et la composition.

Pour faire parler l'imagination

Les enfants aiment particulièrement évoquer ce qu'ils perçoivent de l'œuvre (puisque le cerveau cherchera naturellement à « voir » des objets dans les formes). La confrontation des différentes interprétations est très riche car l'œuvre permet d'accepter de nombreuses possibilités.

Séance 1 : Découverte de l'œuvre

Objectif :	Découvrir une œuvre : *Jaune-rouge-bleu* et s'exprimer à son propos.
Matériel :	– Diaporama histoire des arts 10 à projeter et la vignette de l'œuvre à placer sur la frise chronologique. – Planisphère, frise chronologique. – Fiche élève histoire des arts 10. – Fiche de méthodologie n° 1.
Durée :	30 min.

Étape 1 : Introduction de la séance (5 min)

Présenter l'œuvre d'art de la semaine

• Projeter l'œuvre au tableau, puis demander : « À quel domaine artistique appartient cette œuvre ? » Il s'agit d'un tableau, c'est de la peinture.

Situer l'œuvre dans l'espace

• Expliquer : Kandinsky est né à Moscou, mais il a passé une grande partie de sa vie en Allemagne, puis en France. Un élève situe la Russie sur un planisphère, puis y repère la ville de Moscou, continue en montrant l'Allemagne, puis enfin la France.

Situer l'œuvre dans le temps

• Faire lire la date de création de l'œuvre et préciser sa période historique (Époque contemporaine). Un élève complète la frise de la classe avec la vignette de l'œuvre.

Étape 2 : Découverte de l'œuvre par les élèves (10 min)

• Encourager la parole descriptive des élèves : « Que voyez-vous ? » Les élèves évoquent le fait que le tableau ne représente aucune réalité précise. « Le tableau n'est pas figuratif, c'est-à-dire qu'il ne représente rien de particulier, on dit qu'il est abstrait. »
Évoquer ensemble les couleurs, les lignes, les formes.

• Encourager la parole élaborative des élèves. « On sait que le peintre n'a pas voulu représenter quelque chose, mais vous, voyez-vous des choses ? » Les élèves peuvent alors évoquer un phare, un visage de profil, un flacon, un robot, un soleil dans la partie gauche de la toile, une route, des damiers, un bec d'oiseau et un fanion dans sa partie droite. Les possibilités sont infinies.

Le saviez-vous ?
Kandinsky avait, selon certains, une faculté particulière appelée la synesthésie. Cela lui permettait de voir la musique et d'entendre les couleurs. Pour lui, formes et couleurs possèdent leur rythme et leur mélodie.

• Encourager la parole émotionnelle des élèves. « Que ressentez-vous en voyant ce tableau ? Si ce tableau était une musique, comment serait cette musique ? »

Étape 3 : Apports culturels supplémentaires (10 min)

• Préciser l'analyse en observant plus finement. « Quelles couleurs sont à gauche ? au milieu ? à droite ? » Les trois couleurs primaires sont réparties de gauche à droite, dans l'ordre du titre, jaune à gauche, rouge au centre, bleu à droite. La partie jaune est lumineuse et dynamique, soulignée de lignes droites et fines. La partie bleue est sombre et stable, accompagnée de lignes courbes et épaisses. Kandinsky donnait une valeur symbolique aux couleurs : le jaune est agressif et vibrant, le rouge est chaud et vivant, le bleu est froid et calme. « Voyez-vous des formes géométriques correspondant à ces trois couleurs primaires ? » Révéler le rectangle jaune, la croix rouge et le cercle bleu.

• Élargir : Certains voient dans ce tableau une représentation du soleil à gauche et de la lune à droite, et, par extension, du jour et de la nuit.

Le saviez-vous ?
Kandinsky n'a pas toujours été un peintre abstrait. Son art a évolué progressivement. Un jour, il découvre chez lui une œuvre qui le fascine par ses formes et ses couleurs. Il ne comprend pas ce qu'elle représente. Il a une révélation en découvrant que c'est en réalité un de ses tableaux posé à l'envers. « Je sus alors que l'objet nuit à mes tableaux », déclara-t-il. C'est le début de l'art abstrait.

• Distribuer la fiche histoire des arts 10. Après avoir lu le cartel de l'œuvre, les élèves colorient l'Époque contemporaine sur leur frise. Ils lisent ensuite le contexte de l'œuvre.

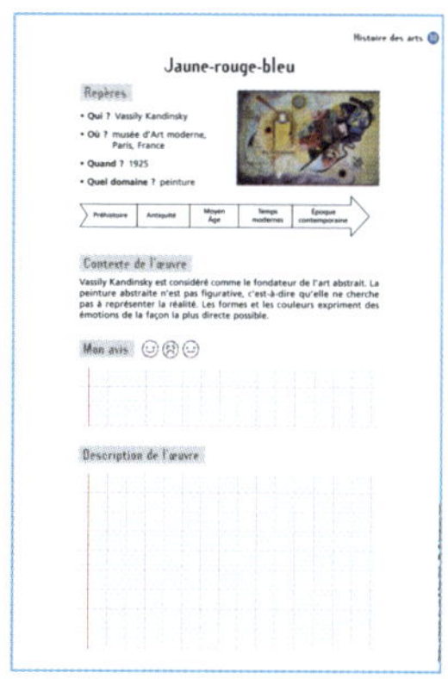

Étape 4 : Expression personnelle (5 min)

• Les élèves écrivent leur avis sur l'œuvre et justifient cet avis. Suggérer, si l'avis des élèves a évolué depuis leur première impression, d'évoquer ce changement.

➤ Fiche de méthodologie n° 1

• Les élèves volontaires lisent leur production.

Prolongements possibles

• Le centre Pompidou propose des pistes pédagogiques, en géométrie sur les lignes, en arts visuels sur les couleurs et en éducation musicale. http://mediation.centrepompidou.fr/education/ressources/ENS-Kandinsky-jaune-rouge-bleu/ENS-Kandinsky-jaune-rouge-bleu-part2.html

• Réaliser des œuvres abstraites basées sur des formes géométriques ou sur des ensembles de lignes prélevées dans la toile de Kandinsky.
• Lire des livres consacrés à Kandinsky comme *Le Géant qui rêvait* de V. Massenot édité chez Pont des Arts ou *Kandinsky, le peintre des couleurs et des sons* de B. Rosenstock édité chez Le Genévrier.

Séance 2 : Écrire « son » ou « sont »

Objectifs :	– Distinguer le verbe « être » conjugué au présent à la troisième personne du pluriel et le déterminant possessif « son ». – Savoir écrire « sont » ou « son ».
Matériel :	– Fiche élève orthographe 10. – Exercices d'entrainement autonome 10. – Diaporama orthographe 10 à projeter.
Durée :	50 min.

Étape 1 : Introduction de la séance (5 min)

• Présenter l'objectif d'apprentissage de la séance à l'aide de la page 1 du diaporama et annoncer : « Aujourd'hui, nous allons apprendre à savoir s'il faut écrire "son" s-o-n ou "sont" s-o-n-t. »

Faire rappeler les connaissances antérieures en demandant :

« Qui peut me dire ce qu'est le mot "sont" ? » Le mot « sont » est le verbe « être » conjugué au présent à la troisième personne du pluriel.

« Qui peut me dire ce qu'est le mot "son" ? » Le mot « son » est un déterminant possessif, il signifie le sien.

Étape 2 : Enseignement (15 min)

Observer

Projeter la page 2 du diaporama. Faire remarquer aux élèves que dans cette phrase on trouve les deux mots « **son** » et « **sont** ». Afficher ensuite la page 3, contenant la phrase au passé. Demander : « Quel est le changement entre les deux phrases ? Que se passe-t-il quand on met la phrase au passé ? » Quand on met la phrase au passé, le mot « **sont** » devient « **étaient** » – c'est un verbe, il se conjugue – alors que le mot « **son** » ne change pas. Comme le mot « **son** » est un déterminant possessif, on peut le remplacer par un autre déterminant, comme « **mon** ».

OBSERVER

Fanny et son père sont en retard.

OBSERVER

Fanny et son père sont en retard.

Fanny et son père étaient en retard.

Expliquer

« Pour savoir s'il s'agit du verbe "être" (sont) ou du déterminant possessif (son), je peux essayer de mettre la phrase au passé. Si le mot "sont" change et devient "étaient", c'est qu'il s'agit bien du verbe "être". Si je ne peux pas remplacer "son" par "étaient", c'est qu'il s'agit du déterminant. Je peux le remplacer par "mon". »

Illustrer

COMPRENDRE

Le chaton rejoint ... panier où ... entassées plusieurs pelotes de laine.

Projeter la page 4 du diaporama, puis les pages 5 et 6.

« Je veux écrire la phrase :

"Le chaton rejoint **son** panier où **sont** entassées plusieurs pelotes de laine."

Je peux dire : "Le chaton rejoint mon panier".

J'en déduis qu'il s'agit du déterminant possessif "**son**".

Je peux dire : "où étaient entassées plusieurs pelotes de laine."

J'en déduis qu'il s'agit du verbe "être". J'écris donc "**sont**". »

Vérifier la compréhension

VÉRIFIER SA COMPRÉHENSION

1. Dans quels cas écrit-on « son » ? « sont » ?
2. Quelle est la nature du mot « sont » ? du mot « son » ?
3. Par quoi puis-je remplacer le mot « sont » ?

Projeter la page 7 du diaporama.

Les élèves sont invités à répondre aux questions.

Puis, diaporama caché, faire synthétiser la notion apprise par les élèves.

Pour conclure, lire ensemble la leçon de la fiche orthographe 10 :

• **sont** est le verbe **être** à la troisième personne du pluriel, au présent. On peut le mettre au passé (**étaient**).
Exemple : Les couleurs **sont** éclatantes. (Les couleurs **étaient** éclatantes.)

• **son** est un déterminant possessif qui signifie le sien. On peut le remplacer par **mon**.
Exemple : C'est **son** tableau le plus célèbre. (C'est **mon** tableau.)

Étape 3 : Entrainement (30 min)

Entrainement guidé

Projeter les pages 8 à 17. Les élèves s'entrainent en écrivant « son » ou « sont » sur leur ardoise. À chaque fois, un élève interrogé doit justifier sa réponse en remplaçant et en précisant la nature du mot.

Les voitures **sont** au parking.
Elle aime **son** chien.
Son avion a du retard.
Les livres **sont** posés sur l'étagère.
Les merles **sont** des oiseaux noirs.
Le soir, il garde **son** frère.
Les enfants **sont**-ils descendus ?
Il est arrivé tard car **son** autobus a eu du retard.
Peux-tu me donner **son** numéro de téléphone ?
Les Gaulois **sont** de redoutables guerriers.

Entrainement autonome

Les élèves s'entrainent dans leur cahier avec un exercice écrit de niveau 1 (★) ou 2 (★★).

Niveau 1 (∗)

Complète les phrases avec « sont » (être) ou « son » (possessif).

Tu as .... adresse ?

Les rochers .... envahis par les pêcheurs.

Ces livres .... très intéressants.

Elle préfère porter .... écharpe rose.

Tous les invités .... là.

Niveau 2 (✱✱)

Complète les phrases avec « sont » (être) ou « son » (possessif).

Mes parents .... fâchés car mon frère a perdu .... téléphone.

Lili et .... amie .... pleines de surprises.

Les poches de .... manteau .... trouées.

Les cerises .... mûres, Fantine remplit .... panier.

Le chien et .... maitre .... de bons amis.

Séance 3 : Première appropriation des mots

Objectif :	Découvrir les mots à apprendre, mettre en lumière les difficultés.
Matériel :	– Fiche élève orthographe 10. – Fiche de méthodologie n° 2.
Durée :	30 min.

Étape 1 : Observation des mots (15 min)

• Lecture collective des mots à apprendre sur la fiche orthographe. Le sens des mots est rappelé si nécessaire, et les difficultés orthographiques sont surlignées.

Exemples de difficultés :

l'envers, un sens, une émotion, la composition, un cercle, une croix, une imagination, subjugué, intéressant, débarrassé, jaune, chaud, froid.

• S'entrainer à changer le genre et le nombre des noms et des adjectifs.

• Conjuguer les verbes au présent.

Orthographe 10

Écrire « son » ou « sont »

• sont est le verbe être à la troisième personne du pluriel, au présent. On peut le mettre au passé (étaient).
Exemple : Les couleurs sont éclatantes. (Les couleurs étaient éclatantes.)

• son est un déterminant possessif qui signifie le sien. On peut le remplacer par mon.
Exemple : C'est son tableau le plus célèbre. (C'est mon tableau.)

Mots à apprendre pour la dictée
Jaune-rouge-bleu

noms	**un jour, un atelier, le tableau, l'envers, un sens, la réalité,** une émotion, la couleur, la composition, la ligne, la droite, la gauche, *un rectangle, la croix, le cercle, une image, une imagination, le cœur*
verbes	**raconter, chercher, représenter,** traduire, *pouvoir, voir*
adjectifs et participes passés	**subjugué, intéressant, débarrassé,** géométrique, organisé, utilisé, brisé, chaud, froid, *jaune, rouge, bleu*
mots invariables	**plus, dans, pour, mais, selon**

Étape 2 : Mémorisation des mots (15 min)

• Première mise en mémoire des mots. Les élèves commencent à apprendre leurs mots individuellement puis en binôme. ➤ Fiche de méthodologie n° 2

• Les mots sont donnés à apprendre à la maison pour la semaine suivante. Les élèves du groupe jaune et ceux qui feront la dictée à trous n'ont que les mots en gras à apprendre.

Séance 4 : Dictée flash n° 1

Déroulement identique à la séance 4 de la dictée 1 « La tour Eiffel », p. 30.

Étape 1 : Dictée de groupes nominaux (5 min)

des formes géométriques – une composition organisée – une croix bleue – son atelier débarrassé – des émotions intéressantes

Séance 5 : Dictée flash n° 2

Déroulement identique à la séance 5 de la dictée 1 « La tour Eiffel », p. 30.

Étape 1 : Dictée de phrase (5 min)

Les formes et les couleurs **sont** débarrassées de leur sens, il faut utiliser **son** imagination.

Étape 4 : Correction collective, puis individuelle (10 min)

Exemples de questions pouvant éclairer la correction :

« Comment savoir comment s'écrit le mot "et" ? »

« Comment savoir que le premier "sont" s'écrit s-o-n-t ? que le deuxième s'écrit s-o-n ? »

« Comment savoir que les mots "formes" et "couleurs" sont au pluriel ? »

« À quel nom se rapporte l'adjectif "débarrassées" ? » ou « Qu'est-ce qui est débarrassées ? »

Séance 6 : Dictée bilan

Objectif :	Écrire sous la dictée en tenant compte des règles apprises.
Matériel :	– Cahier de français, cahier du jour, cahier d'évaluation (selon l'organisation de la classe). – Diaporama histoire des arts 10. – Dictée à trous 10. – Pour l'enseignant : dictées flash et bilan 10. – Fiche de méthodologie n° 3.
Durée :	45 min.

Étape 1 : Projection de l'œuvre et lecture magistrale de la dictée (5 min)

- Écrire au tableau le nom « Kandinsky ».

Étape 2 : Dictée phrase par phrase du texte et différenciation (30 min)

Dictée bilan

On **raconte** qu'un **jour**, dans son **atelier**, *Kandinsky* est **subjugué** par un **tableau** posé à **l'envers**. Il trouve que les formes sont **plus intéressantes**, **débarrassées** de leur **sens**. **Dans** son **tableau**, *Kandinsky* ne **cherche** pas à **représenter** la **réalité**.	39 mots
Les formes **géométriques** et les **couleurs** sont **utilisées pour traduire** des **émotions**. La **composition** est **organisée** : les **lignes brisées** et les **couleurs chaudes** sont à **gauche**, les **lignes** courbes et les **couleurs froides** sont à **droite**.	75 mots
Un **rectangle jaune**, une **croix rouge** et un **cercle bleu** sont au **cœur** de la toile, **mais** chacun **peut voir** des **images selon** son **imagination**.	100 mots

Les élèves en difficulté complètent la dictée à trous.

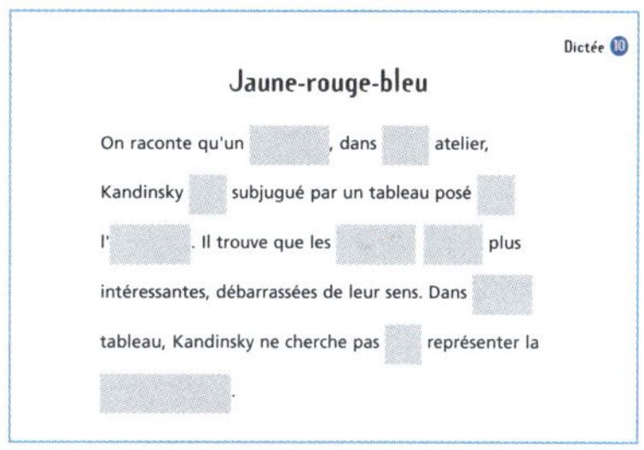
Dictée 10

Jaune-rouge-bleu

On raconte qu'un ____, dans ____ atelier, Kandinsky ____ subjugué par un tableau posé ____ l'____. Il trouve que les ____ ____ plus intéressantes, débarrassées de leur sens. Dans ____ tableau, Kandinsky ne cherche pas ____ représenter la ____.

Étape 3 : Relecture de la dictée (10 min)

➤ Fiche de méthodologie n° 3

Aide pour la correction de la dictée par l'enseignant

On retire un point pour :
- les correspondances non respectées (dont s/ss, g/gu, g/ge) ;
- les erreurs de ponctuation et de majuscule ;
- chaque mot en gras mal orthographié (mots à apprendre) ;
- les mots écrits au tableau (en italique) mal copiés ;
- les règles d'écriture des nombres non respectées ;
- les erreurs d'homophones : a/à, est/et, ou/où, **sont/son** ;
- les accords non marqués (cas simples : noms, adjectifs et verbes).

Séance 7 : Correction de la dictée

Déroulement identique à la séance 7 de la dictée 1 « La tour Eiffel », p. 32.

Écrire « on » ou « ont »

Le jazz : Summertime

Connaissances pour l'enseignant

Œuvre : chant extrait de l'opéra *Porgy and Bess*.
Auteurs : George Gershwin (musique), DuBose Heyward et Ira Gershwin (paroles)
Domaine artistique : musique
Courant artistique : jazz
Date d'enregistrement : 1935
Lieu de création : New York, États-Unis
Composition : Cor d'harmonie, cordes, célesta, contrebasse, batterie, trompette et cuivres
Interprétation : Ella Fitzgerald et Louis Armstrong

Pourquoi étudier *Summertime* ?

Pour découvrir le jazz

Si *Summertime* ne permet pas de découvrir toutes les facettes du jazz (par exemple, la chanson ne comprend pas de véritable moment d'improvisation), elle incarne à merveille ce que l'on appelle un standard. Un standard est un morceau « d'origine », voué à être repris et réinterprété. Chacun peut se le réapproprier. Nous sommes là dans une démarche très différente de celle de la musique classique.

Pour son contexte historique et social

L'action se déroule en 1930 dans un quartier noir décimé par la pauvreté, l'alcool et la drogue. En créant *Porgy and Bess*, George Gershwin a conçu le premier opéra américain de l'histoire. Le fait qu'il soit presque intégralement joué par des artistes noirs est totalement inédit.

Pour le talent des deux interprètes

De nombreux artistes ont interprété ce standard. Le duo entre Louis Armstrong et Ella Fitzgerald est entré dans l'inconscient collectif. Leurs voix aussi belles qu'originales impressionnent beaucoup les élèves.

Séance 1 : Découverte de l'œuvre

Objectifs :	– Découvrir une œuvre : *Summertime* et s'exprimer à son propos. – Faire des liens avec les apprentissages effectués dans le domaine histoire et géographie.
Matériel :	– Morceau de musique *Summertime*. – Planisphère, frise chronologique. – Fiche élève histoire des arts 11. – Paroles de la berceuse. – Photo de Louis Armstrong et Ella Fitzgerald à projeter, et la vignette à placer sur la frise chronologique. – Fiche de méthodologie n° 1.
Durée :	30 min.

Étape 1 : Introduction de la séance (5 min)

Présenter l'œuvre d'art

• « Aujourd'hui, l'œuvre que vous allez découvrir est musicale, nous allons donc l'écouter. » Il est possible d'écouter *Summertime* ici : https://youtu.be/lnXLVTi_m_M

Situer l'œuvre dans l'espace et le temps

• Dire que George Gershwin a composé *Summertime* à New York, aux États-Unis, pour l'opéra *Porgy and Bess* dont la première représentation a eu lieu en 1935. Un élève vient situer les États-Unis sur le planisphère. On peut ensuite situer l'État de New York.

Situer l'œuvre dans le temps

• Un élève donne la période historique à laquelle l'œuvre correspond (Époque contemporaine).

Étape 2 : Découverte de l'œuvre par les élèves (10 min)

• Encourager la parole descriptive des élèves : « Qu'entendez-vous ? »
Distinguer la mélodie de l'accompagnement instrumental. La mélodie est exposée par la trompette, puis chantée alternativement par une voix féminine (celle d'Ella Fitzgerald) et une voix masculine (celle de Louis Armstrong). « Quels instruments reconnaissez-vous ? » Laisser les élèves nommer les instruments qu'ils identifient et au besoin préciser. Dans l'ordre de leur apparition, identifier le cor d'harmonie, les cordes, le célesta (un instrument à clavier), la contrebasse, la batterie, la trompette et les cuivres.

• Encourager la parole émotionnelle des élèves. « Que ressentez-vous à l'écoute de cette chanson ? » Certains élèves ressentiront une ambiance sereine et douce, d'autres au contraire percevront de la tristesse, voire une certaine angoisse.

• Encourager la parole élaborative des élèves. « D'après vous, que raconte cette chanson ? Qui pourrait la chanter, à qui ? » Les élèves tendent l'oreille et exercent leur compréhension de l'anglais. Ils reconnaitront peut-être les mots *daddy*, *mamma*, *baby*, ce qui permettra de leur préciser que cette chanson est une berceuse. À l'origine, elle était uniquement chantée par des interprètes féminines.

Étape 3 : Apports culturels supplémentaires (10 min)

• Procéder à une deuxième écoute, centrée cette fois sur la composition. La chanson est une ballade car elle ne comprend pas de refrain :
– introduction du thème ;
– couplet 1 chanté par Ella (cordes) ;
– couplet 2 chanté par Louis (cordes et cuivres) ;
– couplet 3 chanté par Ella (reprise des paroles du premier couplet) et Louis (technique du scat : onomatopées imitant les instruments) ;
– conclusion du thème avec de nouvelles harmonies.

• Lire la traduction française de la berceuse. Elle est accessible sur le site www.lacoccinelle.net Les paroles sont douces et joyeuses, « C'est l'été et la vie est facile ». Elles se veulent rassurantes sur l'avenir de la famille : « les poissons sautent », signifie que la pêche sera fructueuse, « le coton est haut », que la récolte est bonne. Cependant, on peut percevoir la mélancolie qui transperce dans l'instrumentation. Peut-on y lire l'ambigüité de ce que peut être une vie « facile » pour une famille de Noirs dans le contexte de la ségrégation et du racisme ? Ou est-ce plutôt une façon de nous faire voir l'ombre tragique qui plane sur le berceau du futur orphelin ? (La berceuse est en effet d'abord chantée à l'enfant par sa mère, Clara, puis en fin de spectacle par une autre femme, Bess, après la mort des parents de l'enfant.)

• Distribuer la fiche histoire des arts. Expliquer que cette photo représente Louis Armstrong et Ella Fitzgerald qui ont interprété *Porgy and Bess* une vingtaine d'années plus tard. Après avoir lu le cartel de l'œuvre musicale, les élèves colorient l'Époque contemporaine sur la frise chronologique. Ils lisent ensuite la description de l'œuvre. Un élève vient accrocher la vignette sur la frise chronologique pour rappeler l'œuvre musicale étudiée.

Le saviez-vous ?
Ce morceau est un des standards de jazz les plus connus et les plus repris du monde. Certaines personnes, collectionnant les enregistrements de *Summertime* en auraient recensé 82 712 interprétations différentes…

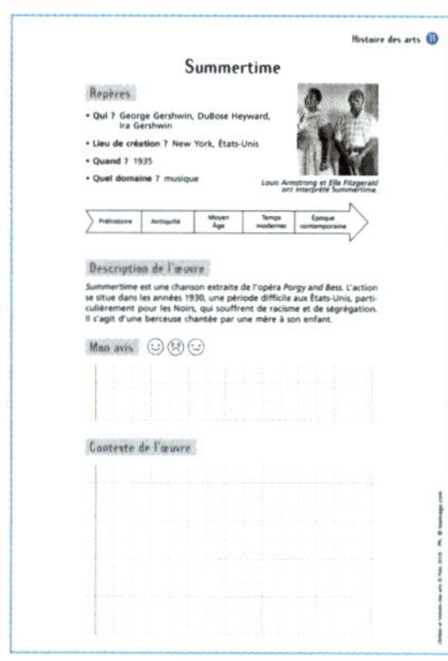
Histoire des arts 11

Summertime

Repères
• Qui ? George Gershwin, DuBose Heyward, Ira Gershwin
• Lieu de création ? New York, États-Unis
• Quand ? 1935
• Quel domaine ? musique

Louis Armstrong et Ella Fitzgerald ont interprété Summertime.

Préhistoire | Antiquité | Moyen Âge | Temps modernes | Époque contemporaine

Description de l'œuvre
Summertime est une chanson extraite de l'opéra *Porgy and Bess*. L'action se situe dans les années 1930, une période difficile aux États-Unis, particulièrement pour les Noirs, qui souffrent de racisme et de ségrégation. Il s'agit d'une berceuse chantée par une mère à son enfant.

Mon avis

Contexte de l'œuvre

Étape 4 : Expression personnelle (5 min)

• Sur la partie dédiée de la fiche, les élèves écrivent leur avis sur l'œuvre. Préciser que cet avis doit être justifié.
> Fiche de méthodologie n° 1
• Les élèves volontaires lisent leur production.

Prolongements possibles

- Écouter d'autres versions de cette chanson. Celles de Janis Joplin et de Barbara Hendrix sont particulièrement intéressantes.
- Poursuivre la découverte du jazz avec les CD des *P'tits Loups du jazz* d'Olivier Caillard.
- Lire *Le Roi du jazz* d'Alain Gerber ou *Little Lou* de Jean Claverie.

Séance 2 : Écrire « on » ou « ont »

Objectifs :	– Distinguer le verbe « avoir » conjugué au présent à la troisième personne du pluriel et le pronom personnel « on ». – Savoir écrire « on » ou « ont ».
Matériel :	– Fiche élève orthographe 11. – Exercices d'entrainement autonome 11. – Diaporama orthographe 11 à projeter.
Durée :	50 min.

Étape 1 : Introduction de la séance (5 min)

- Présenter l'objectif d'apprentissage de la séance à l'aide de la page 1 du diaporama : « Aujourd'hui, nous allons apprendre à savoir s'il faut écrire "on" o-n ou "ont" o-n-t. »
- Rappeler les connaissances antérieures en demandant :

« Qui peut me dire ce qu'est le mot "ont" ? » Le mot « ont » est le verbe « avoir » conjugué au présent à la troisième personne du pluriel.

« Qui peut me dire ce qu'est le mot "on" ? » Le mot « on » est un pronom personnel sujet.

Étape 2 : Enseignement (15 min)

Observer

Projeter la page 2 du diaporama. Faire lire la phrase et faire remarquer aux élèves que l'on y trouve les deux mots « **on** » et « **ont** ». Afficher ensuite la page 3, contenant la phrase au passé. Demander : « Quel est le changement entre les deux phrases ? Que se passe-t-il quand on met la phrase au passé ? » Quand on met la phrase au passé, le mot « **ont** » devient « **avaient** » – c'est un verbe, il se conjugue – alors que le mot « **on** » ne change pas. Projeter enfin la page 4. « Quelle autre technique peut-on utiliser ? » Comme le mot « **on** » est un pronom personnel, je peux le remplacer par un autre pronom personnel : « **il** » ou « **elle** ».

OBSERVER

Ils nous ont permis de sortir, on a pu jouer dehors.

OBSERVER

Ils nous ont permis de sortir, on a pu jouer dehors.
↓
Ils nous avaient permis de sortir, on a pu jouer dehors.

OBSERVER

Ils nous ont permis de sortir, on a pu jouer dehors.
↓
Ils nous ont permis de sortir, il a pu jouer dehors.

Expliquer

« Pour savoir s'il s'agit du verbe "avoir" (ont) ou du pronom personnel (on), je peux essayer de mettre la phrase au passé. Si le mot "ont" change et devient "avaient", c'est qu'il s'agit bien du verbe "avoir". Si je ne peux pas remplacer "on" par "avaient", c'est qu'il s'agit du pronom personnel. Je peux le remplacer par "il". »

Illustrer

Projeter la page 4 du diaporama (puis 5 et 6).

« Je veux écrire la phrase :

"**On** ne les voit plus car ils **ont** disparu."

Je peux dire "Il ne les voit plus" ou "Elle ne les voit plus". → J'en déduis qu'il s'agit du pronom personnel "on".

Je peux dire "ils avaient disparu" → J'en déduis qu'il s'agit du verbe "avoir", j'écris "ont". »

COMPRENDRE

… ne les voit plus car ils … disparu.

Vérifier la compréhension

Projeter la page 8 du diaporama.

Les élèves sont invités à répondre aux questions.

Puis, diaporama caché, faire synthétiser la notion apprise par les élèves.

Pour conclure, distribuer la fiche orthographe 11 puis lire ensemble la leçon :

VÉRIFIER SA COMPRÉHENSION

1. Dans quels cas écrit-on « on » ? « ont » ?
2. Quelle est la nature du mot « ont » ? du mot « on » ?
3. Par quoi puis-je remplacer le mot « ont » ? le mot « on » ?

- **ont** est le verbe **avoir** à la troisième personne du pluriel au présent. Il peut être mis au passé (**avaient**).
  Exemple : Ces élèves **ont** de la chance. (Ces élèves **avaient** de la chance.)
- **on** est un pronom personnel sujet d'un verbe. On peut le remplacer par **il** ou **elle**.
  Exemple : Aujourd'hui, **on** écoute du jazz. (Aujourd'hui, **elle** écoute du jazz.)

Étape 3 : Entrainement (30 min)

Entrainement guidé

Projeter la page 9 du diaporama (puis les pages 10 à 18). Les élèves s'entrainent en écrivant une par une les phrases complétées, sur l'ardoise. À chaque fois, demander aux élèves de justifier leur réponse en verbalisant la substitution.

Gaspard et Aglaé **ont** fait une bêtise.
On entend le vent souffler.
Les élèves **ont** des cartables neufs.
On se lève de bonne heure.
Les ouvriers **ont** leurs outils sur l'épaule.
Demain, **on** prendra le car.
Ils nous **ont** donné de précieux conseils.
Papi et Mamie nous **ont** téléphoné.
J'aimerais beaucoup qu'**on** y retourne.
Le 11 novembre, **on** fête l'armistice de 1918.

Entrainement autonome

Les élèves s'entrainent dans leur cahier avec un exercice écrit de niveau 1 (★) ou 2 (★★).

Niveau 1 (*)

Complète les phrases avec « ont » (avoir) ou « on » (pronom).

...... ne peut pas tout savoir.

Les derniers nuages ...... disparu à l'horizon.

Les avions ...... sillonné le ciel.

Les deux frères ...... participé à un concours.

Si tu veux, ... peut faire une pause.

Niveau 2 (**)

Complète les phrases avec « ont » (avoir) ou « on » (pronom).

...... me dit qu'ils ...... déjà dîné.

......-ils besoin de temps ? ...... peut attendre.

Elles ...... fini leur dessin mais ...... ne l'a pas encore vu.

Le soir ...... leur a lu une histoire, puis ils ...... dormi.

Mes parents ...... dansé, et nous ...... les regardait.

Séance 3 : Première appropriation des mots

Objectif :	Découvrir les mots à apprendre, mettre en lumière les difficultés.
Matériel :	– Fiche élève orthographe 11. – Fiche de méthodologie n° 2.
Durée :	30 min.

Étape 1 : Observation des mots (15 min)

• Lecture collective des mots à apprendre sur la fiche orthographe. On évoque l'orthographe de chaque mot, les élèves surlignent ce qui leur parait difficile.

Exemples de difficultés :

le début, le jazz, le chant, le champ, un instrument, la guitare, le rôle, la trompette, la batterie, la force, improviser, important, surtout, aujourd'hui.

N.B. : prendre quelques minutes avec les élèves pour bien marquer la différence entre les homonymes « chant » et « champ ».

• S'entrainer à changer le genre et le nombre des noms et des adjectifs.

• Conjuguer les verbes au présent et au passé composé.

Orthographe 11

Écrire « on » ou « ont »

Ces élèves ont de la chance !

• ont est le verbe avoir à la troisième personne du pluriel au présent. Il peut être mis au passé (avaient).

Exemple : Ces élèves ont de la chance. (Ces élèves avaient de la chance.)

• on est un pronom personnel sujet d'un verbe. On peut le remplacer par il ou elle.

Exemple : Aujourd'hui, on écoute du jazz. (Aujourd'hui, elle écoute du jazz.)

Mots à apprendre pour la dictée

Summertime

noms	**le début, le siècle, le jazz, le chant, le champ, l'Amérique, un esclave, l'Afrique, un artiste, la force**, un instrument, la guitare, le piano, le rôle, la trompette, la musique, la batterie, *la possibilité, le musicien*
verbes	**inventer, travailler**, écouter, entendre, exister, *improviser, jouer*
adjectifs et participes passés	**noir, inspiré**, important, certain
mots invariables	**qui, dans, pour, quand, surtout, comme, encore, très, aujourd'hui, quelquefois, sans,** *au fur et à mesure*

Étape 2 : Mémorisation des mots (15 min)

• Première mise en mémoire des mots. Les élèves commencent à apprendre leurs mots individuellement puis en binôme. ➤ Fiche de méthodologie n° 2

• Les mots sont donnés à apprendre à la maison pour la semaine suivante. Les élèves du groupe jaune et ceux qui feront la dictée à trous n'ont que les mots en gras à apprendre.

Séance 4 : Dictée flash n° 1

Déroulement identique à la séance 4 de la dictée 1 « La tour Eiffel », p. 30.

Étape 1 : Dictée de groupes nominaux (5 min)

un artiste inspiré – des pianos noirs – un chant (la chanson) –
un champ (qu'on cultive) – des instruments importants

Séance 5 : Dictée flash n° 2

Déroulement identique à la séance 5 de la dictée 1 « La tour Eiffel », p. 30.

Étape 1 : Dictée de phrase (5 min)

On sait que les artistes de jazz **ont** été inspirés par les chants des esclaves.

Étape 4 : Correction collective, puis individuelle (10 min)

Exemples de questions pouvant éclairer la correction :
« Comment savoir comment s'écrit le premier "on" ? le deuxième "ont" ? »
« Pourquoi y a-t-il un -s à "artistes" ? à "chants" ? à "esclaves" ? »
« Qui a été inspiré ? »

Séance 6 : Dictée bilan

Objectif :	Écrire sous la dictée en tenant compte des règles apprises.
Matériel :	– Cahier de français, cahier du jour, cahier d'évaluation (selon l'organisation de la classe). – Diaporama histoire des arts 11. – Dictée à trous 11. – Pour l'enseignant : Dictées flash et bilan 11. – Fiche de méthodologie n° 3.
Durée :	45 min.

Étape 1 : Projection de l'œuvre et lecture magistrale de la dictée (5 min)

- Écrire au tableau « xxe » et « rythme ».

Étape 2 : Dictée phrase par phrase du texte et différenciation (30 min)

Dictée bilan

Au **début** du *xx*^{e} **siècle**, en **Amérique**, des **artistes noirs** ont **inventé** le **jazz**. Ils se sont **inspirés** des **chants** de leurs ancêtres, des **esclaves** qu'on avait fait venir **d'Afrique pour travailler** de **force dans** les **champs** de coton.	39 mots
Quand on **écoute** du **jazz**, on **entend surtout** des **instruments comme** la **guitare**, la **trompette**, la clarinette, la contrebasse, le **piano** et la **batterie**. Le *rythme* joue un **rôle très important** qui existe **encore dans** les **musiques** d'**aujourd'hui**.	77 mots
Les **musiciens** de **jazz** ont **quelquefois** la **possibilité** d'**improviser** : ils peuvent **jouer sans** suivre la partition, en inventant **au fur** et à **mesure**.	100 mots

Les élèves en difficulté complètent la dictée à trous.

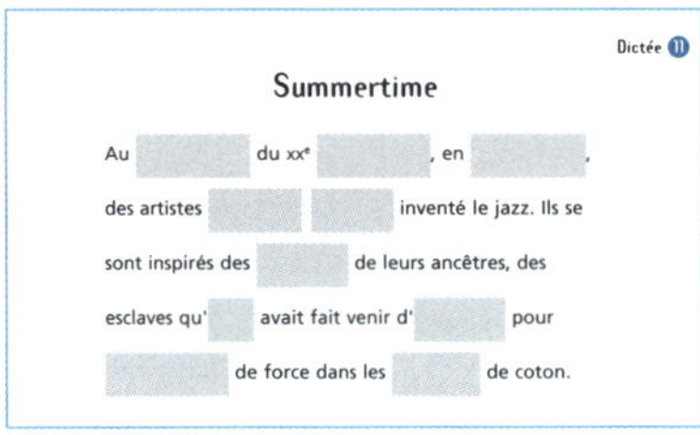

Dictée 11

Summertime

Au ______ du xxe ______, en ______,
des artistes ______ ______ inventé le jazz. Ils se
sont inspirés des ______ de leurs ancêtres, des
esclaves qu'______ avait fait venir d'______ pour
______ de force dans les ______ de coton.

Étape 3 : Relecture de la dictée (10 min)

Fiche de méthodologie n° 3

Aide pour la correction de la dictée par l'enseignant

On retire un point pour :
- les correspondances non respectées (dont s/ss, g/gu, g/ge) ;
- les erreurs de ponctuation et de majuscule ;
- chaque mot en gras mal orthographié (mots à apprendre) ;
- les mots écrits au tableau (en italique) mal copiés ;
- les règles d'écriture des nombres non respectées ;
- les erreurs d'homophones : a/à, est/et, sont/son, **ont/on** ;
- les accords non marqués (cas simples : noms, adjectifs et verbes).

Séance 7 : Correction de la dictée

Déroulement identique à la séance 7 de la dictée 1 « La tour Eiffel », p. 32.

Écrire « c » ou « ç »

Le château de Chambord

Connaissances pour l'enseignant

Architecte : inconnu (plusieurs hypothèses existent, dont Dominique de Cortone ou Léonard de Vinci)

Domaine artistique : architecture

Courant artistique : Renaissance

Contexte de création : château construit à la demande de François Ier

Date de construction : 1519-1560

Lieu de construction : Chambord, Loir-et-Cher, région Centre-Val de Loire, France

Dimensions : longueur 156 m, largeur 117 m, hauteur 56 m

Pourquoi étudier le château de Chambord ?

Il permet d'évoquer un grand roi de France : François Ier

François Ier est un roi de France réputé pour son rôle de protecteur des arts et des lettres et de l'esprit humaniste. Des guerres qu'il mène en Italie, il revient ébloui par les palais italiens de style Renaissance. Tout au long de son règne (et même à sa suite), il fait agrandir le château de Blois, restaurer Fontainebleau et construire Chambord.

Pour comparer château médiéval et palais de style Renaissance

Le château de Chambord est construit sur un plan de château fort à base carrée : un donjon entouré d'une enceinte et de quatre tours. Il possède des douves et des créneaux. Pour autant, avec ses larges fenêtres, sa terrasse, ses innombrables cheminées, lucarnes et lanternes, ainsi que son parc forestier, il incarne parfaitement le style Renaissance.

Pour sa splendeur

Difficile de résister à la splendeur du château de Chambord. Les élèves sont saisis devant cette façade immense, ces tours, ces toits hérissés de clochetons et de cheminées (282), ces alignements de fenêtres…

Séance 1 : Découverte de l'œuvre

Objectifs :	– Découvrir une œuvre : le château de Chambord et s'exprimer à son propos. – Faire des liens avec les apprentissages effectués dans le domaine histoire et géographie.
Matériel :	– Diaporama histoire des arts 12 à projeter et la vignette de l'œuvre à placer sur la frise chronologique. – Carte murale de la France, frise chronologique. – Fiche élève histoire des arts 12. – Fiche de méthodologie n° 1.
Durée :	30 min.

Étape 1 : Introduction de la séance (5 min)

Présenter l'œuvre d'art

• Projeter la page 1 du diaporama. Demander : « Aujourd'hui, nous allons étudier un château différent de celui découvert précédemment (Bonaguil, voir p. 95). De quel domaine artistique est-il question ? »

Situer l'œuvre dans l'espace

• Un élève vient situer le Loir-et-Cher sur une carte de France. On peut ensuite situer ce département par rapport à celui où vivent les élèves.

Situer l'œuvre dans le temps

• Faire lire la date de création de l'œuvre (la construction débute en 1519 et se poursuit jusqu'en 1560) et faire préciser sa période historique (les Temps modernes). Un élève ajoute la vignette de l'œuvre sur la frise de la classe.

Étape 2 : Découverte de l'œuvre par les élèves (10 min)

• Encourager la parole descriptive des élèves : « Que voyez-vous ? »
Évoquer ensemble : la façade, les tours, les cheminées, les fenêtres, la porte. Le château est immense et richement décoré, il est entouré d'un vaste parc.

Le saviez-vous ?
Le parc forestier du château de Chambord est le plus vaste parc fermé d'Europe. Il fait 50 km^2, la moitié de Paris. Son mur, infranchissable pour les animaux, en fait une zone de conservation des espèces considérable.

• Encourager la parole émotionnelle des élèves. « Quel effet vous fait ce château ? Comment imaginez-vous l'intérieur ? Aimeriez-vous le visiter ? Pourquoi ? »

• Encourager la parole élaborative des élèves. « Est-ce, comme le château de Bonaguil, un bâtiment défensif ? Quelles différences remarquez-vous ? D'après vous, dans quel but alors a-t-il été construit ? » Mettre en évidence le fait que ce château n'a pas été édifié dans le but de se protéger d'assaillants éventuels, mais plutôt d'être un lieu de confort et une démonstration de puissance.

Étape 3 : Apports culturels supplémentaires (10 min)

• Projeter la page 2 du diaporama. Observer le monument de ce nouveau point de vue. Le château de Chambord, construit à une époque charnière, conserve des caractéristiques médiévales tout en ayant les attributs des châteaux de la Renaissance. Dorénavant, c'est l'aspect artistique qui prend le dessus et remplace le rôle défensif des châteaux.

– Repérer les éléments propres au Moyen Âge : la forme rectangulaire, le donjon, les quatre tours d'angle, les douves.

– Repérer les éléments architecturaux typiques de la Renaissance : l'absence de remparts, le lieu de construction, les très nombreuses et larges fenêtres (et donc le nombre de pièces : 440), les multiples cheminées (près de 300), les galeries, le domaine forestier.

• Projeter enfin la photographie de l'escalier à double hélice. Cet escalier, dont on pense qu'il a été conçu par Léonard de Vinci, est double. Deux escaliers en colimaçon s'entrecroisent, ce qui permet à deux personnes (l'une montant, l'autre descendant) de ne jamais se croiser.

• Préciser : le château de Chambord a été construit à la demande du roi François Ier. Son style est directement inspiré des palais italiens que celui-ci avait découverts et admirés lors de ses campagnes d'Italie.

Le saviez-vous ?
À propos de ce projet, François Ier aurait dit : « Je veux que s'élève ici le plus beau de tous les châteaux et qu'il devienne ma maison (…) car tel est notre bon plaisir. » Malgré ce souhait, François Ier ne passera que 72 jours de sa vie à Chambord. Il ne le verra jamais terminé.

• Distribuer la fiche histoire des arts. Après avoir lu le cartel de l'œuvre, les élèves colorient les Temps modernes sur leur frise. Ils lisent ensuite le contexte de l'œuvre.

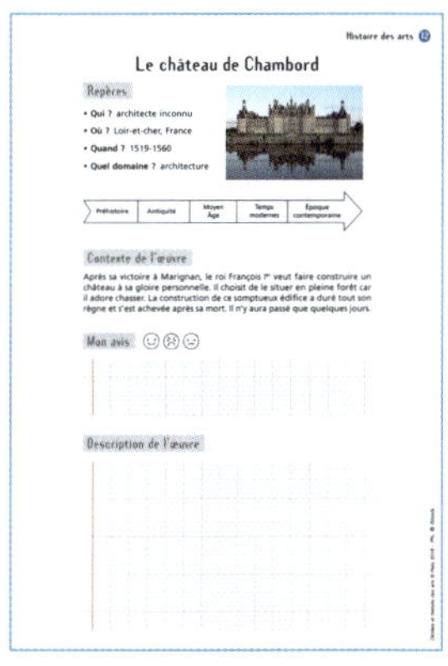
Histoire des arts 12

Le château de Chambord

Repères

• Qui ? architecte inconnu
• Où ? Loir-et-cher, France
• Quand ? 1519-1560
• Quel domaine ? architecture

Préhistoire | Antiquité | Moyen Âge | Temps modernes | Époque contemporaine

Contexte de l'œuvre

Après sa victoire à Marignan, le roi François Ier veut faire construire un château à sa gloire personnelle. Il choisit de le situer en pleine forêt car il adore chasser. La construction de ce somptueux édifice a duré tout son règne et s'est achevée après sa mort. Il n'y aura passé que quelques jours.

Mon avis

Description de l'œuvre

Étape 4 : Expression personnelle (4 min)

• Les élèves écrivent leur avis sur l'œuvre et justifient cet avis.

➤ Fiche de méthodologie n° 1

• Les élèves volontaires lisent leur production.

Prolongements possibles

• Visiter virtuellement le château grâce au site http://www.podibus.com/Chambord_VR/

• Visionner l'épisode de l'émission « C'est pas sorcier » concernant les châteaux de la Loire.

• Découvrir d'autres dessins de Léonard de Vinci.

Séance 2 : Écrire « c » ou « ç »

Objectifs : – Connaitre les valeurs de la lettre c.
– Savoir écrire « c » ou « ç ».

Matériel : – Fiche élève orthographe 12.
– Exercices d'entrainement autonome 12.
– Diaporama orthographe 12 à projeter.

Durée : 50 min.

Étape 1 : Introduction de la séance (5 min)

• Présenter l'objectif d'apprentissage de la séance à l'aide de la page 1 du diaporama et annoncer : « Aujourd'hui, nous allons apprendre à écrire le son [s] avec la lettre c. »

• Faire rappeler les connaissances antérieures en demandant :
« Quels sons peut faire la lettre c ? » Elle peut faire le son [k] ou le son [s].

Étape 2 : Enseignement (15 min)

Observer

Projeter la page 2 du diaporama contenant les mots à observer. Demander aux élèves de repérer les différentes façons d'écrire le son [s] avec la lettre c. Valider avec la page 3, puis demander : « Dans quels cas le son [s] s'écrit-il "ç" ? »

OBSERVER

J'entends ...	
J'écris ...	J'écris ...
un citron	un reçu
une place	une balançoire
le cycliste	un remplaçant

OBSERVER

J'entends [s]	
J'écris « c »	J'écris « ç »
un citron	un reçu
une place	une balançoire
le cycliste	un remplaçant

Expliquer

« Devant les lettres a, o et u, le son [s] s'écrit "ç". Devant le e et le i, on l'écrit avec un simple "c". »

Illustrer

Projeter la page 4 du diaporama (puis les 5 et 6).

« Je veux écrire la phrase :

"Les habitants de la France s'appellent les Français."

– France contient le son [s]. Je l'écris "c".

– Français contient le son [s]. Je l'écris "ç" parce qu'il est suivi d'un a. »

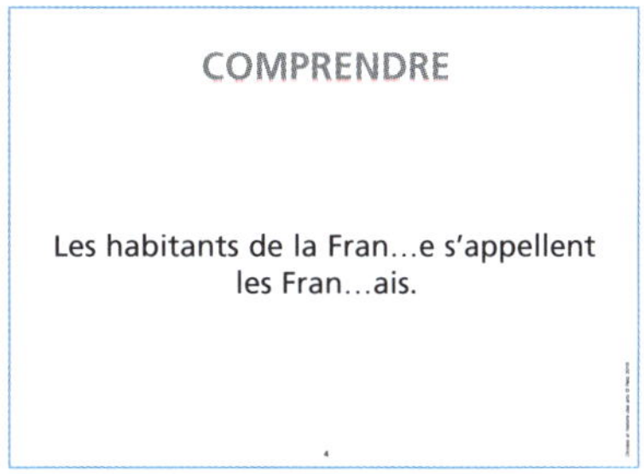

Vérifier la compréhension

Projeter la page 7 du diaporama.

Les élèves sont invités à répondre aux questions.

Puis, diaporama caché, faire synthétiser la notion apprise par les élèves.

Pour conclure, distribuer la fiche orthographe 12 puis lire ensemble la leçon :

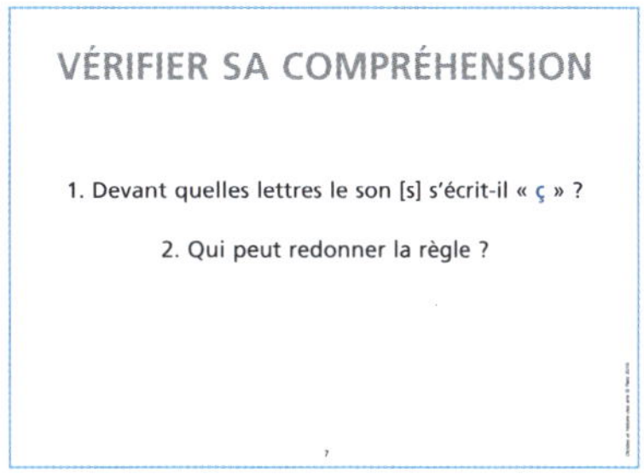

- La lettre **c** se prononce **[s]** quand elle est devant **e** et **i**.
<u>Exemples</u> : voi**c**i, **c**élèbre.
- Pour obtenir le son **[s]** devant **a**, **o**, **u**, on écrit **ç**.
<u>Exemples</u> : un gar**ç**on, la fa**ç**ade, con**ç**u.

Étape 3 : Entrainement (30 min)

Entrainement guidé

Projeter la page 8. Les élèves s'entrainent en écrivant un par un, sur leur ardoise, les mots proposés. Ils doivent justifier l'emploi de « ç » en citant la lettre suivante.

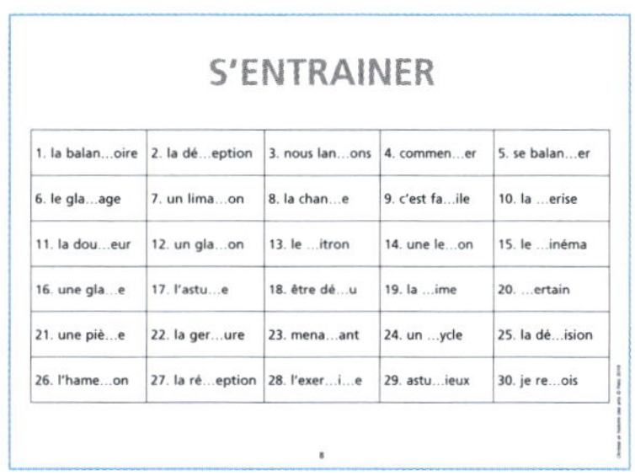

1. la balan…oire	2. la dé…eption	3. nous lan…ons	4. commen…er	5. se balan…er
6. le gla…age	7. un lima…on	8. la chan…e	9. c'est fa…ile	10. la …erise
11. la dou…eur	12. un gla…on	13. le …itron	14. une le…on	15. le …inéma
16. une gla…e	17. l'astu…e	18. être dé…u	19. la …ime	20. …ertain
21. une piè…e	22. la ger…ure	23. mena…ant	24. un …ycle	25. la dé…ision
26. l'hame…on	27. la ré…eption	28. l'exer…i…e	29. astu…ieux	30. je re…ois

Entrainement autonome

Les élèves s'entrainent dans leur cahier avec un exercice écrit de niveau 1 (★) ou 2 (★★).

Niveau 1 (*)

Complète les mots avec « c » ou « ç ».

un édifi...e – on aper...oit – le ...iel – une le...on – diffi...ile – un ré...it – la fa...on – le con...ert – dé...u – les sour...ils

Niveau 2 (**)

Complète les mots avec « c » ou « ç ».

Derrière l'édifi...e, on aper...oit le ...iel.

Cette le...on de fran...ais est très diffi...ile.

Ce ré...it commen...ait d'une drôle de fa...on.

J'ai re...u une invitation pour ...et ex...ellent con...ert.

Elle fron...a les sour...ils, aga...ée.

Séance 3 : Première appropriation des mots

Objectif :	Découvrir les mots à apprendre, mettre en lumière les difficultés.
Matériel :	– Fiche élève orthographe 12. – Fiche de méthodologie n° 2.
Durée :	30 min.

Étape 1 : Observation des mots (15 min)

Orthographe 12

Écrire « c » ou « ç »

Voici le célèbre château de Chambord, conçu par un génie !

• La lettre c se prononce [s] quand elle est devant e et i.
Exemples : voici, célèbre.
• Pour obtenir le son [s] devant a, o, u, on écrit ç.
Exemples : un garçon, la façade, conçu.

Mots à apprendre pour la dictée
Le château de Chambord

noms	**le temps, la paix, une citadelle, un palais, un château, l'art, un aperçu, la Renaissance**, la façade, la fenêtre, la meurtrière, la tour, le fossé, la pièce, l'invité, la façon, *l'escalier, une hélice, la personne, l'inventeur*
verbes	**s'installer, donner**, défendre, recevoir, remplacer/remplaçant, *penser, descendre*
adjectifs et participes passés	**moderne, abandonné, luxueux**, percé, nombreux, français, étranger, central, conçu
mots invariables	**pour, ailleurs, mais, lors**

• Lecture collective des mots à apprendre sur la fiche orthographe. Le sens des mots est rappelé si nécessaire, et les difficultés orthographiques sont surlignées.

Exemples de difficultés :

le temps, la paix, un aperçu, la Renaissance, la façade, la fenêtre, une hélice, la façon, la personne, recevoir, descendre, luxueux, nombreux, conçu, français, étranger, remplaçant.

• S'entrainer à changer le genre et le nombre des noms et des adjectifs.

• Conjuguer les verbes au présent (insister sur la présence de cédilles).

Étape 2 : Mémorisation des mots (15 min)

• Première mise en mémoire des mots. Les élèves commencent à apprendre leurs mots individuellement, puis en binôme. ➤ Fiche de méthodologie n° 2

• Les mots sont donnés à apprendre à la maison pour la semaine suivante. Les élèves du groupe jaune et ceux qui feront la dictée à trous n'auront que les mots en gras à apprendre.

Séance 4 : Dictée flash n° 1

Déroulement identique à la séance 4 de la dictée 1 « La tour Eiffel », p. 30.

Étape 1 : Dictée de groupes nominaux (5 min)

une fa**ç**ade luxueuse – de larges tours – des personnes **c**élèbres –
les invités fran**ç**ais – des fenêtres **c**entrales

Séance 5 : Dictée flash n° 2

Déroulement identique à la séance 5 de la dictée 1 « La tour Eiffel », p. 30.

Étape 1 : Dictée de phrase (5 min)

Les invités du roi étaient re**ç**us dans les nombreuses piè**c**es de ce château luxueux.

Étape 4 : Correction collective, puis individuelle (10 min)

Exemples de questions pouvant éclairer la correction :
« Pourquoi y a-t-il un -s à "invités" ? "à pièces" ? »
« Comment peut-on savoir que le verbe se termine en -ent ? »
« Qui était reçu ? À quel nom se rapporte l'adjectif "nombreuses" ? »
« Pourquoi le son [s] s'écrit-il "ç" dans le mot "reçus" ? "c" dans le mot "pièces" ? »

Séance 6 : Dictée bilan

Objectif :	Écrire sous la dictée en tenant compte des règles apprises.
Matériel :	– Cahier de français, cahier du jour, cahier d'évaluation (selon l'organisation de la classe). – Diaporama histoire des arts 12. – Dictée à trous 12. – Pour l'enseignant : dictées flash et bilan 12. – Fiche de méthodologie n° 3.
Durée :	45 min.

Étape 1 : Projection de l'œuvre et lecture magistrale de la dictée (5 min)

Écrire les noms « Chambord » et « Léonard de Vinci » au tableau.

Étape 2 : Dictée phrase par phrase du texte et différenciation (30 min)

Dictée bilan

Lors des **Temps modernes**, la **paix s'installe**. Les **citadelles** sont **abandonnées** pour des **palais luxueux**. Le **château** de *Chambord* **donne** un bel **aperçu** de l'**art** de la **Renaissance**.	28 mots
La **façade** est **percée** de larges **fenêtres remplaçant** les **meurtrières**. Par **ailleurs**, les **tours** et les **fossés** ne servent plus à **défendre** le **château mais** à le décorer. 440 **pièces** peuvent **recevoir** le roi et ses **nombreux invités français** et **étrangers**.	69 mots
On **pense** que l'**escalier central** a été **conçu** par l'**inventeur** *Léonard de Vinci*. Il est à double **hélice** : une **personne** qui monte et une autre qui **descend** ne se croisent pas.	100 mots

Les élèves en difficulté complètent la dictée à trous.

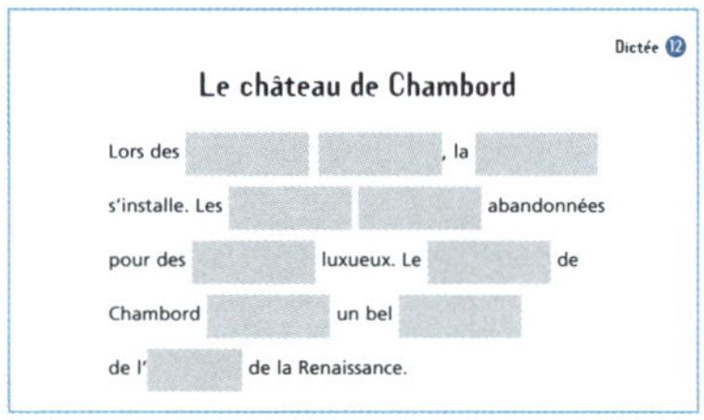
Dictée 12

Le château de Chambord

Lors des ______ ______, la ______ s'installe. Les ______ ______ abandonnées pour des ______ luxueux. Le ______ de Chambord ______ un bel ______ de l'______ de la Renaissance.

Étape 3 : Relecture de la dictée (10 min)

Fiche de méthodologie n° 3

Aide pour la correction de la dictée par l'enseignant

On retire un point pour :
– les correspondances non respectées (dont s/ss, g/gu, g/ge, **c/ç**) ;
– les erreurs de ponctuation et de majuscule ;
– chaque mot en gras mal orthographié (mots à apprendre) ;
– les mots écrits au tableau (en italique) mal copiés ;
– les règles d'écriture des nombres non respectées ;
– les erreurs d'homophones : a/à, est/et, sont/son, ont/on ;
– les accords non marqués (cas simples : noms, adjectifs et verbes).

Séance 7 : Correction de la dictée

Déroulement identique à la séance 7 de la dictée 1 « La tour Eiffel », p. 32.

Le pluriel des noms (2)

Les Très Riches Heures du duc de Berry

Connaissances pour l'enseignant

Auteurs : l'œuvre est commencée par Pol, Herman et Jean Limbourg en 1413. Après leur mort, celle-ci est poursuivie par plusieurs enlumineurs.
Commanditaire : le duc Jean de Berry (frère du roi Charles V)
Domaine artistique : peinture
Technique : peinture sur vélin (peau très fine de veau mort-né)
Courant artistique : manuscrit enluminé médiéval
Date de création : 1413-1486
Lieu de création : certainement Bicêtre, sud de Paris
Lieu d'exposition : musée Condé de Chantilly

Pourquoi étudier *Les Très Riches Heures du duc de Berry* ?

Pour comprendre le statut du livre au Moyen Âge

Au Moyen Âge, la fabrication des livres nécessitait des moyens humains et matériels conséquents. Ils étaient réalisés sur des parchemins et décorés d'enluminures, réalisées avec des pigments parfois très précieux. Enfin, copiés à la main, ils exigeaient plusieurs années de travail. Pour ces raisons, seuls les clercs et les riches laïcs en possédaient.

Pour la visibilité qu'elles donnent de la vie au Moyen Âge

Les Très Riches Heures du duc de Berry, avec leurs 131 miniatures, donnent un aperçu inestimable de la vie médiévale. Les auteurs y représentent des scènes de la vie du duc et des gens de son entourage, y compris les paysans et les serviteurs.

Séance 1 : Découverte de l'œuvre

Objectif : Découvrir une œuvre : *Les Très Riches Heures du duc de Berry* et s'exprimer à son propos.

Matériel :
- Diaporama histoire des arts 13 à projeter et vignette de l'œuvre à placer sur la frise chronologique.
- Fiche élève histoire des arts 13.
- Carte murale de France, frise chronologique.
- Fiche de méthodologie n° 1.

Durée : 30 min.

Étape 1 : Introduction de la séance (5 min)

Présenter l'œuvre d'art

• Projeter l'œuvre, puis demander à un élève de la nommer. Préciser : « L'œuvre de la semaine est une miniature. Elle illustrait le calendrier d'un livre de prières. Dans quel domaine artistique sommes-nous ? »

Situer l'œuvre dans l'espace

• Un élève vient situer Paris sur la carte de France. On peut ensuite situer la ville par rapport à la région où vivent les élèves.

Situer l'œuvre dans le temps

• Faire lire la date de création de l'œuvre et préciser sa période historique : le Moyen Âge. Un élève complète la frise de la classe.

Étape 2 : Découverte de l'œuvre par les élèves (10 min)

• Encourager la parole descriptive des élèves : « Que voyez-vous ? »

Amener les élèves à une description par plans successifs en délimitant, de la main, trois espaces. Évoquer ensemble :

– Au premier plan, des seigneurs et des dames montés sur leurs chevaux (le duc de Berry est certainement représenté sur le cheval blanc). À côté d'eux, un homme a un oiseau sur le bras.

– Au deuxième plan, des champs, des paysans qui y travaillent, des baigneurs.

– Au troisième plan, le château (le château d'Estampes appartenant au duc de Berry). Tout en haut, un demi-disque représente le ciel. Les constellations figurent les signes zodiacaux du lion et de la vierge.

• Encourager la parole élaborative des élèves. « D'après vous, où vont ces seigneurs ? » Ils vont à la chasse, l'oiseau est un faucon dressé pour ramener les proies tombées, l'homme qui le porte (moins richement vêtu) est un fauconnier.

« D'après vous, pourquoi le château est-il représenté tout en haut ? » Le château est vraisemblablement construit en hauteur pour des raisons stratégiques, mais c'est aussi un choix symbolique : le château domine le paysage comme le seigneur domine la seigneurie et tous ses habitants.

« D'après vous, quel mois est illustré ici ? » Le mois d'aout est représenté, comme nous l'évoquent les baigneurs et les signes astrologiques. Projeter les illustrations des mois de février, juin et septembre.

• Encourager la parole émotionnelle des élèves. « Imaginez-vous dans la miniature, où êtes-vous ? Que faites-vous ? Que ressentez-vous ? »

Étape 3 : Apports culturels supplémentaires (10 min)

• Expliquer que la fabrication d'un livre d'heures comme celui-ci est un travail colossal, mis en œuvre par plusieurs personnes. Des moines copistes écrivaient les textes à la main, avec une plume. Aucune rature n'était permise, sinon il fallait tout recommencer. Le support utilisé n'est pas le papier mais le parchemin, c'est-à-dire une peau d'animal nettoyée et tendue. Les couleurs sont obtenues avec des pigments d'origines végétale, animale ou minérale comme le minium (rouge), le lapis lazuli (bleu) et l'or. Ce parchemin et les pigments sont des matériaux rares et très onéreux.

Le saviez-vous ?
Les Très Riches Heures ont nécessité le travail de plusieurs artistes pendant soixante-dix années. C'est tellement long que le livre a été achevé après la mort de son commanditaire, le duc Jean de Berry !

• Insister sur l'idée que le livre au Moyen Âge est une œuvre unique et très précieuse, à la fois par les matériaux qui le composent et par les milliers d'heures de travail que sa confection a nécessitées. On en trouvait uniquement dans les monastères, les abbayes et dans les bibliothèques des riches seigneurs. Ce sont avant tout des ouvrages religieux.

Le saviez-vous ?
Le mot « miniature » ne signifie pas comme on pourrait l'imaginer « petite image ». Son étymologie provient du mot « minium », un pigment rouge qui était utilisé pour tracer les initiales et les titres.

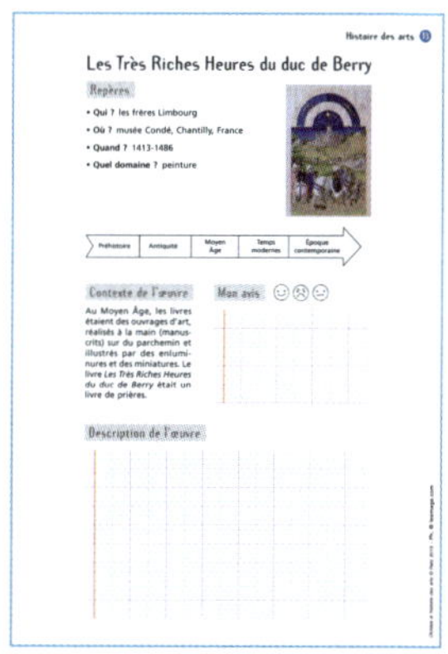

Histoire des arts 13

Les Très Riches Heures du duc de Berry

Repères
- Qui ? les frères Limbourg
- Où ? musée Condé, Chantilly, France
- Quand ? 1413-1486
- Quel domaine ? peinture

Préhistoire | Antiquité | Moyen Âge | Temps modernes | Époque contemporaine

Contexte de l'œuvre
Au Moyen Âge, les livres étaient des ouvrages d'art, réalisés à la main (manuscrits) sur du parchemin et illustrés par des enluminures et des miniatures. Le livre *Les Très Riches Heures du duc de Berry* était un livre de prières.

Mon avis

Description de l'œuvre

• Distribuer la fiche histoire des arts. Après avoir lu le cartel de l'œuvre, les élèves colorient le Moyen Âge sur leur frise. Ils lisent ensuite le contexte de l'œuvre.

Étape 4 : Expression personnelle (5 min)

- Les élèves écrivent leur avis sur l'œuvre et tâchent de justifier cet avis.

➤ Fiche de méthodologie n° 1

- Les élèves volontaires lisent leur production.

Prolongements possibles

- Découvrir une autre page du livre d'heures, contenant cette fois-ci du texte. Initier les élèves aux procédés d'enluminure : les lettrines, les illustrations et les frises décoratives. Travailler la calligraphie en arts visuels.
- Voir la vidéo « Le musée amusant », consacrée à l'œuvre, visible à cette adresse : https://www.lesite.tv/edutheque/cycle-2/enseignements-artistiques/video/les-tres-riches-heures-du-duc-de-berry
- Faire le lien avec le programme d'histoire « Le temps des rois ».

Séance 2 : Le pluriel des noms en -eau, -au, -al

Objectif :	Marquer le pluriel des noms en -eau, en -au et en -al.
Matériel :	– Fiche élève orthographe 13. – Exercices d'entrainement autonome 13. – Diaporama orthographe 13 à projeter.
Durée :	50 min.

Étape 1 : Introduction de la séance (5 min)

- Présenter l'objectif d'apprentissage de la séance à l'aide de la page 1 du diaporama et l'annoncer oralement : « Aujourd'hui, nous allons continuer à apprendre à mettre les noms au pluriel. Nous nous intéresserons aux mots en -eau, -au et -al. »
- Faire rappeler les connaissances antérieures en demandant :

« Qu'appelle-t-on le pluriel ? » Le pluriel marque la présence de plusieurs éléments.

« En général, qu'ajoute-t-on pour mettre un nom au pluriel ? » Les élèves évoquent la marque -s, éventuellement, la marque -x.

Étape 2 : Enseignement (15 min)

Observer

- Projeter la page 2 du diaporama contenant les groupes nominaux à observer. Faire repérer les noms au pluriel. Demander : « Quelles peuvent être les marques du pluriel ? », puis entourer les marques -aux et -x.

OBSERVER

un tuyau
mes cerceaux
mon cerceau
un cheval
le bureau
des signaux
des tuyaux
les préaux
un journal
le préau
ces cadeaux
un signal
des journaux
des chevaux
ce cadeau
les bureaux
2

Expliquer

« Si le nom au singulier est terminé par -eau ou -au, on ajoute un -x (sauf des landaus). Si le nom est terminé par -al au singulier, il se termine en -aux au pluriel. Il existe des exceptions, qui vous seront précisées dans la leçon. »

Illustrer

Projeter la page 3 du diaporama (puis la page 4).

« Je veux écrire au pluriel les noms de la phrase : "L'agneau est un animal craintif."

Au mot "agneau", fini par -eau, j'ajoute un -x.

Le mot "animal", fini par -al, devient "animaux". Je pense à ajouter un -s à "craintifs". »

COMPRENDRE

L'agneau est un animal craintif.

3

Vérifier la compréhension

Projeter la page 5 du diaporama.

Les élèves sont invités à répondre aux questions.

Puis, diaporama caché, faire synthétiser la notion apprise par les élèves.

Pour conclure, distribuer la fiche orthographe 13 puis lire ensemble la leçon :

VÉRIFIER SA COMPRÉHENSION

1. Dans quels cas marque-t-on le pluriel ?
2. Avec quelle lettre le marque-t-on la plupart du temps ?
3. Comment marque-t-on le pluriel des noms en -eau et -au ?
4. Comment marque-t-on le pluriel des noms en -al ?

5

- Les noms terminés par **-eau** prennent un **-x** au pluriel.
  Exemple : une peau → des peau**x**.
- Les noms terminés par **-au** prennent un **-x** au pluriel.
  Exemple : un joyau → des joyau**x**.
  Sauf : des landaus.
- Les noms terminés par **-al** s'écrivent **-aux** au pluriel.
  Exemple : un animal → des anim**aux**.
  Sauf : des bals, des carnavals, des chacals, des festivals, des régals.

Étape 3 : Entrainement (30 min)

Entrainement guidé

Projeter la page 6. Les élèves s'entrainent en écrivant au pluriel les groupes nominaux proposés sur leur ardoise. À chaque fois, demander aux élèves de justifier leur réponse.

S'ENTRAINER

Mets au pluriel ces groupes nominaux.

1. un oiseau	2. le cheval	3. mon vélo	4. ce chapeau	5. mon journal
6. le noyau	7. un gâteau	8. cet animal	9. mon robot	10. le couteau
11. le total	12. le préau	13. un bureau	14. le carnaval	15. mon chiot
16. le canal	17. ce tableau	18. un croc	19. un signal	20. le poteau
21. mon stylo	22. le tribunal	23. le carreau	24. le dos	25. le landau
26. un idéal	27. un berceau	28. ton piano	29. un chacal	30. un hôpital

6

Entrainement autonome

Les élèves s'entrainent dans leur cahier avec un exercice écrit de niveau 1 (★) ou 2 (★★).

Niveau 1 (*)

Mets les groupes nominaux suivants au pluriel.

le château – un cristal – la photo – le tuyau – un métal – le manteau

Niveau 2 (**)

Récris les phrases en mettant les groupes nominaux soulignés au pluriel.

Cet été, nous visiterons <u>ce château</u>.

La couronne était incrustée <u>de cristal</u> et <u>de métal</u> précieux.

François Ier organisait <u>un bal</u>.

Il faut réparer <u>le tuyau</u> de la salle de bains.

Les extraterrestres envoient <u>un signal</u>.

Séance 3 : Première appropriation des mots

Objectif :	Découvrir les mots à apprendre, mettre en lumière les difficultés.
Matériel :	– Fiche élève orthographe 13. – Fiche de méthodologie n° 2.
Durée :	20 min.

Étape 1 : Observation des mots (10 min)

• Lecture collective des mots à apprendre sur la fiche orthographe. Le sens des mots est rappelé si nécessaire. Les élèves surlignent ce qui leur parait difficile.

<u>Exemples de difficultés</u> :

l'imprimerie, une invention, aout, un seigneur, la main, une année, un paysan, un paysage, la proie, le champ, se baigner, dressé, magnifique, voici, plusieurs.

• S'entrainer à changer le genre et le nombre des noms et des adjectifs.

• Conjuguer les verbes au présent et à l'imparfait.

Orthographe 13

Le pluriel des noms (2)

• Les noms terminés par -eau prennent un -x au pluriel.
<u>Exemple</u> : une peau → des peaux.

• Les noms terminés par -au prennent un -x au pluriel.
<u>Exemple</u> : un joyau → des joyaux.
Sauf : des landaus.

• Les noms terminés par -al s'écrivent -aux au pluriel.
<u>Exemple</u> : un animal → des animaux.
Sauf : des bals, des carnavals, des chacals, des festivals, des régals.

Mots à apprendre pour la dictée
Les Très Riches Heures du duc de Berry

noms	**l'invention, l'imprimerie, la peau, le mois, la main, une année, le travail, le minéral, le végétal, la couleur, un joyau, un animal**, l'époque, aout, une proie, le calendrier, le seigneur, le cheval, un oiseau, *le plan, le ruisseau, les gens, le paysan, le paysage, le champ*
verbes	**fabriquer, demander**, représenter, rapporter, *se baigner, travailler*
adjectifs et participes passés	**médiéval, copié**, dressé, accompagné, *dernier, magnifique*
mots invariables	**avant, parfois, voici, plusieurs, sur, pour, dont**

Étape 2 : Mémorisation des mots (10 min)

• Première mise en mémoire des mots. Les élèves commencent à apprendre leurs mots individuellement puis en binôme. ➤ Fiche de méthodologie n° 2

• Les mots sont donnés à apprendre à la maison pour la semaine suivante. Les élèves du groupe jaune et ceux qui feront la dictée à trous n'ont que les mots en gras à apprendre.

Séance 4 : Dictée flash n° 1

Déroulement identique à la séance 4 de la dictée 1 « La tour Eiffel », p. 30.

Étape 1 : Dictée de groupes nominaux (5 min)

des anim**aux** dressés – les derniers oiseau**x** – plusieurs végét**aux** – des ruisseau**x** magnifiques – le deuxième seigneur

Séance 5 : Dictée flash n° 2

Déroulement identique à la séance 5 de la dictée 1 « La tour Eiffel », p. 30.

Étape 1 : Dictée de phrase (5 min)

La miniature représente les seigneurs sur leurs chev**aux** allant chasser des anim**aux** avec des oiseau**x** dressés.

Étape 4 : Correction collective, puis individuelle (10 min)

Exemples de questions pouvant éclairer la correction :

« Comment savoir si un nom s'écrit -eaux ou -aux à la fin quand il est au pluriel ? »

« Pourquoi y a-t-il un -s à "seigneurs" ? à "leurs" ? à "dressés" ? »

« Quel nom est au singulier ? Quels noms sont au pluriel ? »

Séance 6 : Dictée bilan

Objectif :	Écrire sous la dictée en tenant compte des règles apprises.
Matériel :	– Cahier de français, cahier du jour, cahier d'évaluation (selon l'organisation de la classe). – Diaporama histoire des arts 13. – Dictée à trous 13. – Pour l'enseignant : dictées flash et bilan 13. – Fiche de méthodologie n° 3.
Durée :	45 min.

Étape 1 : Projection de l'œuvre et lecture magistrale de la dictée (5 min)

Étape 2 : Dictée phrase par phrase du texte et différenciation (30 min)

Dictée bilan

Avant l'**invention** de l'**imprimerie**, les livres **médiévaux** étaient **copiés** à la **main sur** des **peaux d'animaux** par des moines. Ce **travail demandait** des **mois, parfois** des **années**. **Pour fabriquer** les **couleurs** on écrasait des **minéraux** et des **végétaux**.	38 mots
Cette miniature fait partie d'un **calendrier, dont voici** le **mois** d'**aout**. Elle **représente** des **seigneurs** montés **sur** leurs **chevaux** pour aller chasser. À cette **époque**, ils étaient **accompagnés** d'**oiseaux**, **dressés** pour **rapporter** les **proies**.	72 mots
Au deuxième **plan**, on voit des **gens se baigner** dans un **ruisseau** et **plusieurs paysans travailler** aux **champs**. Au **dernier plan** s'élève un **magnifique** château, dominant le **paysage**.	100 mots

Les élèves en difficulté complètent la dictée à trous.

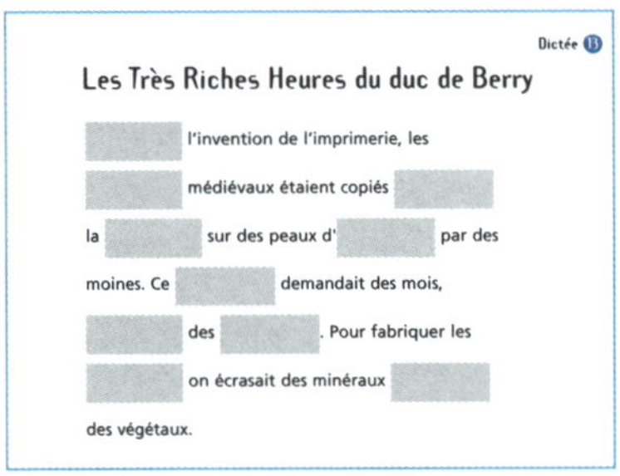
Dictée 13

Les Très Riches Heures du duc de Berry

l'invention de l'imprimerie, les

médiévaux étaient copiés

la sur des peaux d' par des

moines. Ce demandait des mois,

des . Pour fabriquer les

on écrasait des minéraux

des végétaux.

Étape 3 : Relecture de la dictée (10 min)

Fiche de méthodologie n° 3

Aide pour la correction de la dictée par l'enseignant

On retire un point pour :
– les correspondances non respectées (dont s/ss, g/gu, g/ge, c/ç) ;
– les erreurs de ponctuation et de majuscule ;
– chaque mot en gras mal orthographié (mots à apprendre) ;
– les mots écrits au tableau (en italique) mal copiés ;
– les règles d'écriture des nombres non respectées ;
– les erreurs d'homophones : a/à, est/et, sont/son, ont/on ;
– les accords non marqués : verbes, **noms** (cas simples et particuliers) et adjectifs.

Séance 7 : Correction de la dictée

Déroulement identique à la séance 7 de la dictée 1 « La tour Eiffel », p. 32.

Le pluriel des noms (3)

Les mégalithes de Carnac

Connaissances pour l'enseignant

Architectes : inconnus
Domaine artistique : architecture
Technique : pierres dressées alignées
Courant artistique : mégalithes (littéralement : pierres géantes)
Date de construction : 5000 à 3000 avant notre ère
Lieu de construction : Carnac, Morbihan, Bretagne
Dimensions : sur 4 km ; chaque pierre haute de 1 à 4 mètres
Nombre de mégalithes : environ 4 000

Pourquoi étudier les mégalithes de Carnac ?

Pour s'interroger comme des archéologues

Pour comprendre comment ces pierres immenses ont pu être transportées et dressées sans ciment ni mortier, pour comprendre le sens d'un tel site, les chercheurs ne possèdent que peu d'éléments. Par un questionnement, on peut mettre les élèves dans la peau d'archéologues utilisant leur sens de l'observation, leur logique et leur imagination.

Pour ce qu'ils nous apprennent de la vie préhistorique

L'édification d'un site d'une telle envergure a de toute évidence nécessité une conception, une organisation hiérarchique et une maitrise d'œuvre élaborées. Tous ces éléments sont la preuve d'une société organisée.

Pour leur mystère

Nul ne sait pourquoi ces pierres étaient dressées ou organisées de cette façon. Les sites mégalithiques existent dans le monde entier et sont des lieux d'interrogations profondes. Il existe plusieurs hypothèses : culte du Soleil, de la Lune, monument funéraire, temple, lieu de passage entre deux mondes…

Séance 1 : Découverte de l'œuvre

Objectif :	Découvrir une œuvre : les mégalithes de Carnac, et s'exprimer à son propos.
Matériel :	– Diaporama histoire des arts 14 à projeter et vignette de l'œuvre à placer sur la frise chronologique. – Carte murale de la France, frise chronologique. – Fiche élève histoire des arts 14. – Fiche de méthodologie n° 1.
Durée :	30 min.

Étape 1 : Introduction de la séance (5 min)

Présenter l'œuvre d'art

• Projeter l'œuvre, puis demander à un élève de la nommer. Préciser : « L'œuvre de la semaine est un site, un lieu dont l'aspect général a été modifié par les hommes. On parle d'ensemble mégalithique : des pierres (*lithos*) de grande taille (*méga*) sont plantées dans le sol selon des tracés réguliers et dressées vers le ciel. » Parce que tout cet ensemble est pensé et organisé, nous sommes bien dans le domaine de l'architecture.

Situer l'œuvre dans l'espace

• Un élève vient situer la Bretagne sur la carte de France. On peut ensuite situer cette région par rapport à celle des élèves.

Situer l'œuvre dans le temps

• On lit la date de création et on nomme la période historique correspondante (la Préhistoire). Plus l'œuvre est ancienne, plus la date donnée est approximative.

Étape 2 : Découverte de l'œuvre par les élèves (10 min)

• Encourager la parole descriptive des élèves : « Que voyez-vous ? »
Évoquer ensemble : des pierres dressées (près de 4 000) plantées régulièrement dans le sol. Cela forme des alignements. On parle des alignements de Carnac.

• Encourager la parole élaborative des élèves. « D'après vous, quel était le sens de ces constructions ? » Laisser les élèves émettre leurs hypothèses, puis clore la discussion en disant que les archéologues ne sont pas tous d'accord sur la question. Ils s'accordent en revanche sur le fait que le lieu était certainement sacré.

• Encourager la parole émotionnelle des élèves. « Quel effet vous fait cet ensemble mégalithique ? »

Le saviez-vous ?
De nombreuses légendes entourent ce site. On a dit que ces pierres magiques étaient les vestiges de temples, et même qu'elles étaient des légionnaires romains pétrifiés !

Étape 3 : Apports culturels supplémentaires (10 min)

• Projeter les pages suivantes du diaporama pour découvrir les différents ensembles mégalithiques que l'on peut observer à Carnac :

– Les menhirs disposés en lignes, en cercles et demi-cercles (les cromlechs) ou encore isolés. « Menhir » vient du breton *men* (pierre) et *ihr* (long).

– Les dolmens (une pierre posée à plat sur deux pierres dressées), qui étaient certainement des tombeaux. « Dolmen » vient du breton *dol* (table) et *men* (pierre).

• Expliquer que ce lieu est très mystérieux de nos jours encore, à double titre :

– On ne sait pas vraiment ce que ces mégalithes signifiaient, quel était leur rôle. Certains pensent qu'il s'agissait d'un culte solaire, d'autres d'une sorte de grand cimetière.

– On ne sait pas non plus comment ils ont pu être transportés et dressés à une époque très ancienne (où même la roue n'avait pas encore été inventée).

• Insister sur l'immensité du site : il s'étale sur 4 kilomètres et est composé de 4 000 pierres, la plus grande d'entre elles (le géant du Manio) faisant plus de 6 mètres de haut.

Le saviez-vous ?
Les alignements de Carnac sont évoqués dans l'album *Astérix en Hispanie*, mais aussi dans les jeux vidéo Pokémon X et Y.

• Distribuer la fiche histoire des arts. Après avoir lu le cartel de l'œuvre, les élèves colorient la Préhistoire sur leur frise. Ils lisent ensuite la description de l'œuvre.

Étape 4 : Expression personnelle (5 min)

• Les élèves écrivent leur avis sur l'œuvre et tâchent de justifier cet avis.

Fiche de méthodologie n° 1

• Les élèves volontaires lisent leur production.

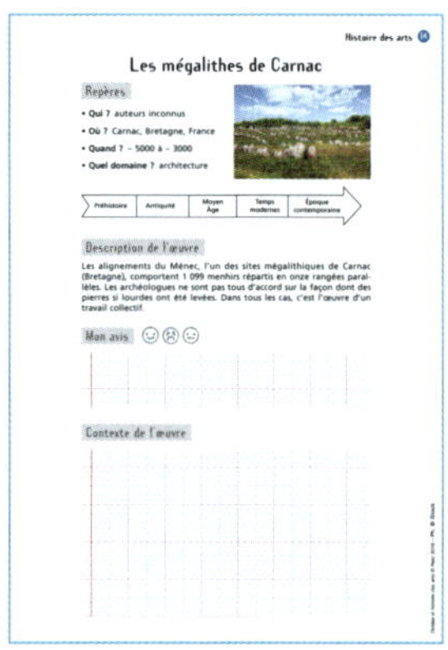

Histoire des arts 14

Les mégalithes de Carnac

Repères

• **Qui ?** auteurs inconnus
• **Où ?** Carnac, Bretagne, France
• **Quand ?** – 5000 à – 3000
• **Quel domaine ?** architecture

Préhistoire | Antiquité | Moyen Âge | Temps modernes | Époque contemporaine

Description de l'œuvre

Les alignements du Ménec, l'un des sites mégalithiques de Carnac (Bretagne), comportent 1 099 menhirs répartis en onze rangées parallèles. Les archéologues ne sont pas tous d'accord sur la façon dont des pierres si lourdes ont été levées. Dans tous les cas, c'est l'œuvre d'un travail collectif.

Mon avis

Contexte de l'œuvre

Prolongements possibles

• En production d'écrit, faire rédiger aux élèves leurs hypothèses sur le sens des constructions mégalithiques.
• Découvrir les statues-menhirs, des menhirs à visage humain et en réaliser en arts visuels en gravant ou en dessinant.
• Faire le lien avec le programme d'histoire « Et avant la France ».

Séance 2 : Le pluriel des noms en -eu et -ou

Objectif : Marquer le pluriel des noms en -eu et en -ou.

Matériel :
– Fiche élève orthographe 14.
– Exercices d'entrainement autonome 14.
– Diaporama orthographe 14 à projeter.

Durée : 50 min.

Étape 1 : Introduction de la séance (5 min)

• Présenter l'objectif d'apprentissage de la séance à l'aide de la page 1 du diaporama : « Aujourd'hui, nous allons continuer à apprendre à mettre les noms au pluriel. Nous nous intéresserons aux noms en -eu et en -ou. »
• Rappeler les connaissances antérieures en demandant :
« Qu'appelle-t-on le pluriel ? » Le pluriel marque la présence de plusieurs éléments.
« Quelles marques du pluriel connaissez-vous déjà ? » Les élèves évoquent les règles déjà étudiées.

Étape 2 : Enseignement (15 min)

Observer

Projeter la page 2 du diaporama contenant les groupes nominaux à observer. Demander aux élèves de repérer les noms au pluriel. Demander : « Quelles peuvent être les marques du pluriel ? » et entourer les marques -s et -x.

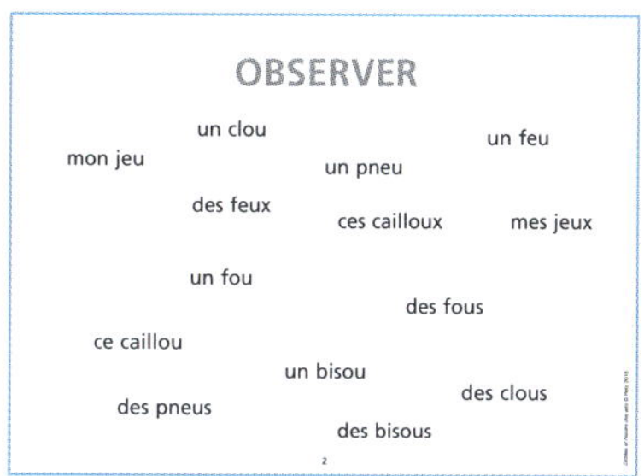

Expliquer

« Si le nom au singulier est terminé par -eu, on ajoute un -x (sauf quelques exceptions : des bleus, des pneus). Si le nom est terminé par -ou au singulier, on ajoute un -s. Il existe des exceptions que nous découvrirons dans la leçon. »

Illustrer

Projeter la page 3 du diaporama, puis la page 4.
« Je veux écrire au pluriel les noms de la phrase :
"Ces lieu**x** sont pleins de trou**s**."
Au mot "lieu", j'ajoute un -x.
Au mot "trou", j'ajoute un -s. »

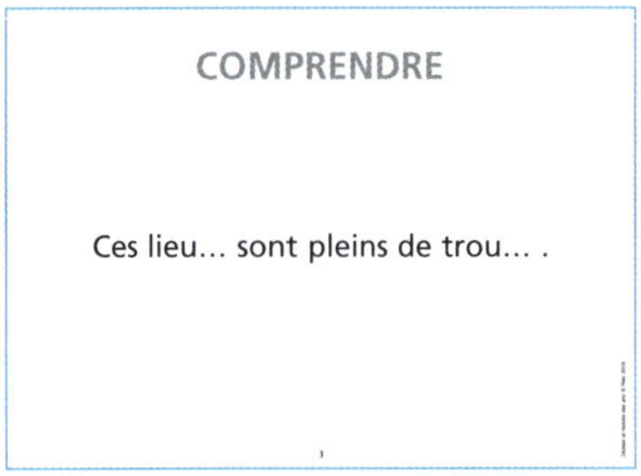

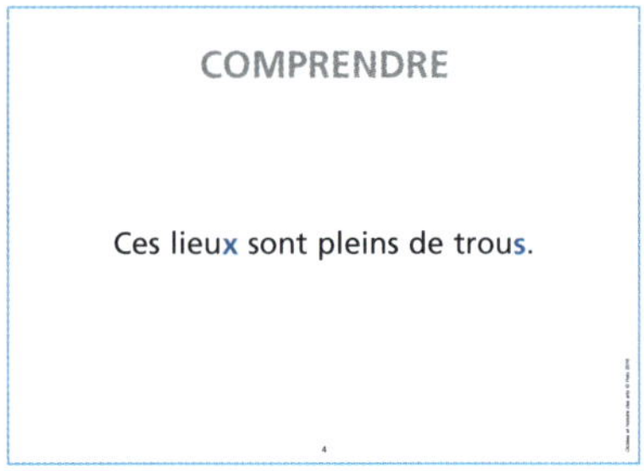

NB : Il est important ici de ne pas laisser les exceptions devenir la règle pour les élèves. De nombreux élèves marquent le pluriel des noms en -ou avec un -x, car ils ont vu et enregistré les exceptions mieux encore que les cas les plus courants. Il convient donc d'éviter de présenter les exceptions trop régulièrement aux élèves d'une part, et, d'autre part, il ne faut pas en faire l'objet d'apprentissage principal.

Vérifier la compréhension

Projeter la page 5 du diaporama.
Les élèves sont invités à répondre aux questions.
Puis, diaporama caché, faire synthétiser la notion apprise par les élèves.
Pour conclure, distribuer la fiche orthographe 14 puis lire ensemble la leçon :

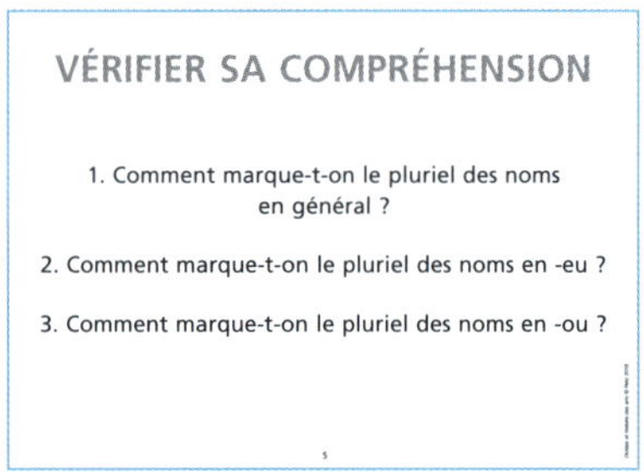

- Les noms terminés par **-eu** prennent un **-x** au pluriel.
Exemple : un pieu → des pieu**x**.
Sauf : des pneus, des bleus…

- Les noms terminés par **-ou** prennent un **-s** au pluriel.
Exemple : un trou → des trou**s**.
Sauf : des bijoux, des cailloux, des choux, des genoux, des hiboux, des joujoux et des poux.

Étape 3 : Entrainement (30 min)

Entrainement guidé

Les élèves s'entrainent en écrivant au pluriel, les groupes nominaux proposés sur l'ardoise. À chaque fois, demander aux élèves de justifier leur réponse.

S'ENTRAINER

Mets au pluriel ces groupes nominaux.

1. un essieu	2. un gnou	3. le kangourou	4. un fou	5. mon neveu
6. un caillou	7. un dieu	8. un clou	9. un aveu	10. un bisou
11. un adieu	12. un hibou	13. notre jeu	14. un sou	15. le feu
16. un égout	17. un bleu	18. un chou	19. un vœu	20. le doudou
21. un nœud	22. ton genou	23. le pieu	24. la joue	25. le milieu
26. un verrou	27. un enjeu	28. ce bijou	29. un hors-jeu	30. un pneu

6

Entrainement autonome

Les élèves s'entrainent dans leur cahier avec un exercice écrit de niveau 1 (★) ou 2 (★★).

Niveau 1 (✶)

Mets les groupes nominaux suivants au pluriel.

un adieu – un clou – un feu – le genou – un jeu – le trou

Niveau 2 (✶✶)

Écris les groupes nominaux soulignés au pluriel.

Les voyageurs ont fait leur adieu.

Pourrais-tu me donner un clou ?

Au 14 juillet, on organise un feu d'artifice.

Mon père a des douleurs dans le genou.

Cet après-midi, nous organiserons un jeu dans le jardin.

Séance 3 : Première appropriation des mots

Objectif : Découvrir les mots à apprendre, mettre en lumière les difficultés.

Matériel :
- Fiche élève orthographe 14.
- Fiche de méthodologie n° 2.

Durée : 30 min.

Étape 1 : Observation des mots (15 min)

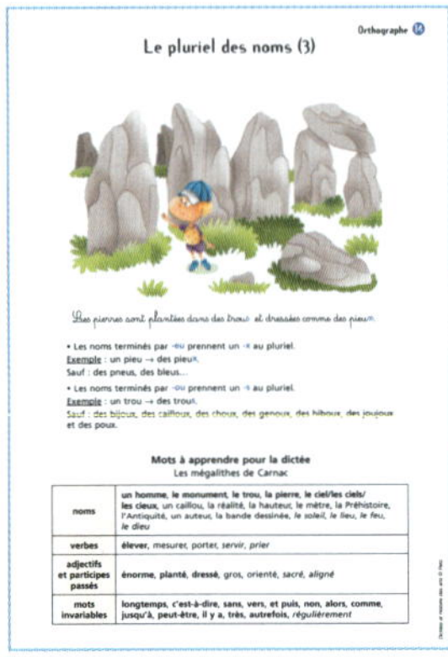
Orthographe 14

Le pluriel des noms (3)

Les pierres sont plantées dans des trous et dressées comme des pieux.

• Les noms terminés par -eu prennent un -x au pluriel.
Exemple : un pieu → des pieux.
Sauf : des pneus, des bleus…

• Les noms terminés par -ou prennent un -s au pluriel.
Exemple : un trou → des trous.
Sauf : des bijoux, des cailloux, des choux, des genoux, des hiboux, des joujoux et des poux.

Mots à apprendre pour la dictée
Les mégalithes de Carnac

noms	**un homme, le monument, le trou, la pierre, le ciel/les ciels/ les cieux**, un caillou, la réalité, la hauteur, le mètre, la Préhistoire, l'Antiquité, un auteur, la bande dessinée, *le soleil, le lieu, le feu, le dieu*
verbes	**élever**, mesurer, porter, *servir, prier*
adjectifs et participes passés	**énorme, planté, dressé**, gros, orienté, *sacré, aligné*
mots invariables	**longtemps, c'est-à-dire, sans, vers, et puis, non, alors, comme, jusqu'à, peut-être, il y a, très, autrefois,** *régulièrement*

• Lecture collective des mots à apprendre sur la fiche orthographe. On évoque l'orthographe de chaque mot, les élèves surlignent ce qui leur parait difficile.

Exemples de difficultés :

un homme, un monument, un caillou, la hauteur, la Préhistoire, l'Antiquité, la bande dessinée, dressé, gros, orienté, c'est-à-dire, alors, jusqu'à, longtemps, autrefois, peut-être.

• S'entrainer à changer le genre et le nombre des noms et des adjectifs.

• Conjuguer les verbes au présent et à l'imparfait.

Étape 2 : Mémorisation des mots (15 min)

• Première mise en mémoire des mots. Les élèves commencent à apprendre leurs mots individuellement, puis en binôme. ➤ Fiche de méthodologie n° 2

• Les mots sont donnés à apprendre à la maison pour la semaine suivante. Les élèves du groupe jaune et ceux qui feront la dictée à trous n'ont que les mots en gras à apprendre.

Séance 4 : Dictée flash n° 1

Déroulement identique à la séance 4 de la dictée 1 « La tour Eiffel », p. 30.

Étape 1 : Dictée de groupes nominaux (5 min)

des li**eux** orientés – des auteurs fou**s** – des pierres dressées – des di**eux** sacrés – des caill**oux** alignés

Séance 5 : Dictée flash n° 2

Déroulement identique à la séance 5 de la dictée 1 « La tour Eiffel », p. 30.

Étape 1 : Dictée de phrase (5 min)

Autrefois, les hommes plantaient des caill**oux** géants dans des tr**ous**. Ils étaient dressés vers les ci**eux**.

Étape 4 : Correction collective, puis individuelle (10 min)

Exemples de questions pouvant éclairer la correction :
« Comment savoir si un nom s'écrit -ous ou -oux à la fin quand il est au pluriel ? »
« Pourquoi y a-t-il un -s à "hommes" ? à "géants" ? à "trous" ? à "dressés" ? »
« Pourquoi y a-t-il un -x à "cailloux" ? à "cieux" ? »
« Comment peut-on savoir que le mot "sont" s'écrit s-o-n-t ? »

Séance 6 : Dictée bilan

Objectif :	Écrire sous la dictée en tenant compte des règles apprises.
Matériel :	– Cahier de français, cahier du jour, cahier d'évaluation (selon l'organisation de la classe). – Diaporama histoire des arts 14. – Dictée à trous 14. – Pour l'enseignant : dictées flash et bilan 14. – Fiche de méthodologie n° 3.
Durée :	45 min.

Étape 1 : Projection de l'œuvre et lecture magistrale de la dictée (5 min)

Écrire au tableau les mots « Néolithique », « mégalithes », « menhir », « Obélix » et « Carnac ».

Étape 2 : Dictée phrase par phrase du texte et différenciation (30 min)

Dictée bilan

Il y a très longtemps, au *Néolithique*, les **hommes élevaient** des *mégalithes*, **c'est-à-dire** d'**énormes monuments** de **pierre**. Les *menhirs* étaient **plantés** dans des **trous et dressés vers** les **cieux**.	31 mots
Obélix les porte **comme** s'ils étaient de **gros cailloux alors** qu'en **réalité**, ils mesurent **jusqu'à** quatre **mètres** de **hauteur**. **Et puis**, les *menhirs* datent de la **Préhistoire et non** de **l'Antiquité**. Ils sont fous ces **auteurs** de **bandes dessinées** !	70 mots
Les *menhirs* de *Carnac* sont **alignés régulièrement** et sont orientés **vers** les **feux** du **soleil** couchant. Les lieux étaient **sans** doute **sacrés** et **servaient peut-être** à prier des dieux.	100 mots

Les élèves en difficulté complètent la dictée à trous.

Dictée 14

Les mégalithes de Carnac

Il y a très ____, au Néolithique, les ____ élevaient des mégalithes, c'est-____-dire d'énormes ____ de ____. Les menhirs étaient ____ ____ des ____ et dressés ____ les ____.

Étape 3 : Relecture de la dictée (10 min)

➤ Fiche de méthodologie n° 3

Aide pour la correction de la dictée par l'enseignant

On retire un point pour :
– les correspondances non respectées (dont s/ss, g/gu, g/ge, c/ç) ;
– les erreurs de ponctuation et de majuscule ;
– chaque mot en gras mal orthographié (mots à apprendre) ;
– les mots écrits au tableau (en italique) mal copiés ;
– les règles d'écriture des nombres non respectées ;
– les erreurs d'homophones : a/à, est/et, sont/son, ont/on ;
– les accords non marqués : verbes, **noms** (cas simples et particuliers) et adjectifs.

Séance 7 : Correction de la dictée

Déroulement identique à la séance 7 de la dictée 1 « La tour Eiffel », p. 32.

Le féminin des noms

Le Lac des cygnes

Connaissances pour l'enseignant

Compositeur : Piotr Ilitch Tchaïkovski

Auteur (du livret) : Vladimir Begichev (qui s'est inspiré d'une légende allemande)

Domaine artistique : ballet

Courant artistique : romantisme

Date de création : 1876

Lieu de création : Moscou, Russie

Durée : environ 2 h 30 (en fonction de la version)

Pourquoi étudier *Le Lac des cygnes* ?

Car c'est un spectacle vivant

Le Lac des cygnes, avant d'être un conte ou une œuvre musicale, est un ballet. En effet, c'est ainsi qu'il a été conçu, dès le début. Il est important d'expliquer aux élèves ce qu'est le spectacle vivant, une œuvre « mise en vie » par des artistes… Aller voir un ballet comme *Le Lac des cygnes* c'est applaudir le travail acharné de danseurs, de chorégraphes, de musiciens passionnés…

Pour les ponts que l'œuvre tisse entre les arts

Il est intéressant de voir comment une ancienne histoire peut être traduite en mots puis en musique et enfin en danse. Le ballet évoque des personnages tendres ou terribles, leurs aventures et leurs sentiments… sans un mot. Ceux-ci sont suggérés par l'arrangement des notes, les mouvements du corps, les costumes, les décors…

Pour la forme du conte

On pourra étudier la structure narrative du conte avec les élèves et faire le lien avec d'autres contes ou mythes connus. Préciser aux élèves qu'il existe plusieurs fins à ce conte : heureuse, comme dans la version d'Élodie Fondacci, ou malheureuse, comme dans la version du livret de Begichev.

Séance 1 : Découverte de l'œuvre

Objectif :	Découvrir une œuvre : *Le lac des cygnes,* et s'exprimer à son propos.
Matériel :	– Planisphère, frise chronologique. – Un extrait du ballet à visionner : https://www.youtube.com/watch?v=1OFua6ONOsg – Fiche élève histoire des arts 15. – Photo du tableau d'Edgar Degas représentant la répétition d'un ballet. – Fiche de méthodologie n° 1.
Durée :	30 min.

Étape 1 : Introduction de la séance (5 min)

Présenter l'œuvre d'art

« Cette semaine, l'œuvre est multiple : c'est un conte, une composition musicale et un ballet de danse classique. » Donner le nom de l'œuvre : *Le Lac des cygnes.*

Situer l'œuvre dans l'espace

• Dire que cette œuvre a été créée en Russie. Un élève vient situer la Russie sur un planisphère. On peut ensuite situer le pays par rapport à la France.

Situer l'œuvre dans le temps

• Donner la date de création (1876) et faire nommer la période historique à laquelle elle correspond (l'Époque contemporaine).

Étape 2 : Découverte de l'œuvre par les élèves (10 min)

• **Le récit aura déjà été découvert par les élèves au préalable.** L'enseignant peut le leur avoir raconté ou leur avoir fait écouter la très belle narration en musique, d'Élodie Fondacci, pour Radio Classique.

• Visionner ensuite l'extrait du ballet : acte I, scène II.
https://www.youtube.com/watch?v=1OFua6ONOsg à la 34e minute (34:33 à 38:10).

• Encourager la parole descriptive des élèves : « Que voyez-vous ? »
Évoquer ensemble : les danseurs, leurs costumes, le décor.
« Comment appelle-t-on ce type de danse ? » Identifier la danse classique et introduire le terme « ballet » pour désigner un spectacle de danse classique.

• Encourager la parole élaborative des élèves. « D'après vous, quel moment de l'histoire est raconté ici ? » Siegfried, parti chasser en forêt et arrivé près d'un lac, rencontre Odette et les cygnes.

• Encourager la parole émotionnelle des élèves. « Qu'avez-vous ressenti en découvrant cette scène de ballet ? Comment pourriez-vous qualifier les mouvements des danseurs ? »

Le saviez-vous ?
L'œuvre de Tchaïkovski eut peu de succès de son vivant. Le grand chorégraphe Marius Petipa a découvert l'intérêt chorégraphique de cette musique lorsqu'il l'a entendue lors d'un hommage posthume à Tchaïkovski…

Étape 3 : Apports culturels supplémentaires (10 min)

• Faire visionner l'extrait une deuxième fois afin de revenir sur le déroulé de l'histoire et d'observer la chorégraphie.

– Identifier les danseurs et le rôle qui leur correspond. Deux danseurs étoiles : Siegfried et Odette. Un corps de ballet : les cygnes.

– Identifier au fur et à mesure les différents moments :

1. Les cygnes se posent sur le lac, Siegfried est subjugué et ne parvient pas à les tuer.
2. La princesse Odette les rejoint.
3. Siegfried rencontre Odette et tombe sous son charme immédiatement. Elle lui explique le sortilège dont elle est victime.

• Élargir. « Comment le chorégraphe et la danseuse étoile font-ils pour créer l'effet d'un cygne ? » Repasser un extrait si besoin pour identifier ce qui donne l'impression de légèreté, de douceur : le port de tête altier, les bras qui ondulent, les pieds qui glissent sur le sol, les pointes, le dos qui se courbe.

• Préciser que la danseuse qui interprète le rôle d'Odette interprète également celui d'Odile (voir la vidéo de 1:31:00 à 1:31:56). Ce double jeu en fait un rôle particulièrement intéressant et très difficile pour une danseuse : on doit pouvoir exprimer la douceur et la bonté du cygne blanc comme la dureté et l'orgueil du cygne noir.

• Distribuer la fiche histoire des arts. Après avoir lu le cartel de l'œuvre, les élèves colorient l'Époque contemporaine sur leur frise. Ils lisent ensuite le contexte de l'œuvre. Expliquer que le tableau illustrant cette fiche a été réalisé par le peintre français Edgar Degas en 1874. Il représente la répétition d'un ballet. Projeter cette photo pour que les élèves puissent l'observer. Un élève place la vignette de l'œuvre de Degas sur la frise chronologique de la classe, pour représenter l'œuvre musicale.

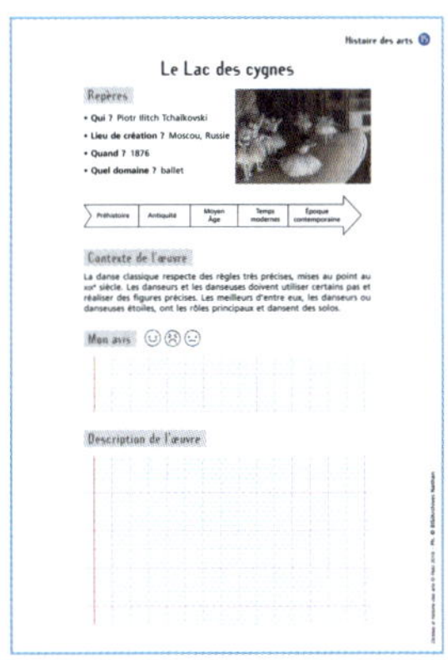
Histoire des arts

Le Lac des cygnes

Repères
• Qui ? Piotr Ilitch Tchaïkovski
• Lieu de création ? Moscou, Russie
• Quand ? 1876
• Quel domaine ? ballet

Préhistoire | Antiquité | Moyen Âge | Temps modernes | Époque contemporaine

Contexte de l'œuvre
La danse classique respecte des règles très précises, mises au point au XIXe siècle. Les danseurs et les danseuses doivent utiliser certains pas et réaliser des figures précises. Les meilleurs d'entre eux, les danseurs ou danseuses étoiles, ont les rôles principaux et dansent des solos.

Mon avis

Description de l'œuvre

Étape 4 : Expression personnelle (5 min)

• Sur la partie dédiée de la fiche, les élèves écrivent leur avis sur l'œuvre. Préciser que cet avis doit être justifié.

➤ Fiche de méthodologie n° 1

• Les élèves volontaires lisent leur production.

Prolongements possibles

• Découvrir un extrait du film *Black Swan* pour voir le travail des danseurs. Attention néanmoins à bien filtrer car de nombreuses scènes ne sont pas adaptées au jeune public.

• Écouter d'autres « Histoires en musique » racontée par Élodie Fondacci.

• En EPS, pratiquer la danse en s'inspirant d'autres animaux. On peut utiliser comme support *Le Carnaval des animaux* de Camille Saint-Saëns.

Séance 2 : Former le féminin des noms

Objectif :	Apprendre à former le féminin des noms.
Matériel :	– Fiche élève orthographe 15. – Exercices d'entrainement autonome 15. – Diaporama orthographe 15 à projeter.
Durée :	50 min.

Étape 1 : Introduction de la séance (5 min)

• Présenter l'objectif d'apprentissage de la séance à l'aide du diaporama et annoncer : « Aujourd'hui, nous allons apprendre à mettre les noms masculins au féminin. »

• Faire rappeler les connaissances antérieures en demandant :

« Que sont le féminin et le masculin ? » Un nom a un genre : il est masculin (on dit « un ») ou féminin (on dit « une »).

« Quelle marque du féminin connaissez-vous déjà ? » Les élèves citent la marque -e.

Étape 2 : Enseignement (15 min)

Observer

Projeter la page 2 du diaporama. Les élèves associent les groupes nominaux au masculin avec leur équivalent au féminin. Demander : « Quels changements peut-on observer entre le masculin et le féminin ? » Faire entourer les déterminants et les marques. Faire remarquer que, pour certains noms, il n'y a pas de modification.

Expliquer

« La plupart du temps, pour passer du masculin au féminin, on ajoute un -e, mais certains noms forment leur féminin différemment.

– Les noms masculins en -er deviennent des mots féminins en -ère.
Exemple : un boulanger/une boulangère.

– Les noms masculins en -eur deviennent des mots féminins en -euse.
Exemple : un danseur/une danseuse.

– Les noms masculins en -teur deviennent des mots féminins en -trice.
Exemple : un acteur/une actrice.

– Les noms masculins en -on et -en doublent leur n.
Exemples : un lion/une lionne ; un magicien/une magicienne.

– Certains noms sont totalement différents au masculin et au féminin.
Exemple : un frère/une sœur. »

Illustrer

Projeter la page 3 du diaporama (puis la page 4).

« Dans cette phrase, je veux écrire au féminin un nom, je cherche d'abord sa forme dans ma tête. Si je la trouve, je me rappelle la règle pour savoir comment l'écrire. Si je ne la connais pas, je la forme en utilisant la règle. Ici, je déduis que le féminin de "pompier" est "pompière", puisque s'applique la règle des noms en -er. »

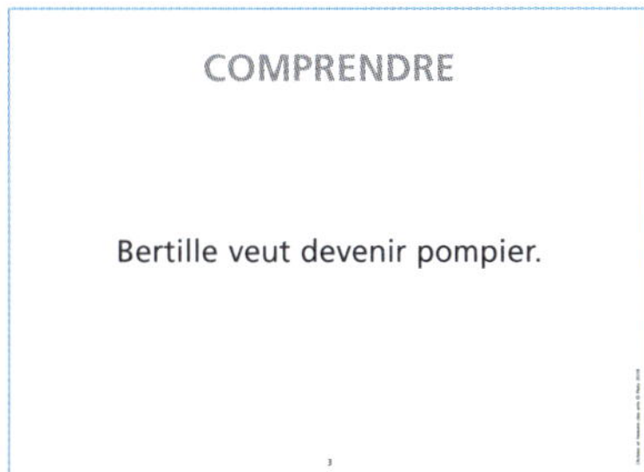

Vérifier la compréhension et synthétiser

Projeter la page 5 du diaporama.

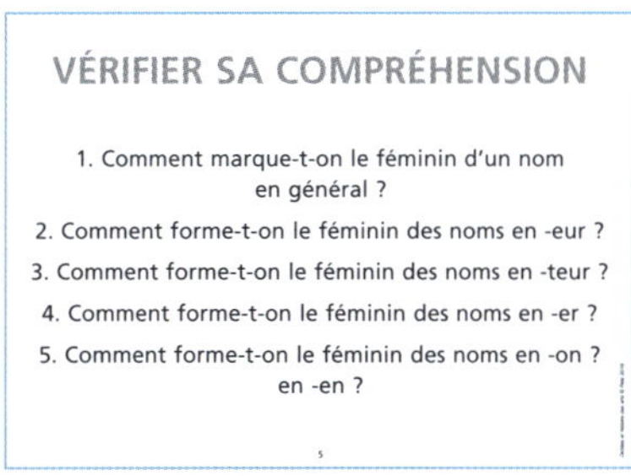

Les élèves sont invités à répondre aux questions.
Puis, diaporama caché, faire synthétiser la notion apprise par les élèves.
Pour conclure, distribuer la fiche orthographe 15 puis lire ensemble la leçon :

• Pour former le féminin des noms, en général, on ajoute un -e à la fin du mot : un ami → une amie.
• Certains noms ne changent pas au féminin.
Exemple : un photographe → une photographe.
• Les noms en -teur font leur féminin en -trice.
Exemple : un spectateur → une spectatrice.
• Les noms en -eur font leur féminin en -euse.
Exemple : un danseur → une danseuse.
• Les noms en -er font leur féminin en -ère.
Exemple : un caissier → une caissière.
• Certains noms doublent leur consonne finale.
Exemple : un musicien → une musicienne.
• Certains noms sont totalement différents.
Exemple : un homme → une femme.

Étape 3 : Entrainement (30 min)

Entrainement guidé

Projeter la page 6 du diaporama. Les élèves s'entrainent en écrivant sur l'ardoise le féminin des groupes nominaux proposés. Demander aux élèves de justifier leurs réponses.

S'ENTRAINER

Mets au féminin ces groupes nominaux.

1. un loup	2. un électricien	3. un facteur	4. le charcutier	5. l'enseignant
6. un vendeur	7. un employé	8. un moniteur	9. un gardien	10. le comédien
11. un ouvrier	12. un dentiste	13. des rois	14. l'instituteur	15. le voleur
16. un paysan	17. le président	18. un danseur	19. un patron	20. l'animateur
21. un berger	22. le coiffeur	23. un étudiant	24. des écoliers	25. le flutiste
26. des artistes	27. un directeur	28. un boucher	29. un Italien	30. un Espagnol

6

Entrainement autonome

Les élèves s'entrainent dans leur cahier avec un exercice écrit.

Niveau 1 (∗)

Écris les groupes nominaux suivants au féminin.

le roi – le voyageur – ce gardien – un joueur – le directeur – des ouvriers – un journaliste – le président – le marié – le premier

Niveau 2 (∗∗)

Récris les phrases en mettant les groupes nominaux soulignés au féminin.

<u>Le roi</u> a accueilli <u>le voyageur</u>.

<u>Ce gardien</u> de but n'est pas <u>un joueur</u> comme les autres.

<u>Le directeur</u> de l'usine a embauché <u>des ouvriers</u>.

<u>Un journaliste</u> interroge <u>le président</u> de la République.

<u>Le marié</u> arrive <u>le premier</u>.

Séance 3 : Première appropriation des mots

Objectif : Découvrir les mots à apprendre, mettre en lumière les difficultés.

Matériel :
– Fiche élève orthographe 15.
– Fiche de méthodologie n° 2.

Durée : 30 min.

Étape 1 : Observation des mots (15 min)

• Lecture collective des mots à apprendre sur la fiche orthographe. Le sens des mots est rappelé si nécessaire. Les élèves surlignent ce qui leur parait difficile.

Exemples de difficultés :

la reine, le fils, homme/femme, le cygne, magicienne, prisonnier/prisonnière, l'apparence, accepter, désespéré, terrible, accompagné, au-dessus, lors, quand.

• S'entrainer à changer le genre et le nombre des noms et des adjectifs.

• Conjuguer les verbes au présent.

Orthographe 15

Le féminin des noms

• Pour former le féminin des noms, en général, on ajoute un -e à la fin du mot : un ami → une amie.
• Certains noms ne changent pas au féminin.
Exemple : un photographe → une photographe.
• Les noms en -teur font leur féminin en -trice.
Exemple : un spectateur → une spectatrice.
• Les noms en -eur font leur féminin en -euse.
Exemple : un danseur → une danseuse.
• Les noms en -er font leur féminin en -ère.
Exemple : un caissier → une caissière.
• Certains noms doublent leur consonne finale.
Exemple : un musicien → une musicienne.
• Certains noms sont totalement différents.
Exemple : un homme → une femme.

Mots à apprendre pour la dictée
Le Lac des cygnes

noms	**le roi/la reine, le fils/la fille, un homme/une femme, le prince/la princesse, le lac, le cygne, le magicien/la magicienne,** le prisonnier/la prisonnière, le soleil, le bal, un sortilège, le sorcier/la sorcière, l'ensorceleur/l'ensorceleuse, l'apparence, *une victime, la colère, le séducteur/la séductrice, l'étranger/l'étrangère*
verbes	**demander, se promener,** se présenter, délivrer, accepter, comprendre, *épouser*
adjectifs et participes passés	**désespéré, jeune, terrible, transformé,** accompagné, victime
mots invariables	**au-dessus, en fait, lors, quand**

Étape 2 : Mémorisation des mots (15 min)

• Première mise en mémoire des mots. Les élèves commencent à apprendre leurs mots individuellement, puis en binôme. ➤ Fiche de méthodologie n° 2

• Les mots sont donnés à apprendre à la maison pour la semaine suivante. Les élèves du groupe jaune et ceux qui feront la dictée à trous n'ont que les mots en gras à apprendre.

Séance 4 : Dictée flash n° 1

Déroulement identique à la séance 4 de la dictée 1 « La tour Eiffel », p. 30.

Étape 1 : Dictée de groupes nominaux (5 min)

une **reine** désespérée – des **princesses** transformées – des ensorceleurs terribles – une jeune **magicienne** – un étranger accompagné

Séance 5 : Dictée flash n° 2

Déroulement identique à la séance 5 de la dictée 1 « La tour Eiffel », p. 30.

Étape 1 : Dictée de phrase (5 min)

Le prince accepte d'épouser la sorc**ière** Odile, fille du magicien, transformée en princ**esse**.

Étape 4 : Correction collective puis individuelle (10 min)

Exemples de questions pouvant éclairer la correction :
« Comment savoir que le mot "sorcière" s'écrit -ère ? »
« Comment savoir que le mot "magicien" se termine par un -n ? »
« Qui est transformé ? »
« Qui peut transformer cette phrase en changeant le genre de tous les noms ? »

Séance 6 : Dictée bilan

Objectif :	Écrire sous la dictée en tenant compte des règles apprises.
Matériel :	– Cahier de français, cahier du jour, cahier d'évaluation (selon l'organisation de la classe). – Diaporama histoire des arts 15. – Dictée à trous 15. – Pour l'enseignant : dictées flash et bilan 15. – Fiche de méthodologie n° 3.
Durée :	45 min.

Étape 1 : Lecture magistrale de la dictée (5 min)

- Écrire au tableau les mots « Odette », « Siegfried » et « Odile ».

Étape 2 : Dictée phrase par phrase du texte et différenciation (30 min)

Dictée bilan

La reine **demande** à son **fils** de choisir une femme. Le **prince**, **désespéré**, part **se promener**. **Au-dessus** d'un **lac** passe un vol de **cygnes**. Il s'agit **en fait** de **jeunes** filles **transformées** par un **terrible magicien**.	37 mots
La princesse *Odette* et ses amies redeviennent des **femmes** au coucher du **soleil**. *Siegfried* veut **délivrer** la prisonnière de ce **sortilège**. **Lors** d'un **bal**, le **sorcier se présente**, **accompagné** de l'ensorceleuse *Odile*, sa **fille**, qui a pris **l'apparence** d'*Odette*.	76 mots
Le **prince** est **victime** de la séductrice et accepte de **l'épouser**. **Quand** il **comprend** qu'il a épousé une étrangère, *Siegfried* est fou de **colère**.	100 mots

Les élèves en difficulté complètent la dictée à trous.

> Dictée 15
>
> **Le Lac des cygnes**
>
> La reine _____ à _____ fils de choisir une _____. Le _____, désespéré, part se promener. _____ d'un lac _____ un vol de cygnes. Il s'agit en fait de _____ _____ transformées par un _____ _____.

Étape 3 : Relecture de la dictée (10 min)

➤ Fiche de méthodologie n° 3

Aide pour la correction de la dictée par l'enseignant

On retire un point pour :
– les correspondances non respectées (dont s/ss, g/gu, g/ge, c/ç) ;
– les erreurs de ponctuation et de majuscule ;
– chaque mot en gras mal orthographié (mots à apprendre **et à accorder**) ;
– les mots écrits au tableau (en italique) mal copiés ;
– les règles d'écriture des nombres non respectées ;
– les erreurs d'homophones : a/à, est/et, sont/son, ont/on ;
– les accords non marqués (verbes, noms et adjectifs).

Séance 7 : Correction de la dictée

Déroulement identique à la séance 7 de la dictée 1 « La tour Eiffel », p. 32.

Le pluriel des adjectifs

Le château de Versailles

Connaissances pour l'enseignant

Architectes : Louis Le Vau, Jules Hardouin-Mansart, Robert de Cotte sous le règne de Louis XIV. Ange-Jacques Gabriel réalisera le Petit Trianon en 1762-1764.

Peintres : Charles Le Brun

Jardinier : André Le Nôtre

Commanditaire : le roi Louis XIV fait transformer le petit château construit par son père, Louis XIII, pour en faire sa résidence principale.

Domaine artistique : architecture

Courant artistique : classique

Date de construction : 1623-1710

Pourquoi étudier le château de Versailles ?

Pour son luxe exubérant

La somptuosité de la décoration (lustres, murs et plafonds presque intégralement peints, immenses fenêtres, miroirs), la préciosité des matériaux utilisés (or, stuc, marbre, cristal), l'immensité du château et du domaine qui l'entoure impressionnent durablement l'esprit du spectateur.

Pour comprendre comment Louis XIV installe l'absolutisme

Étudier Versailles permet de comprendre comment Louis XIV a porté à son sommet la monarchie absolue. Traumatisé enfant par l'épisode de la Fronde, Louis XIV refuse de vivre au Louvre et désire éloigner les nobles de Paris afin de les museler. Il s'installe à Versailles. Les puissants deviennent alors des courtisans sans aucun pouvoir, à qui le roi impose une vie d'oisiveté et d'obéissance à des règles précises.

Pour découvrir l'art des jardins « à la française »

Au XVIIe siècle nait l'art des jardins. Ils deviennent alors un lieu d'agrément et de démonstration. Comme un prolongement extérieur de l'architecture classique, ils visent à montrer la perfection de la créativité humaine.

Séance 1 : Découverte de l'œuvre

Objectif :	Découvrir une œuvre : le château de Versailles, et s'exprimer à son propos.
Matériel :	– Diaporama histoire de l'art 16 à projeter et la vignette de l'œuvre à placer sur la frise chronologique. – Carte murale de la France, frise chronologique. – Fiche élève histoire des arts 16. – Fiche de méthodologie n° 1.
Durée :	30 min.

Étape 1 : Introduction de la séance (5 min)

Présenter l'œuvre d'art

• Projeter ou afficher l'œuvre au tableau. « L'œuvre de la semaine est un monument, de quel domaine artistique est-il question ? »

Situer l'œuvre dans l'espace

• Un élève vient situer Versailles (Yvelines) sur la carte de France. On peut ensuite situer cette ville par rapport à la région où vivent les élèves.

Situer l'œuvre dans le temps

• Demander aux élèves de situer l'œuvre dans le temps. Ils peuvent estimer la période historique (les Temps modernes), éventuellement, être plus précis en proposant le siècle. Ensuite, préciser la date de création avec la page 2 du diaporama.

Étape 2 : Découverte de l'œuvre par les élèves (10 min)

• Encourager la parole descriptive des élèves : « Que voyez-vous ? »
Évoquer ensemble : la grande taille du bâtiment, les trois niveaux, les nombreuses fenêtres, le bassin.

• Encourager la parole élaborative des élèves. « Cela vous rappelle-t-il plutôt le château de Bonaguil (séquence 9) ou le château de Chambord (séquence 12) ? À quoi voit-on que ce château n'a pas de rôle défensif ? D'après vous, pourquoi a-t-il été construit ? Pourquoi est-il si vaste ? » Expliquer que le château de Versailles a été construit avant tout pour montrer la puissance royale, celle de Louis XIV, dit le Roi-Soleil. Il était assez vaste pour loger la famille royale et les nombreux courtisans (le château compte 2 300 pièces).

• Encourager la parole émotionnelle des élèves. « Quelle impression se dégage de ce bâtiment ? »

Le saviez-vous ?
Nicolas Fouquet invita le roi Louis XIV à une fête dans son somptueux château de Vaux-le-Vicomte, en 1661. Jaloux et vexé, Louis XIV renvoya son ministre et fit aménager un château de façon encore plus luxueuse : Versailles.

Étape 3 : Apports culturels supplémentaires (10 min)

• Projeter la page 3 pour découvrir la galerie des Glaces. Demander à nouveau : « Que voyez-vous ? » Évoquer ensemble : les lustres, les miroirs et les fenêtres. Préciser : « La galerie des Glaces est un chef-d'œuvre unique au monde. Elle était une salle de parade et de réception mesurant 73 mètres de long. Elle a été pensée pour que la lumière des bougies (sur les lustres) et celle entrant par les larges fenêtres se reflètent dans les 357 miroirs. Le plafond est entièrement recouvert de peintures représentant les évènements marquants du règne de Louis XIV. »

• Projeter la page 4 en montrant la photo de la chambre du roi. Expliquer que cette pièce dédiée au Soleil était entourée par des salons consacrés aux autres planètes : le salon de Vénus, de Mars, de Mercure… Comme pour évoquer les astres du système solaire gravitant autour du Soleil : le roi. Projeter la page 5 pour montrer le soleil, symbole du roi.

Le saviez-vous ?
Dans la chambre du roi se produisaient tous les matins et tous les soirs d'étranges rituels : étaient invités les courtisans les plus « méritants » afin d'assister aux cérémonies du lever et du coucher du roi.

• Projeter la page 6. Ajouter que les vastes jardins qui agrémentent le château sont à son image. Ils sont décorés de statues, de fontaines et de bassins. Les arbres et les buissons sont plantés puis sculptés. Les haies sont taillées et forment des figures géométriques. Les jardins à la française défient la nature en l'organisant, en la modelant selon le goût des hommes. On montre ainsi la puissance de l'humain sur la nature.

• Distribuer la fiche histoire des arts. Après avoir lu le cartel de l'œuvre, les élèves colorient les Temps modernes sur leur frise. Ils lisent ensuite le contexte de l'œuvre.

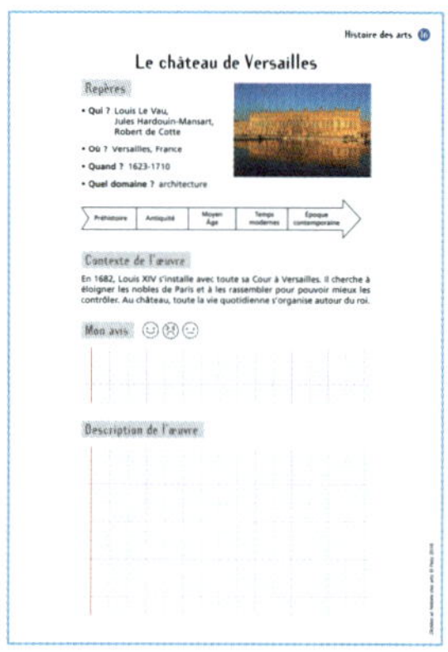
Histoire des arts 16

Le château de Versailles

Repères
• Qui ? Louis Le Vau, Jules Hardouin-Mansart, Robert de Cotte
• Où ? Versailles, France
• Quand ? 1623-1710
• Quel domaine ? architecture

Préhistoire | Antiquité | Moyen Âge | Temps modernes | Époque contemporaine

Contexte de l'œuvre
En 1682, Louis XIV s'installe avec toute sa Cour à Versailles. Il cherche à éloigner les nobles de Paris et à les rassembler pour pouvoir mieux les contrôler. Au château, toute la vie quotidienne s'organise autour du roi.

Mon avis

Description de l'œuvre

Étape 4 : Expression personnelle (5 min)

• Les élèves écrivent leur avis sur l'œuvre et justifient cet avis.

➤ Fiche de méthodologie n° 1

• Les élèves volontaires lisent leur production.

Prolongements possibles

• Voir une très belle vidéo retraçant l'histoire du château visible sur le site officiel du château : http://www.chateauversailles.fr/decouvrir

• Voir l'épisode de l'émission « C'est pas sorcier » *Sous le soleil de Versailles* ou le web-documentaire *Il était une fois Versailles*, visible à cette adresse : http://www.reseau-canope.fr/il-etait-trois-fois-versailles/#Bienvenue

• Suivre les huit étapes d'une journée type du roi Louis XIV grâce à l'animation proposée à cette adresse : animationjourneeduroi.ressources.chateauversailles.fr

Séance 2 : Le pluriel des adjectifs

Objectifs : – Marquer le pluriel des adjectifs.
– Marquer les accords dans le groupe nominal.

Matériel : – Fiche élève orthographe 16.
– Exercices d'entrainement autonome 16.
– Diaporama orthographe 16 à projeter.

Durée : 50 min.

Étape 1 : Introduction de la séance (5 min)

• Présenter l'objectif d'apprentissage de la séance à l'aide de la page 1 du diaporama et l'annoncer : « Aujourd'hui, nous allons apprendre à mettre les adjectifs au pluriel. »

• Faire rappeler les connaissances antérieures en demandant :

« Qu'est-ce qu'un adjectif ? » Un adjectif est un mot donnant des renseignements, des précisions sur un nom.

« Qu'appelle-t-on le pluriel ? » Le pluriel marque la présence de plusieurs éléments.

« Quand doit-on mettre un adjectif au pluriel ? » L'adjectif s'accorde avec le nom qu'il accompagne donc, si le nom est au pluriel, l'adjectif doit être aussi au pluriel.

Étape 2 : Enseignement (15 min)

Observer

Projeter la page 2 du diaporama contenant les groupes nominaux à observer. Demander aux élèves de repérer les adjectifs. Pour valider, passer à la page 3. Parmi les adjectifs soulignés, repérer ceux au pluriel. Demander : « Quelles peuvent être les marques du pluriel ? » Entourer ces marques.

Expliquer

« La plupart du temps, pour former le pluriel d'un adjectif, on ajoute un -s :
Exemple : un cartable lourd → des cartables lourds
– les adjectifs en -eau font leur pluriel en -x
Exemple : un nouveau cahier → des nouveaux cahiers
– les adjectifs en -al font leur pluriel en -aux
Exemple : un stylo spécial → des stylos spéciaux
– les adjectifs terminés par -s ou -x au singulier ne changent pas au pluriel.
Exemple : un crayon gris → des crayons gris.

Illustrer

Projeter la page 4 du diaporama (puis la page 5).

« Je veux écrire cette phrase au pluriel :
"Ces bijoux sont beau... et origin... ."
L'adjectif "beau" est terminé par -eau, j'ajoute un -x.
L'adjectif original est terminé par -al, il devient "originaux". »

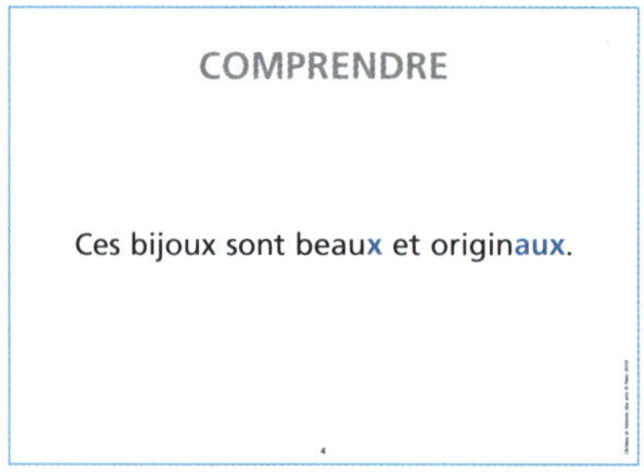

Vérifier la compréhension

Projeter la page 5 du diaporama.
Les élèves sont invités à répondre aux questions.
Puis, diaporama caché, faire synthétiser la notion apprise par les élèves.
Pour conclure, distribuer la fiche orthographe 16 puis lire ensemble la leçon :

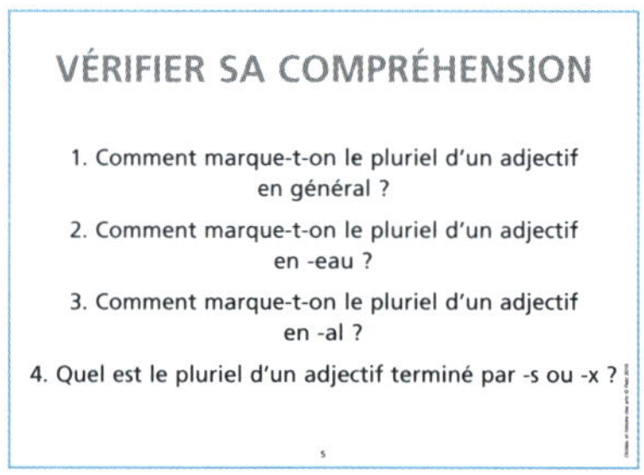

- Pour former le pluriel de la plupart des adjectifs, on ajoute un **-s**.
  Exemple : géométrique → géométriques.
- Les adjectifs en **-eau** prennent un **-x** au pluriel.
  Exemple : beau → beaux.
- Les adjectifs en **-s** ou **-x** ne changent pas au pluriel.
  Exemples : gris → gris ; précieux → précieux.
- Les adjectifs en **-al** font leur pluriel en **-aux** au masculin.
  Exemple : original → originaux.

Étape 3 : Entrainement (30 min)

Entrainement guidé

Les élèves s'entrainent en formant des groupes nominaux au pluriel, sur leur ardoise. À chaque fois, les élèves doivent justifier leur réponse.

S'ENTRAINER

Forme des groupes nominaux au pluriel.

1. des fruits	mûr	abimé	délicieux	sucré	régional
2. des personnages	intéressant	mystérieux	spécial	perdu	minuscule
3. des engins	nouveau	rapide	puissant	spatial	inconnu
4. des animaux	sauvage	féroce	beau	roux	silencieux
5. des amis	fidèle	amusant	joyeux	brutal	charmant
6. des objets	précieux	original	énorme	usé	neuf

Entrainement autonome

Les élèves s'entrainent dans leur cahier avec un exercice écrit de niveau 1 (★) ou 2 (★★).

Niveau 1 (✶)

Mets les groupes nominaux suivants au pluriel.

un souvenir familial – mon ami préféré – un métal précieux – ce nouveau bâtiment – le jeune chiot

Niveau 2 (✶✶)

Récris les phrases en mettant les groupes nominaux entre parenthèses au pluriel.

Cela deviendra un de mes (meilleur souvenir familial).

J'inviterai mes (ami préféré).

L'or et l'argent sont des (métal précieux).

(Ce nouveau bâtiment) nous gâchent la vue.

Nous avons adopté deux (jeune chiot).

Séance 3 : Première appropriation des mots

Objectif : Découvrir les mots à apprendre, mettre en lumière les difficultés.

Matériel :
– Fiche élève orthographe 16.
– Fiche de méthodologie n° 2.

Durée : 30 min.

Étape 1 : Observation des mots (15 min)

• Lecture collective des mots à apprendre sur la fiche orthographe. On évoque l'orthographe de chaque mot et éventuellement le sens de certains. Les élèves surlignent ce qui leur parait difficile.

<u>Exemples de difficultés</u> :
le château, le palais, la puissance, le soleil, l'ensemble, un appartement, la fête, une allée, se composer, magnifique, royal, flamboyant, nombreux, somptueux, près de.

- S'entrainer à changer le genre et le nombre des noms et des adjectifs.
- Conjuguer les verbes au présent et à l'imparfait.

Orthographe 16

Le pluriel des adjectifs

- Pour former le pluriel de la plupart des adjectifs, on ajoute un -s.
<u>Exemple</u> : géométrique → géométriques.
- Les adjectifs en -eau prennent un -x au pluriel.
<u>Exemple</u> : beau → beaux.
- Les adjectifs en -s ou -x ne changent pas au pluriel.
<u>Exemples</u> : gris → gris ; précieux → précieux.
- Les adjectifs en -al font leur pluriel en -aux au masculin.
<u>Exemple</u> : original → originaux.

Mots à apprendre pour la dictée
Le château de Versailles

noms	**le château, le trésor, le palais, la puissance, le soleil,** l'ensemble, le parc, le domaine, un appartement, la glace, la galerie, le miroir, *le jardin, un arbuste, la fontaine, une allée, la pelouse, la fête*
verbes	**devenir, montrer,** se composer, admirer, *organiser*
adjectifs et participes passés	**principal, national, transformé, beau,** royal, magnifique, flamboyant, nombreux, *original, géométrique, somptueux, taillé, français*
mots invariables	**pour, plus, près de, avec, parmi, y**

Étape 2 : Mémorisation des mots (15 min)

- Première mise en mémoire des mots. Les élèves commencent à apprendre leurs mots individuellement, puis en binôme. ➤ Fiche de méthodologie n° 2
- Les mots sont donnés à apprendre à la maison pour la semaine suivante. Les élèves du groupe jaune et ceux qui feront la dictée à trous n'ont que les mots en gras à apprendre.

Séance 4 : Dictée flash n° 1

Déroulement identique à la séance 4 de la dictée 1 « La tour Eiffel », p. 30.

Étape 1 : Dictée de groupes nominaux (5 min)

une fontaine magnifique – des jardins roy**aux** – de beau**x** trésors –
des appartements origin**aux** – un soleil flamboyant

Séance 5 : Dictée flash n° 2

Déroulement identique à la séance 5 de la dictée 1 « La tour Eiffel », p. 30.

Étape 1 : Dictée de phrase (5 min)

Le château de Versailles est transformé par Louis XIV pour devenir un des plus beau**x** châteaux nation**aux**.

Étape 4 : Correction collective puis individuelle (10 min)

Exemples de questions pouvant éclairer la correction :
« Comment savoir comment s'écrit le mot "est" ? »
« Pourquoi est-ce qu'il y a un -x à la fin de "beaux" ? »
« Pourquoi la première fois le mot "château" s'écrit-il "château" et la seconde fois "châteaux" ? »
« Pourquoi le mot "nationaux" s'écrit-il -aux et pas -eaux ? »

Séance 6 : Dictée bilan

Objectif :	Écrire sous la dictée en tenant compte des règles apprises.
Matériel :	– Cahier de français, cahier du jour, cahier d'évaluation (selon l'organisation de la classe). – Diaporama histoire des arts 16. – Dictée à trous 16. – Pour l'enseignant : dictées flash et bilan 16. – Fiche de méthodologie n° 3.
Durée :	45 min.

Étape 1 : Projection de l'œuvre et lecture magistrale de la dictée (5 min)

- Écrire les mots « Versailles », « Louis XIV » et « Trianon ».

Étape 2 : Dictée phrase par phrase du texte et différenciation (30 min)

Dictée bilan

Le **château** de *Versailles* est un des **principaux** **trésors** **nationaux**. Il est **transformé** par *Louis XIV*, **pour devenir** un des **plus** **beaux** **châteaux** du monde. Le **palais** du Roi-**Soleil** devait **montrer** sa **puissance**.	34 mots
L'**ensemble se compose** du **château**, des **jardins**, du **parc** et du **domaine** du *Trianon*. **Près** des **appartements** **royaux**, on peut **admirer** la **magnifique** **galerie** des **glaces avec** ses lustres **flamboyants** et ses **nombreux** **miroirs**.	68 mots
Le **château** est entouré de **jardins** **originaux** « à la **française** » : des **arbustes** **taillés** et de **grandes** **fontaines parmi** des **allées** et des **pelouses** aux formes **géométriques**. On **y organisait** des **fêtes** **somptueuses**.	100 mots

Les élèves en difficulté complètent la dictée à trous.

Dictée 16

Le château de Versailles

Le ____ de Versailles ____ un des ____ ____ nationaux. Il est ____ par Louis XIV, pour ____ un des plus ____ châteaux du monde. Le ____ du Roi-____ devait montrer sa ____.

Étape 3 : Relecture de la dictée (10 min)

Fiche de méthodologie n° 3

Aide pour la correction de la dictée par l'enseignant

On retire un point pour :
- les correspondances non respectées (dont s/ss, g/gu, g/ge, c/ç) ;
- les erreurs de ponctuation et de majuscule ;
- chaque mot en gras mal orthographié (mots à apprendre et à **accorder**) ;
- les mots écrits au tableau (en italique) mal copiés ;
- les règles d'écriture des nombres non respectées ;
- les erreurs d'homophones : a/à, est/et, sont/son, ont/on ;
- les accords non marqués (verbes, noms et **adjectifs**).

Séance 7 : Correction de la dictée

Déroulement identique à la séance 7 de la dictée 1 « La tour Eiffel », p. 32.

Le féminin des adjectifs

La Dame à la licorne

Connaissances pour l'enseignant

Œuvre : Cette tapisserie est l'une des six composant l'ensemble de *La Dame à la licorne*. Elle est appelée « À mon seul désir », en référence à l'inscription sur le chapiteau.

Artistes : Le maitre des *Très Petites Heures* d'Anne de Bretagne aurait produit les dessins préparatoires.

Commanditaire : Jean IV ou Antoine II Le Viste selon les auteurs

Domaine artistique et style : tapisserie de type mille fleurs

Dimensions : environ 3 mètres sur 4 mètres

Date de fabrication : vers 1500

Lieu de fabrication : les cartons sont élaborés à Paris, le tissage est réalisé aux Pays-Bas

Pourquoi étudier *La Dame à la licorne* ?

Pour sa féérie

Le décor tout d'abord, constitué d'une sorte d'ilot bleu sur un fond rouge, ne ressemble à rien de connu. La prolifération de fleurs et de petits animaux produit pour les yeux un spectacle défiant la logique et les règles de la perspective. La délicatesse du dessin tout autant que le sujet crée chez le spectateur la sensation d'assister à une scène féérique, tout juste sortie d'un conte.

Pour la lecture symbolique qu'elle suggère

La Dame à la licorne, comme souvent l'art médiéval, cherche moins à représenter une réalité de façon fidèle qu'à proposer des éléments symboliques à déchiffrer. Ainsi, les personnages ne sont pas représentés tels qu'ils sont : leur taille correspond à leur rang social ou spirituel.

Séance 1 : Découverte de l'œuvre

Objectif : Découvrir une œuvre : *La Dame à la licorne*, et s'exprimer à son propos.

Matériel :
- Diaporama histoire des arts 17 à projeter et vignette de l'œuvre à placer sur la frise chronologique.
- Carte murale de la France, frise chronologique.
- Fiche élève histoire des arts 17.
- Fiche de méthodologie n° 1.

Durée : 30 min.

Étape 1 : Introduction de la séance (5 min)

Présenter l'œuvre d'art

• Projeter l'œuvre au tableau. « L'œuvre de la semaine fait partie d'une série de six pièces appelée *La Dame à la licorne*. Celle que nous étudions aujourd'hui est nommée "À mon seul désir". Ce n'est pas une peinture, mais une tapisserie. »

Situer l'œuvre dans l'espace

• Un élève situe Paris sur la carte de France. On peut ensuite situer la ville par rapport à la région où vivent les élèves.

Situer l'œuvre dans le temps

• Demander aux élèves de situer l'œuvre dans le temps. Ils peuvent estimer la période historique (le Moyen Âge), éventuellement, être plus précis en proposant le siècle. Ensuite, préciser la date de création avec la page 2.

Étape 2 : Découverte de l'œuvre par les élèves (10 min)

• Encourager la parole descriptive des élèves : « Que voyez-vous ? »
Évoquer ensemble : les deux femmes, la licorne, le lion, le chien, le singe, les autres petits animaux, les arbres, les fleurs, le coffre, la tente, les étendards... Les armoiries présentes sur les étendards sont celles de la famille Le Viste. Ce sont elles qui ont permis d'imaginer que c'est cette famille qui a commandé l'œuvre.

Le saviez-vous ?
La licorne, créature fabuleuse, trouverait son origine dans des descriptions, rapportées par des voyageurs, d'animaux exotiques (rhinocéros, antilopes...). Au Moyen Âge, on prêtait à sa corne des vertus médicinales donnant lieu à un commerce. En réalité, il s'agissait de cornes de narval, un cétacé.

• Encourager la parole élaborative des élèves. « D'après vous, des deux personnages féminins, qui est la dame ? Pourquoi ? » La servante étant d'un rang social inférieur, elle est représentée plus petite, sa taille est symbolique. « D'après vous, quelle histoire nous raconte-t-on ici ? Que peut signifier le titre de l'œuvre inscrit sur la tente ? » Ce titre signifierait « ma seule volonté ». Les élèves s'interrogeront sans doute sur le contenu du coffret tenu par la servante, sur le geste de la dame vers ce coffret. Ils croiront peut-être que la dame se saisit de quelque chose.

Étape 3 : Apports culturels supplémentaires (10 min)

• S'intéresser plus en détail au geste de la dame. On a longtemps cru que la dame se saisissait de bijoux dans le coffret, pour s'en parer. Il semble qu'au contraire, elle soit en train de les ôter. La dame se déleste de ses bijoux car son seul désir est d'accéder à une vie spirituelle plus riche, et, pour cela, il lui faut renoncer aux plaisirs matériels.
• Encourager la parole émotionnelle des élèves. « D'après vous, que ressent la dame en se séparant de ses bijoux ? » Les larmes représentées sur la toile de tente nous indiquent que ce renoncement est douloureux.
• Expliquer que la réalisation de telles tapisseries nécessitait plusieurs étapes. Dans un premier temps, un peintre concevait l'œuvre avec un dessin de petite taille. Ensuite, un deuxième dessin, agrandi aux dimensions de la tapisserie, était réalisé sur ce que l'on appelait un carton. Enfin, les liciers réalisaient les tapisseries à partir du modèle. Comme pour *La Dame à la licorne*, ces étapes peuvent être réalisées dans des pays différents.
• Élargir en précisant que les tapisseries, au Moyen Âge, étaient étendues sur les murs des demeures des seigneurs. Elles servaient à les décorer, mais aussi à isoler les pièces du froid. Très couteuses, les tapisseries étaient surtout une manifestation de la richesse de leur propriétaire.

Le saviez-vous ?
On peut voir cette tapisserie dans la saga *Harry Potter* ! Elle est accrochée sur les murs du salon de la maison Gryffondor.

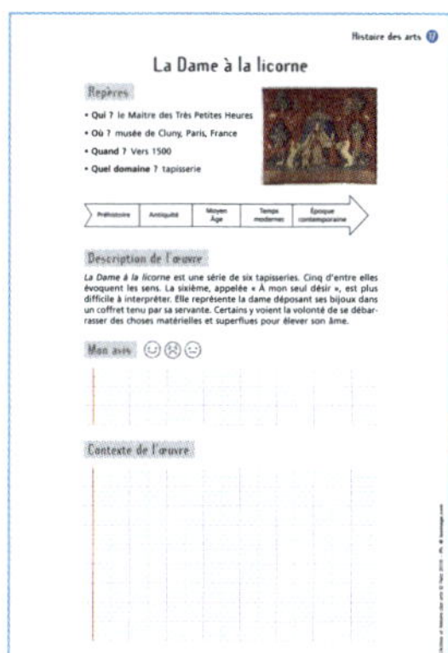

• Distribuer la fiche histoire des arts. Après avoir lu le cartel de l'œuvre, les élèves colorient le Moyen Âge sur leur frise. Ils lisent ensuite la description de l'œuvre.

Étape 4 : Expression personnelle (5 min)

• Les élèves écrivent leur avis sur l'œuvre et tâchent de justifier cet avis.
➤ Fiche de méthodologie n° 1
• Les élèves volontaires lisent leur production.

Prolongements possibles

• Découvrir les cinq autres tapisseries composant l'ensemble de *La Dame à la licorne*. Selon l'interprétation la plus répandue, chacune représente l'un des cinq sens.
• Réaliser un bestiaire médiéval et travailler sur le portrait en production d'écrits.
• Travailler sur l'héraldique et faire créer aux élèves leurs blasons ou armoiries. On peut utiliser comme support cette page de la web-encyclopédie pour enfants : https://fr.vikidia.org/wiki/Héraldique

Séance 2 : Le féminin des adjectifs

Objectifs : – Marquer le féminin des adjectifs.
– Marquer les accords dans le groupe nominal.

Matériel : – Fiche élève orthographe 17.
– Exercices d'entrainement autonome 17.
– Diaporama orthographe 17 à projeter.

Durée : 50 min.

Étape 1 : Introduction de la séance (5 min)

• Présenter l'objectif d'apprentissage de la séance à l'aide de la page 1 du diaporama et l'annoncer : « Aujourd'hui, nous allons apprendre à mettre les adjectifs au féminin. »
• Rappeler les connaissances antérieures en demandant :
« Qu'est-ce qu'un adjectif ? » Un adjectif est un mot donnant des renseignements, des précisions sur un nom.
« Quand doit-on mettre un adjectif au féminin ? » L'adjectif s'accorde avec le nom qu'il accompagne, donc si le nom est féminin, l'adjectif doit l'être aussi.

Étape 2 : Enseignement (15 min)

Observer

Projeter la page 2 du diaporama. Demander aux élèves d'associer les groupes nominaux par couple. Valider avec la page 3. Puis repérer les adjectifs. Valider avec la page 4. Comparer les adjectifs soulignés et repérer les modifications. Demander : « Quelles peuvent être les marques du féminin ? » Entourer ces marques.

OBSERVER

un pantalon déchiré
un parfum naturel
un garçon habile
une bonne tarte
un collier précieux
une robe déchirée
une odeur naturelle
un bonnet violet
une journée entière
une bague précieuse
un jour entier
un bon gâteau
une écharpe violette
une fille habile

Expliquer

« La plupart du temps, pour mettre un adjectif au féminin, on ajoute un -e.

Exemple : un pantalon déchiré → une robe déchirée.

– Les adjectifs en -et, -el, -on doublent leur consonne au pluriel.

Exemples : un bon gâteau → un bonne tarte ; un parfum naturel → une odeur naturelle ; un bonnet violet → une écharpe violette.

– Les adjectifs en -er font leur féminin en -ère.

Exemple : un jour entier → une journée entière.

– Les adjectifs en -eux font leur féminin en -euse.

Exemple : un collier précieux → une bague précieuse.

– Les adjectifs terminés par un -e ne changent pas au féminin.

Exemple : un garçon habile → une fille habile.

Illustrer

Projeter la page 6 du diaporama (puis la page 7).

« Je veux écrire au féminin les adjectifs de la phrase :

"Cette étoffe (italien) est (précieux)."

L'adjectif "italien" est terminé par -en, je double le -n et j'ajoute un -e.

L'adjectif "précieux", terminé par -eux, devient "précieuse" ».

COMPRENDRE

Ce tissu italien est très précieux.

Cette étoffe .... est très ....

Vérifier la compréhension

Projeter la page 5 du diaporama.

Les élèves sont invités à répondre aux questions.

Puis, diaporama caché, faire synthétiser la notion apprise par les élèves.

Pour conclure, distribuer la fiche orthographe 17 puis lire ensemble la leçon :

VÉRIFIER SA COMPRÉHENSION

1. Avec quelle lettre marque-t-on le féminin la plupart du temps ?
2. Comment marque-t-on le féminin des adjectifs en -er ?
3. Comment marque-t-on le féminin des adjectifs en -et ?
4. Comment marque-t-on le féminin des adjectifs en -el ?
5. Comment marque-t-on le féminin des adjectifs en -on ?
6. Comment marque-t-on le féminin des adjectifs en -eux ?
7. Comment marque-t-on le féminin des adjectifs en -e ?

- Pour former le féminin d'un adjectif, la plupart du temps, il faut ajouter un -e : puissant → puissant**e**.
- Certains adjectifs sont les mêmes au féminin.

Exemple : fantastique → fantastique.

- Certains adjectifs sont totalement différents.

Exemple : beau → belle.

- Les adjectifs en -eux font leur féminin en -euse.

Exemple : amoureux → amoureu**se**.

- Certains adjectifs doublent leur consonne finale.

Exemple : coquet → coque**tte**.

Étape 3 : Entrainement (30 min)

Entrainement guidé

Projeter les pages 8 à 33 du diaporama orthographe. Les élèves s'entrainent en accordant les adjectifs avec les noms, sur leur ardoise. À chaque fois, les élèves doivent justifier leur réponse.

une tempête violent**e**	une bête sauvage	une patte cass**ée**
une jupe bleu**e**	une spécialité breton**ne**	une amie loyal**e**
la derni**ère** séance	une pluie lég**ère**	une visite mensuel**le**
une chute mortel**le**	une élève sérieu**se**	
une clé spécial**e**	une habitude fâcheu**se**	

Entrainement autonome

Les élèves s'entrainent dans leur cahier avec un exercice écrit de niveau 1 (★) ou 2 (★★).

Niveau 1 (∗)

Accorde les adjectifs au féminin.

l'école (maternel)
une (beau) histoire
sa (dernier) invention
cette machine (infernal)
une (merveilleux) maison
une cour (ensoleillé)

Niveau 2 (∗∗)

Récris les phrases en accordant les adjectifs au féminin.

À l'école (maternel), nous avons écouté de (beau) histoires.
Sa (dernier) invention est cette machine (infernal).
Cette (merveilleux) maison possède une cour (ensoleillé).
Cette (joyeux) (petit) fille est très (mignon).

Séance 3 : Première appropriation des mots

Objectif : Découvrir les mots à apprendre, mettre en lumière les difficultés.
Matériel :
– Fiche élève orthographe 17.
– Fiche de méthodologie n° 2.
Durée : 30 min.

Étape 1 : Observation des mots (15 min)

Orthographe 17

Le féminin des adjectifs

• Pour former le féminin d'un adjectif, la plupart du temps, il faut ajouter un -e : puissant → puissante.
• Certains adjectifs sont les mêmes au féminin.
Exemple : fantastique → fantastique.
• Certains adjectifs sont totalement différents.
Exemple : beau → belle.
• Les adjectifs en -eux font leur féminin en -euse.
Exemple : amoureux → amoureuse.
• Certains adjectifs doublent leur consonne finale.
Exemple : coquet → coquette.

Mots à apprendre pour la dictée
La Dame à la licorne

noms	**le siècle, la tapisserie, la demeure, le mur, le froid, une série, la dame, la licorne, un panneau**, le fond, la scène, un animal, la créature, la servante, une ile, *un film, un roman, un élève, la salle*
verbes	**accrocher, protéger, comporter**, représenter, *décorer*
adjectifs et participes passés	**précieux, décoratif, médiéval, grand**, central, fleuri, autre, rouge, bleu, printanier, fabuleux, accompagné, gracieux, *fameux, ancien*
mots invariables	**vers, aussi, devant, derrière, parfois, encore, aujourd'hui, ainsi**

• Lecture collective des mots à apprendre sur la fiche orthographe. On évoque l'orthographe de chaque mot, les élèves surlignent ce qui leur parait difficile.

Exemples de difficultés :

la tapisserie, le froid, une série, un panneau, le fond, la scène, accrocher, comporter, précieux, accompagné, ancien, gracieux, derrière, devant, ainsi, décoratif, décorative.

• S'entrainer à changer le genre et le nombre des noms et des adjectifs.

• Conjuguer les verbes au présent et à l'imparfait.

Étape 2 : Mémorisation des mots (15 min)

• Première mise en mémoire des mots. Les élèves commencent à apprendre leurs mots individuellement, puis en binôme. ➤ Fiche de méthodologie n° 2

• Les mots sont donnés à apprendre à la maison pour la semaine suivante. Les élèves du groupe jaune et ceux qui feront la dictée à trous n'ont que les mots en gras à apprendre.

Séance 4 : Dictée flash n° 1

Déroulement identique à la séance 4 de la dictée 1 « La tour Eiffel », p. 30.

Étape 1 : Dictée de groupes nominaux (5 min)

une ancien**ne** servante – des tapisseries printani**ères** – une ile bleu**e** – des animaux décoratifs – une salle central**e**

Séance 5 : Dictée flash n° 2

Déroulement identique à la séance 5 de la dictée 1 « La tour Eiffel », p. 30.

Étape 1 : Dictée de phrase (5 min)

Les six tapisseries médiéval**es** représentent une dame gracieu**se** entourée de créatures fabuleu**ses**.

Étape 4 : Correction collective, puis individuelle (10 min)

Exemples de questions pouvant éclairer la correction :
« Pourquoi y a-t-il un -s à "tapisseries" ? "médiévales" ? "créatures" ? "fabuleuses" ? »
« À quel nom se rapporte l'adjectif "médiévales" ? "gracieuse" ? "fabuleuses" ? « Qui est "entourée" ? »

Séance 6 : Dictée bilan

Objectif :	Écrire sous la dictée en tenant compte des règles apprises.
Matériel :	– Cahier de français, cahier du jour, cahier d'évaluation (selon l'organisation de la classe). – Diaporama histoire des arts 17. – Dictée à trous 17. – Pour l'enseignant : dictées flash et bilan 17. – Fiche de méthodologie n° 3.
Durée :	45 min.

Étape 1 : Projection de l'œuvre et lecture magistrale de la dictée (5 min)

• Écrire au tableau « XIIIe », « Harry Potter » et « Gryffondor ».

Étape 2 : Dictée phrase par phrase du texte et différenciation (30 min)

Dictée bilan

Vers le *XIIIe* **siècle**, on **accroche** de **précieuses** **tapisseries** aux **murs** des **demeures** **médiévales**. Elles étaient **décoratives** et servaient **aussi** à **protéger** du **froid**. La **série** La **Dame** à la **licorne** **comporte** six **grands** **panneaux**.	35 mots
Chaque **tapisserie** **représente** une **ile** **bleue**, **fleurie** et **printanière** **devant**, qui contraste sur un **fond** **rouge**, **derrière**. La **scène** centrale montre une **dame** **gracieuse** entourée d'**animaux** et **d'autres** **créatures** **fabuleuses**. Elle est **parfois** **accompagnée** de sa **servante**.	72 mots
Ces **anciennes** **tapisseries** sont encore **fameuses** **aujourd'hui**. **Ainsi**, dans les **films** adaptés des **romans** *Harry Potter*, elles **décorent** les **murs** de la **salle** commune des **élèves** de *Gryffondor*.	100 mots

Les élèves en difficulté complètent la dictée à trous.

Dictée 17

La Dame à la licorne

____ le XIIIe siècle, ____ accroche de précieuses ____ aux ____ des ____ médiévales. Elles étaient ____ ____ servaient ____ à protéger du ____. La série *La Dame à la licorne* ____ six grands panneaux.

Étape 3 : Relecture de la dictée (10 min)

> Fiche de méthodologie n° 3

Aide pour la correction de la dictée par l'enseignant

On retire un point pour :
– les correspondances non respectées (dont s/ss, g/gu, g/ge, c/ç) ;
– les erreurs de ponctuation et de majuscule ;
– chaque mot en gras mal orthographié (mots à apprendre **et à savoir accorder**) ;
– les mots écrits au tableau (en italique) mal copiés ;
– les règles d'écriture des nombres non respectées ;
– les erreurs d'homophones : a/à, est/et, sont/son, ont/on ;
– les accords non marqués (verbes, noms et **adjectifs**).

Séance 7 : Correction de la dictée

Déroulement identique à la séance 7 de la dictée 1 « La tour Eiffel », p. 32.

18

Les lettres finales muettes

La Liberté guidant le peuple

Connaissances pour l'enseignant

Artiste : Eugène Delacroix
Domaine artistique : peinture
Technique : huile sur toile
Courant artistique : romantisme
Dimensions : 260 x 325 cm
Date de création : 1830
Lieu de création : Paris
Lieu d'exposition : musée du Louvre, Paris

Pourquoi étudier *La Liberté guidant le peuple* ?

Pour les liens que l'on peut faire avec l'enseignement moral et civique

Découvrir ce tableau peut être l'occasion d'introduire une séquence en EMC sur les symboles de la République. En effet, Marianne, ainsi coiffée de son bonnet phrygien, est représentée sur les timbres-poste français, les pièces de monnaie, on peut voir son buste dans les mairies, etc.

Pour s'initier à la notion de composition

Ce tableau se prête tout particulièrement à une analyse de la composition. D'un premier abord, le désordre parait général, les personnages remplissent la toile et semblent même, parfois, en déborder. Mais en aidant un peu les élèves avec un schéma, ceux-ci s'apercevront rapidement du travail de composition rigoureux effectué par le peintre.

Pour créer des images mentales

Même si cette œuvre ne représente pas la Révolution française de 1789 mais les Trois Glorieuses de juillet 1830, elle permet aux élèves de se représenter les combats menés par le peuple français pour conquérir sa liberté. Le tableau de Delacroix donne certes une image très romantique des événements, pour autant il n'en cache pas la réelle violence.

Séance 1 : Découverte de l'œuvre

Objectif : Découvrir une œuvre : *La Liberté guidant le peuple,* et s'exprimer à son propos.

Matériel :
- Diaporama histoire des arts 18 à projeter et la vignette de l'œuvre à placer sur le frise chronologique.
- Carte murale de France, frise chronologique.
- Fiche élève histoire des arts 18.
- Fiche de méthodologie n° 1.

Durée : 30 min.

Étape 1 : Introduction de la séance (5 min)

Présenter l'œuvre d'art

• Projeter ou afficher l'œuvre au tableau. « Quel est le titre de cette œuvre ? De quel domaine artistique relève-t-elle ? »

Situer l'œuvre dans l'espace

• Un élève vient situer Paris sur la carte de France. On peut ensuite situer Paris par rapport à la commune des élèves.

Situer l'œuvre dans le temps

• Demander aux élèves d'estimer la date de création de l'œuvre. Ils peuvent tout d'abord évoquer l'Époque contemporaine, puis le XIXe siècle. Projeter la page 2 pour faire lire la date de création et situer l'œuvre sur la frise chronologique de la classe.

Étape 2 : Découverte de l'œuvre par les élèves (10 min)

• Encourager la parole descriptive des élèves : « Que voyez-vous ? »
Évoquer ensemble : en position centrale, une femme coiffée d'un bonnet phrygien et armée d'un fusil à baïonnette. Elle est entourée par des hommes qui marchent dans la même direction qu'elle. Au premier plan, on peut voir des blessés et des morts, à même le sol. Au dernier plan, on aperçoit le ciel enfumé et des bâtiments parisiens (notamment Notre-Dame de Paris).

Le saviez-vous ?
Le tableau a beaucoup choqué les spectateurs de l'époque. On lui a reproché d'être trop réaliste et trop violent.

• Encourager la parole élaborative des élèves. « D'après vous, que signifie le titre de cette œuvre ? Peut-on voir la liberté guider le peuple sur le tableau ? » Faire comprendre aux élèves la notion d'allégorie : la femme au centre de l'œuvre symbolise la liberté des Français.

« Où est le peuple sur l'image ? Que font les individus marchant ici ? Pourquoi d'après vous Delacroix a-t-il choisi de ne pas représenter le camp adverse ? » Cette toile (dont le titre original est *Barricade*) représente la révolution des Trois Glorieuses en juillet 1830. Au cours de cet évènement, le peuple se rebelle contre le roi Charles X et le force à abandonner le trône. Delacroix a choisi de ne représenter que les révolutionnaires. C'est une façon de nous mettre (les spectateurs) au cœur de l'action et de nous associer à ce combat.

Le saviez-vous ?
Malgré les apparences, Delacroix est un conservateur, il ne soutient pas la cause des révolutionnaires.

• Encourager la parole émotionnelle des élèves. « Essayez de vous imaginer sur place. Qu'entendez-vous ? Que sentez-vous ? Quels sentiments ou émotions ressentez-vous ? »

Étape 3 : Apports culturels supplémentaires (10 min)

• Projeter la troisième page. Mettre en évidence, malgré le désordre apparent, la composition triangulaire du tableau. À la base de ce triangle, les morts, sacrifiés pour la liberté, au centre, les différents acteurs de cette Révolution et, dominant la scène, tout en haut, la liberté et le drapeau français.

• Expliquer que tous les personnages présents symbolisent une partie de la société.

– L'homme au béret à gauche représente les ouvriers.
– L'homme au chapeau haut de forme représente les bourgeois.
– L'homme à la blouse bleue et à la ceinture rouge représente les paysans.
– L'homme au chapeau bicorne, au fond, représente les étudiants.
– Le jeune garçon armé de pistolets et coiffé d'un large béret de velours noir représente les plus démunis.

Le peuple au grand complet se rebelle contre le roi.

Le saviez-vous ?
Le jeune garçon armé et coiffé d'un chapeau, un « gamin de Paris », inspirera Victor Hugo pour créer le personnage de Gavroche dans son roman *Les Misérables*.

• Ajouter que certains pensent que Delacroix s'est représenté lui-même dans le personnage du bourgeois…

• Distribuer la fiche histoire des arts. Après avoir lu le cartel de l'œuvre, les élèves colorient l'Époque contemporaine sur leur frise. Ils lisent ensuite le contexte de l'œuvre.

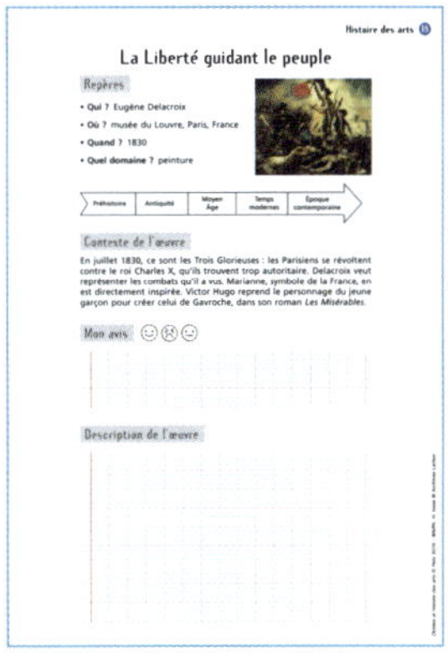

Histoire des arts 18

La Liberté guidant le peuple

Repères

• Qui ? Eugène Delacroix
• Où ? musée du Louvre, Paris, France
• Quand ? 1830
• Quel domaine ? peinture

Préhistoire | Antiquité | Moyen Âge | Temps modernes | Époque contemporaine

Contexte de l'œuvre

En juillet 1830, ce sont les Trois Glorieuses : les Parisiens se révoltent contre le roi Charles X, qu'ils trouvent trop autoritaire. Delacroix veut représenter les combats qu'il a vus. Marianne, symbole de la France, en est directement inspirée. Victor Hugo reprend le personnage du jeune garçon pour créer celui de Gavroche, dans son roman *Les Misérables*.

Mon avis

Description de l'œuvre

Étape 4 : Expression personnelle (5 min)

• Les élèves écrivent leur avis sur l'œuvre et tâchent de justifier cet avis.

➤ Fiche de méthodologie n° 1

• Les élèves volontaires lisent leur production.

Prolongements possibles

• Étudier d'autres symboles de la France lors d'une séquence d'EMC.

• Étudier un extrait des *Misérables* de Victor Hugo, en littérature. La description de Gavroche serait particulièrement à propos.

• Découvrir l'intéressante vidéo de Canal éducatif – ou seulement quelques extraits – visible à cette adresse (après inscription) :
http://www.canal-educatif.fr/videos/art/1/delacroix/la-liberte-guidant-le-peuple.html

Séance 2 : Les lettres finales muettes

Objectifs :	– Former le féminin d'un nom ou d'un adjectif pour connaitre la lettre finale du masculin. – Utiliser la dérivation pour connaitre la lettre finale d'un mot.
Matériel :	– Fiche élève orthographe 18. – Exercices d'entrainement autonome 18. – Diaporama orthographe 18 à projeter.
Durée :	50 min.

Étape 1 : Introduction de la séance (5 min)

• Présenter l'objectif d'apprentissage de la séance à l'aide du diaporama et l'annoncer oralement : « Aujourd'hui, nous allons apprendre à trouver la lettre finale muette d'un mot. »

• Rappeler les connaissances antérieures en demandant :

« Qu'appelle-t-on lettre finale ? » La lettre finale est celle qui finit un mot, la dernière.

« Qu'appelle-t-on lettre muette ? » Une lettre muette ne produit pas de son.

« Pour comprendre la leçon d'aujourd'hui, j'ai besoin de vérifier que vous avez bien retenu ce que sont les familles de mots. » Une famille de mots est l'ensemble des mots issus d'une même base (ou radical). Ils sont liés par leur sens et par leur forme.

Étape 2 : Enseignement (15 min)

Observer

Projeter la page 2 du diaporama (puis les pages 3 et 4). Demander aux élèves de lire la phrase et de proposer la lettre finale muette du mot renard. Les pousser à utiliser les mots de la même famille présents dans la phrase : « renarde » et « renardeau ».

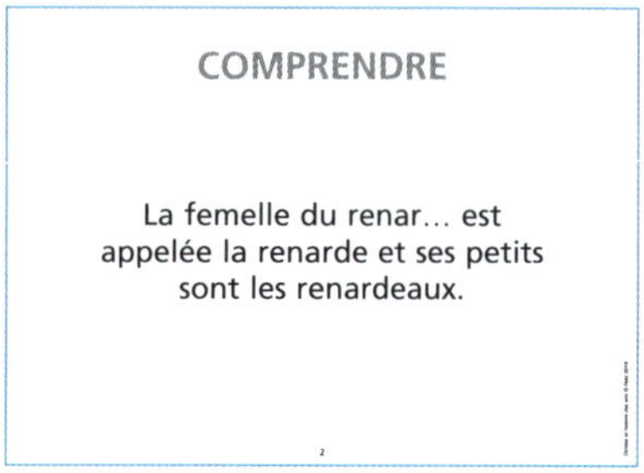

Expliquer

« Pour trouver la lettre finale muette d'un nom ou d'un adjectif, je dois trouver un mot de la même famille, plus long. Parfois, il suffit de mettre le mot au féminin. »

Illustrer

Projeter la page 5 du diaporama (puis 6 et 7).

« Pour savoir comment s'écrit la fin du mot "dent", je cherche des mots de sa famille, comme : "den**tiste**, den**taire**, den**tition**, den**tier**". Je vois bien que tous ces mots contiennent un "t". Le mot "dent" se finit donc par -t, même si on ne l'entend pas. »

Vérifier la compréhension

Projeter la page 5 du diaporama.

Les élèves sont invités à répondre aux questions.

Puis, diaporama caché, faire synthétiser la notion apprise par les élèves.

Pour conclure, distribuer la fiche orthographe 18 puis lire ensemble la leçon :

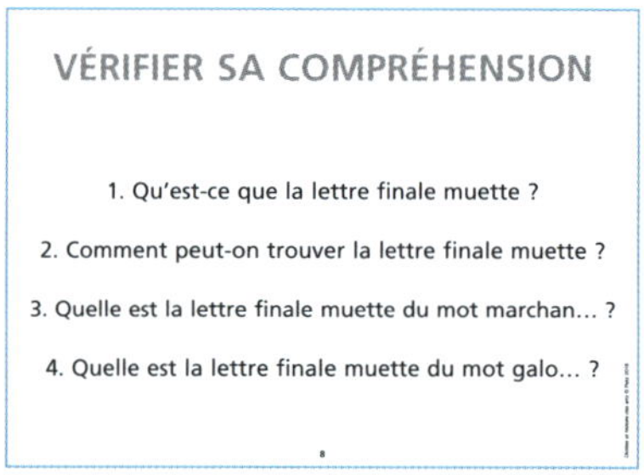

Beaucoup de mots se terminent par une lettre finale muette (c'est-à-dire qu'on n'entend pas).

Pour trouver cette lettre, on peut :

- mettre le mot au féminin

Exemple : bourgeois → bourgeoise.

- chercher des mots appartenant à la même famille

Exemple : un combat → combattre, une combattante, combattif…

Étape 3 : Entrainement (30 min)

Entrainement guidé

Les élèves s'entrainent en écrivant le mot complété par une lettre finale muette s'il y en a une. À chaque fois, les élèves doivent justifier leur réponse en se référant à un mot de la même famille.

S'ENTRAINER

Écris le mot entièrement.

1. un lézar...	2. un paysan...	3. le por...	4. le respe...	5. discre...
6. lon...	7. le ran...	8. lour...	9. un cam...	10. glissan...
11. un dra...	12. len...	13. délica...	14. un trico...	15. le chan...
16. épai...	17. ba...	18. hau...	19. un souhai...	20. mauvai...
21. un bon...	22. le lai...	23. il est lai...	24. un bra...	25. anglai...
26. le repo...	27. confu...	28. pla...	29. le débu...	30. une région...

Entrainement autonome

Les élèves s'entrainent dans leur cahier avec un exercice écrit de niveau 1 (★) ou 2 (★★).

Niveau 1 (∗)

Écris les lettres finales muettes.

Sa figure est **ronde**. Son visage est **ron**... .

Les températures sont **froides**. Il fait **froi**... .

Il m'a **regardé**. Son **regar**... était furieux.

Sa veste est **grise**. Son pantalon est **gri**... .

Il **galope**. Il part au **galo**... .

Niveau 2 (∗∗)

Écris les lettres finales muettes.

La chaudière nous permet de vivre bien au chau... .
Les climatologues étudient le clima... .
À la loterie, j'ai gagné le gros lo... .
Félicia est adroite, mais moi je suis maladroi... .
Un ventilateur produit du ven... artificiellement.

Séance 3 : Première appropriation des mots

Objectif :	Découvrir les mots à apprendre, mettre en lumière les difficultés.
Matériel :	– Fiche élève orthographe 18. – Fiche de méthodologie n° 2.
Durée :	30 min.

Étape 1 : Observation des mots (15 min)

Orthographe 18

Les lettres finales muettes

Beaucoup de mots se terminent par une lettre finale muette (c'est-à-dire qu'on n'entend pas).

Pour trouver cette lettre, on peut :

• mettre le mot au féminin

Exemple : bourgeois → bourgeoise.

• chercher des mots appartenant à la même famille

Exemple : un combat → combattre, une combattante, combattif…

Mots à apprendre pour la dictée
La Liberté guidant le peuple

noms	**le milieu, le tableau, la femme, le drapeau, la liberté, le peuple, la main, la liberté, un personnage**, un révolutionnaire, un corps, un soldat, le paysan, le foulard, la tête, le pied, un ouvrier, le côté, le bourgeois, le chapeau, *le garçon, la rue, le pistolet, le nuage, la fumée, la cathédrale*
verbes	**brandir, appeler, se révolter**, franchir, émerger, *apercevoir*
adjectifs et participes passés	**bleu, blanc, rouge, autre, français, appelé**, mort, coiffé, noir, *petit, épais*
mots invariables	**parmi, plusieurs, avec, dans, enfin, loin, derrière, aussi**

• Lecture collective des mots à apprendre sur la fiche orthographe. On évoque l'orthographe de chaque mot, les élèves surlignent ce qui leur parait difficile.

Exemples de difficultés :

La femme, le corps, un soldat, un paysan, la tête, le pied, un ouvrier, le côté, le bourgeois, le garçon, le pistolet, appeler, apercevoir, français, mort, coiffé, sous, rue.

• S'entrainer à changer le genre et le nombre des noms et des adjectifs.

• Conjuguer les verbes au présent.

Étape 2 : Mémorisation des mots (15 min)

• Première mise en mémoire des mots. Les élèves commencent à apprendre leurs mots individuellement, puis en binôme. Fiche de méthodologie n° 2

• Les mots sont donnés à apprendre à la maison pour la semaine suivante. Les élèves du groupe jaune et ceux qui feront la dictée à trous n'ont que les mots en gras à apprendre.

Séance 4 : Dictée flash n° 1

Déroulement identique à la séance 4 de la dictée 1 « La tour Eiffel », p. 30.

Étape 1 : Dictée de groupes nominaux (5 min)

un corps mor**t** – un épai**s** nuage – un solda**t** français – deux autres paysan**s** – un bourgeoi**s** coiffé

Séance 5 : Dictée flash n° 2

Déroulement identique à la séance 5 de la dictée 1 « La tour Eiffel », p. 30.

Étape 1 : Dictée de phrase (5 min)

Une femme, un ouvrie**r**, un paysa**n**, un bourgeoi**s** et un peti**t** garçon des rues symbolisent la liberté du peuple françai**s**.

Étape 4 : Correction collective, puis individuelle (10 min)

Exemples de questions pouvant éclairer la correction :

« Pourquoi n'y a-t-il pas de lettre finale muette à "paysan" ? »

« Comment peut-on savoir que le mot "bourgeois" se termine par -s ? "petit" par -t ? "français" par -s ? »

« Quel est le sujet du verbe "symbolisent" ? » ou « Qu'est-ce qui symbolise la liberté du peuple français ? »

« Pourquoi y a-t-il un "e" après le "g" de "bourgeois" ? »

Séance 6 : Dictée bilan

Objectif : Écrire sous la dictée en tenant compte des règles apprises.

Matériel :
- Cahier de français, cahier du jour, cahier d'évaluation (selon l'organisation de la classe).
- Diaporama histoire des arts 18.
- Dictée à trous 18.
- Pour l'enseignant : dictées flash et bilan 18.
- Fiche de méthodologie n° 3.

Durée : 45 min.

Étape 1 : Projection de l'œuvre et lecture magistrale de la dictée (5 min)

- Écrire au tableau « baïonnette », « béret » et « cathédrale Notre-Dame ».

Étape 2 : Dictée phrase par phrase du texte et différenciation (30 min)

Dictée bilan

Au **milieu** du **tableau**, une **femme brandit** le **drapeau bleu, blanc, rouge et dans** l'**autre main** une arme, **appelée** *baïonnette*. Ce **personnage** représente la **liberté et appelle** le **peuple français à se révolter**.	33 mots
Plusieurs révolutionnaires franchissent une barricade en marchant **parmi** les **corps** de **soldats morts**. Un **paysan avec** un **foulard** noué sur la **tête émerge à** ses **pieds**. Un **ouvrier coiffé** d'un *béret* marche **à côté** d'un **bourgeois** au **chapeau noir**.	72 mots
On voit **aussi** un **petit garçon** des **rues brandir** deux **pistolets**. **Enfin**, **on aperçoit** au **loin**, **derrière** un **épais nuage** de **fumée**, *Notre-Dame* de Paris, la **cathédrale**.	100 mots

Les élèves en difficulté complètent la dictée à trous.

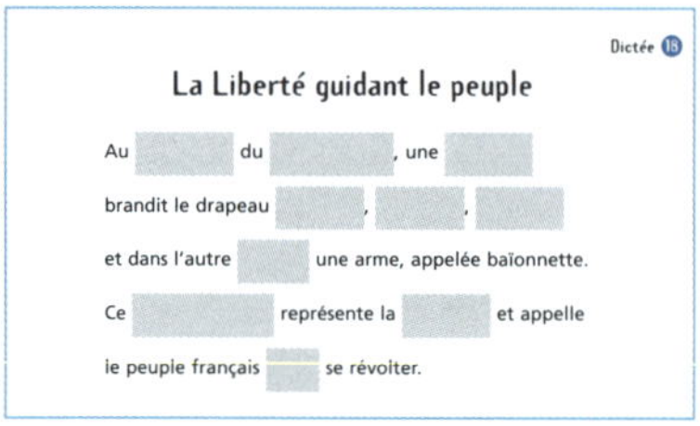
Dictée 18

La Liberté guidant le peuple

Au ___ du ___, une ___
brandit le drapeau ___, ___, ___
et dans l'autre ___ une arme, appelée baïonnette.
Ce ___ représente la ___ et appelle
le peuple français ___ se révolter.

Étape 3 : Relecture de la dictée (10 min)

Fiche de méthodologie n° 3

Aide pour la correction de la dictée par l'enseignant

On retire un point pour :
– les correspondances non respectées (dont s/ss, g/gu, g/ge, c/ç) ;
– les erreurs de ponctuation et de majuscule ;
– chaque mot en gras mal orthographié (mots à apprendre et à savoir accorder) ;
– les mots écrits au tableau (en italique) mal copiés ;
– les règles d'écriture des nombres non respectées ;
– les erreurs d'homophones : a/à, est/et, ou/où, sont/son, ont/on) ;
– les accords non marqués (verbes, noms et adjectifs) ;
– **les erreurs de lettres finales muettes.**

Séance 7 : Correction de la dictée

Déroulement identique à la séance 7 de la dictée 1 « La tour Eiffel », p. 32.

Les mots terminés par -ail, -eil, -euil, -ouil

La pyramide de Kheops

Connaissances pour l'enseignant

Noms : grande pyramide de Gizeh, pyramide de Kheops, horizon de Kheops
Architecte : Hémiounou
Domaine artistique : architecture monumentale
Courant artistique : Antiquité égyptienne
Date de construction : vers 2560 avant notre ère
Lieu de construction : Gizeh, près du Caire, Égypte
Dimensions : hauteur initiale 147 mètres, hauteur actuelle 137 mètres (en raison de l'érosion), côté de la base 230 mètres, volume d'environ 2 600 000 m^3 (à l'origine)

Pourquoi étudier la Grande Pyramide ?

Pour son gigantisme

La grande pyramide de Gizeh bat presque tous les records. Elle a été pendant plusieurs siècles la construction la plus haute, la plus volumineuse, et elle reste toujours la plus massive de nos jours.

Pour le mystère qui perdure

Ses dimensions sont époustouflantes, au point que de nombreuses théories concernant son édification ont pu être élaborées : de l'esclavage, tel qu'on peut le voir dans les péplums, aux plus farfelues comme l'intervention des extraterrestres… On ne comprend pas non plus le sens de son architecture interne. Cela fait plus de 4 000 ans que le mystère entoure cette construction.

Pour sa renommée

La pyramide de Kheops est le premier monument touristique de l'histoire. Marc Antoine et Napoléon comptent parmi ses visiteurs. De nos jours, elle est évoquée dans la littérature *(L'Alchimiste* de Paulo Coelho, *La Pyramide* d'Ismail Kadaré…), dans la bande dessinée *(Astérix et Cléopâtre, Blake et Mortimer – Le Mystère de la grande pyramide…)*, au cinéma *(Transformers 2…)*, dans des séries télévisées *(Stargate SG-1)*, dans les jeux vidéo (Tomb Raider, Assassin's creed)…

Séance 1 : Découverte de l'œuvre

Objectif :	Découvrir une œuvre : La pyramide de Kheops, et s'exprimer à son propos.
Matériel :	– Diaporama histoire des arts 19 à projeter et la vignette de l'œuvre à placer sur la frise chronologique. – Planisphère, frise chronologique. – Fiche élève histoire des arts 19. – Fiche de méthodologie n° 1.
Durée :	30 min.

Étape 1 : Introduction de la séance (5 min)

Présenter l'œuvre d'art

• Projeter l'œuvre au tableau. « Cette semaine, nous allons étudier un monument, la grande pyramide de Kheops. De quel domaine artistique est-il question ? »

Situer l'œuvre dans l'espace

• Un élève vient situer l'Égypte sur le planisphère. On situe ensuite ce pays par rapport à la France.

Situer l'œuvre dans le temps

• Demander aux élèves d'estimer la période de création de l'œuvre (l'Antiquité). Projeter la page 2 pour faire lire la date de création et bien préciser ce que signifie le mot « vers ». On ne peut dater plus précisément un monument si ancien. On peut cependant imaginer que la durée de construction a dû être très longue. Situer l'œuvre sur la frise chronologique de la classe.

Étape 2 : Découverte de l'œuvre par les élèves (10 min)

• Encourager la parole descriptive des élèves : « Que voyez-vous ? »
Évoquer ensemble : la forme pyramidale, les pierres (de calcaire) et la hauteur du monument (rendue visible par la présence de visiteurs) : 147 mètres de haut à l'origine, c'est la hauteur de 90 personnes. La pyramide pèserait au total 5 millions de tonnes.

• Encourager la parole élaborative des élèves. « D'après vous, pour quelle raison les Égyptiens élevaient-ils des pyramides ? » Les élèves imagineront peut-être que les pyramides étaient habitées, qu'elles étaient érigées dans un but esthétique, éventuellement stratégique. Expliquer que les pyramides étaient conçues pour être les tombeaux des pharaons (rois d'Égypte) et parfois aussi de leurs proches.

• Encourager la parole émotionnelle des élèves. « Imaginez que vous êtes l'un des visiteurs. Que ressentez-vous face à ce monument ? » Expliquer aux élèves que, de nos jours, la pierre est ternie par le temps et la pollution ; à l'époque où la pyramide a été construite, ses faces étaient lisses et blanches ; elles reflétaient les rayons du soleil.

Le saviez-vous ?
La Grande Pyramide dite pyramide de Kheops était considérée comme la première des sept merveilles du monde antique. C'est la seule à être encore visible de nos jours, et c'est toujours la construction la plus massive de l'histoire humaine.

Étape 3 : Apports culturels supplémentaires (10 min)

• Projeter la page 3. Élargir en expliquant que cette pyramide fait partie d'un ensemble : le complexe funéraire de Gyzeh, comprenant également trois pyramides de reines, une pyramide satellite, un temple et de multiples mastabas (tombes).

Le saviez-vous ?
Les égyptologues ne peuvent certifier que la Grande Pyramide ait véritablement reçu le corps de Kheops.

• Expliquer que, depuis plusieurs siècles, cette construction interroge les êtres humains. Les dimensions sont extrêmement précises sur le plan géométrique. Chaque bloc de pierre pesant en moyenne 2,5 tonnes, il est difficile de concevoir l'effort fourni quant à la main-d'œuvre. Personne ne peut dire aujourd'hui avec certitude comment cette construction titanesque a pu être érigée, mais on évoque depuis peu l'utilisation de canaux artificiels pour acheminer les pierres. Son architecture interne (les différentes chambres, les galeries, la présence d'une « cheminée »...) est également le lieu de multiples théories.

Le saviez-vous ?
Hérodote (Ve siècle av. J.-C.) estimait que la construction de la Grande Pyramide avait nécessité le travail de 100 000 hommes pendant vingt ans. Selon les historiens d'aujourd'hui, le nombre de 10 000 hommes pendant vingt-trois ans serait plus proche de la réalité.

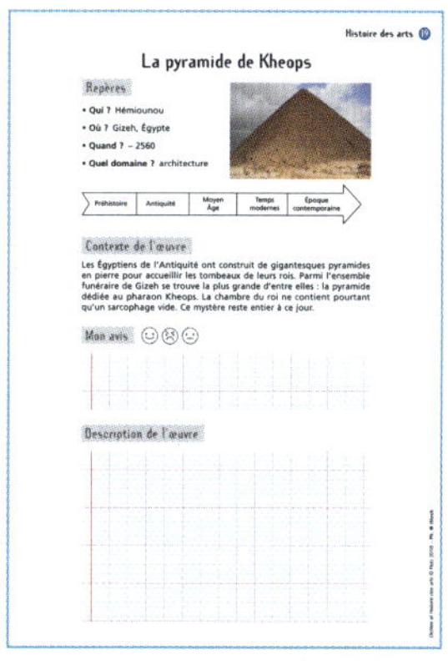
Histoire des arts 19

La pyramide de Kheops

Repères
• Qui ? Hémiounou
• Où ? Gizeh, Égypte
• Quand ? – 2560
• Quel domaine ? architecture

Préhistoire | Antiquité | Moyen Âge | Temps modernes | Époque contemporaine

Contexte de l'œuvre
Les Égyptiens de l'Antiquité ont construit de gigantesques pyramides en pierre pour accueillir les tombeaux de leurs rois. Parmi l'ensemble funéraire de Gizeh se trouve la plus grande d'entre elles : la pyramide dédiée au pharaon Kheops. La chambre du roi ne contient pourtant qu'un sarcophage vide. Ce mystère reste entier à ce jour.

Mon avis

Description de l'œuvre

• Distribuer la fiche histoire des arts. Après avoir lu le cartel de l'œuvre, les élèves colorient l'Antiquité sur leur frise. Ils lisent ensuite le contexte de l'œuvre.

Étape 4 : Expression personnelle (5 min)

• Sur la partie dédiée de la fiche, les élèves écrivent leur avis sur l'œuvre. Préciser que cet avis doit être justifié.

➤ Fiche de méthodologie n° 1

• Les élèves volontaires lisent leur production.

Prolongements possibles

• Regarder l'épisode de « Quelle aventure » intitulé *Sur les traces des pharaons.*

• Faire concevoir et dessiner l'intérieur de la pyramide en coupe.

• Se documenter sur la civilisation égyptienne. La cosmogonie, le rite de la momification, les attributs du pharaon, son sarcophage... sont autant de thèmes qui fascinent les enfants.

Séance 2 : Écrire les mots terminés par -ail, -eil, -euil, -ouil

Objectif :	Savoir écrire la fin des mots en -ail, -eil, -euil, -ouil.
Matériel :	– Fiche élève orthographe 19. – Exercices d'entrainement autonome 19. – Diaporama orthographe 19 à projeter.
Durée :	50 min.

Étape 1 : Introduction de la séance (5 min)

• Présenter l'objectif d'apprentissage de la séance à l'aide de la page 1 du diaporama et/ou l'annoncer oralement : « Aujourd'hui, nous allons apprendre à savoir écrire la fin des mots en -ail, -eil, -euil et -ouil. »

• Faire rappeler les connaissances antérieures :

« Connaissez-vous des noms terminés en -ail, -eil, -euil et -ouil ? des verbes ? »

Étape 2 : Enseignement (15 min)

Observer

• Projeter la page 2 du diaporama. Faire lire les mots et distinguer les différentes graphies.

• Projeter la page 3 du diaporama et demander aux élèves de trouver les critères de classement. Si les réponses tardent, dire que les

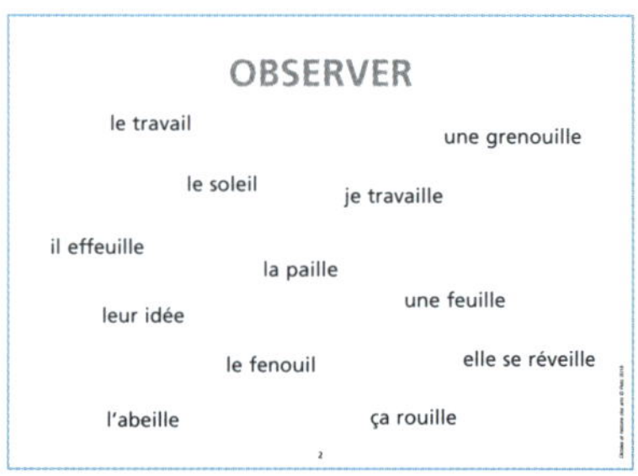

mots sont classés par nature et demander de retrouver celles-ci. Valider avec la page 4 du diaporama.

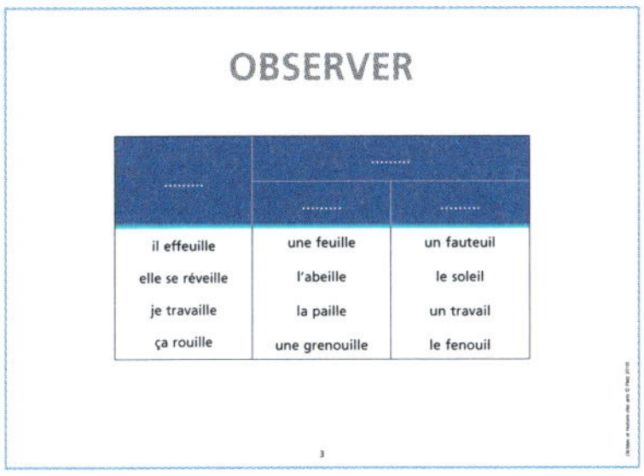

....	....	
	....	....
il effeuille	une feuille	un fauteuil
elle se réveille	l'abeille	le soleil
je travaille	la paille	un travail
ça rouille	une grenouille	le fenouil

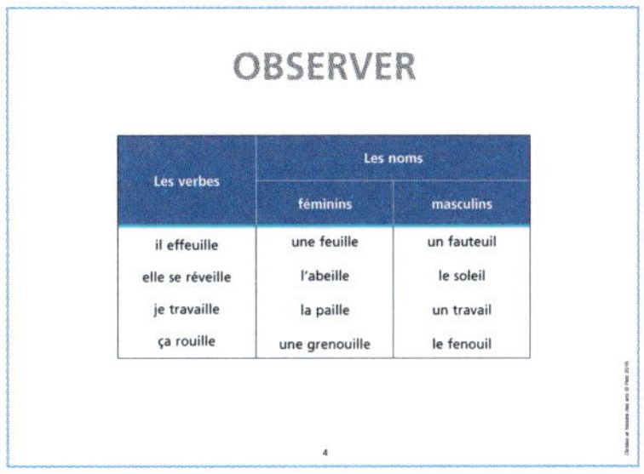

Les verbes	Les noms	
	féminins	masculins
il effeuille	une feuille	un fauteuil
elle se réveille	l'abeille	le soleil
je travaille	la paille	un travail
ça rouille	une grenouille	le fenouil

Expliquer

En utilisant la page 4 comme support, expliquer :
« Les noms féminins et les verbes se terminent par -lle. Les noms masculins s'écrivent avec un seul -l. »

Illustrer

Projeter la page 5 du diaporama (puis 6 et 7).
« Je veux écrire la phrase :
"L'abeille travaille au soleil."
Je cherche la nature de chaque mot.
J'écris "abeille" e-i-l-l-e car c'est un nom féminin.
J'écris "travaille" a-i-l-l-e car c'est un verbe et qu'il est au singulier.
J'écris "soleil" e-i-l car c'est un nom masculin. »

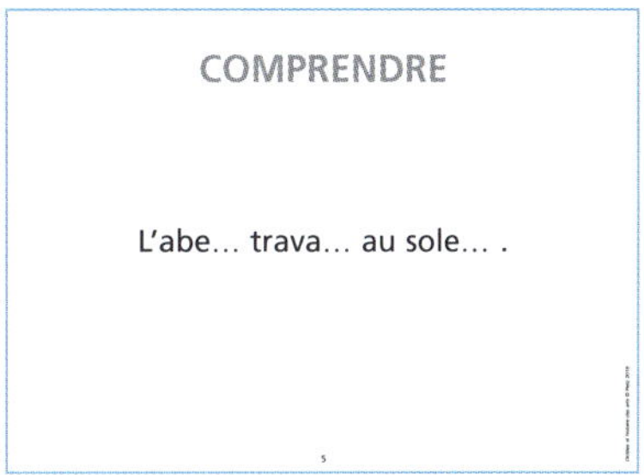

Vérifier la compréhension et synthétiser

Projeter la page 8 du diaporama.
Les élèves sont invités à répondre aux questions.
Puis, diaporama caché, faire synthétiser la notion apprise par les élèves.

Pour conclure, distribuer la fiche orthographe 19 puis lire ensemble la leçon :

- On écrit -**ail**, -**eil**, -**euil** et -**ouil** à la fin des noms masculins.

Exemples : un dét**ail**, un sol**eil**, le s**euil**, le fen**ouil**.

- On écrit -**aille**, -**eille**, -**euille** et -**ouille** à la fin des noms féminins.

Exemples : la t**aille**, une merv**eille**, une f**euille**, la gren**ouille**.

- Les verbes s'écrivent aussi -**aille**, -**eille** et -**ouille**.

Exemples : je trav**aille**, tu te rév**eilles**, il se m**ouille**.

Étape 3 : Entrainement (30 min)

Entrainement guidé

Projeter la page 9 du diaporama. Les élèves s'entrainent en écrivant sur l'ardoise le pluriel des groupes nominaux dictés et affichés. Demander aux élèves de justifier leurs réponses.

S'ENTRAINER

1. elle trava...	2. une éca...	3. l'épouvanta...	4. la ta...	5. le porta...
6. le réve...	7. une ore...	8. la corbe...	9. le sole...	10. il se réve...
11. du fenou...	12. une nou...	13. ça mou...	14. il patrou...	15. une dou...
16. le fauteu...	17. le chevreu...	18. la feu...	19. le seu...	20. elle cue...
21. un orte...	22. une boute...	23. le béta...	24. un appare...	25. elle bâ...
26. la vola...	27. la merve...	28. la gargou...	29. elle conse...	30. une bata...

9

Entrainement autonome

Les élèves s'entrainent dans leur cahier avec un exercice écrit.

Niveau 1 (*)

Complète les mots avec ail/aille, euil/euille, eil/eille, ouil/ouille.

Il t.......... la haie du jardin.

Il f.......... dans sa poche.

Il est tard, j'ai somm.......... .

En automne, les f.......... tombent.

Je te cons.......... de te coucher plus tôt.

Niveau 2 (**)

Complète les mots avec ail/aille, euil/euille, eil/eille, ouil/ouille.

Dans les f.........., j'ai aperçu un écur.......... .

Chloé surv.......... les enfants qui se cham.......... .

Cette méd.......... brille comme un sol.......... .

Ne me chat.......... pas, j'ai somm.......... .

Je me rév.......... et je me mets tout de suite au trav.......... .

Séance 3 : Première appropriation des mots

Objectif :	Découvrir les mots à apprendre, mettre en lumière les difficultés.
Matériel :	– Fiche élève orthographe 19. – Fiche de méthodologie n° 2.
Durée :	30 min.

Étape 1 : Observation des mots (15 min)

• Lecture collective des mots à apprendre sur la fiche orthographe. Le sens des mots est rappelé si nécessaire, et les difficultés orthographiques sont surlignées.

Exemples de difficultés :

Une pyramide, une merveille, un historien, la construction, le rayon, du papier, le seuil, la chambre, le sommeil, se situer, accueillir, recouvert, impossible, pendant, depuis.

• S'entrainer à changer le genre et le nombre des noms et des adjectifs.

• Conjuguer les verbes au présent et à l'imparfait (refléter).

Étape 2 : Mémorisation des mots (15 min)

• Première mise en mémoire des mots. Les élèves commencent à apprendre leurs mots individuellement, puis en binôme. ➤ Fiche de méthodologie n° 2

• Les mots sont donnés à apprendre à la maison pour la semaine suivante. Les élèves du groupe jaune et ceux qui feront la dictée à trous n'ont que les mots en gras à apprendre.

Séance 4 : Dictée flash n° 1

Déroulement identique à la séance 4 de la dictée 1 « La tour Eiffel », p. 30.

Étape 1 : Dictée de groupes nominaux (5 min)

des pierres de t**aille** – plusieurs pyramides – un trav**ail** impossible –
les rayons du sol**eil** – sept merv**eilles**

Séance 5 : Dictée flash n° 2

Déroulement identique à la séance 5 de la dictée 1 « La tour Eiffel », p. 30.

Étape 1 : Dictée de phrase (5 min)

La construction de cette mer**veille** a exigé plusieurs années de trav**ail** et des millions de pierres de t**aille**.

Étape 4 : Correction collective, puis individuelle (10 min)

Exemples de questions pouvant éclairer la correction :
« Comment savoir comment s'écrit le mot "a" ? »
« Comment savoir comment s'écrit le mot "et" ? »
« Pourquoi le mot "merveille" s'écrit-il -eille ? le mot "travail" -ail ? le mot "taille" -aille ? »
« Pourquoi y a-t-il un -s à "années" ? à "millions" ? à "pierres" ? »
« Pourquoi n'y a-t-il pas de -s à "taille" ? »

Séance 6 : Dictée bilan

Objectif :	Écrire sous la dictée en tenant compte des règles apprises.
Matériel :	– Cahier de français, cahier du jour, cahier d'évaluation (selon l'organisation de la classe). – Diaporama histoire des arts 19. – Dictée à trous 19. – Pour l'enseignant : dictées flash et bilan 19. – Fiche de méthodologie n° 3.
Durée :	45 min.

Étape 1 : Projection de l'œuvre et lecture magistrale de la dictée (5 min)

- Écrire au tableau les mots « Kheops », « Caire », « Égypte » et « pharaon ».

Étape 2 : Dictée phrase par phrase du texte et différenciation (30 min)

La **pyramide** de *Kheops* **se situe près** du *Caire* en *Égypte*. C'est l'une des sept **merveilles** du monde. **Selon** les **historiens** de notre **époque,** sa **construction** a **exigé** le travail de dix mille **hommes, pendant** vingt-trois **années**.	36 mots
Elle est **recouverte** de **pierres** de taille qui **autrefois** étaient **claires** et **reflétaient** les **rayons** du **soleil**. On dit que les **pierres** sont si **bien ajustées** qu'il est **impossible** de **glisser entre** elles une **feuille** de **papier**.	73 mots
Depuis le seuil de la **pyramide**, des **couloirs** conduisent à **plusieurs** salles. La **chambre** du roi devait **accueillir** le **tombeau** du *pharaon* et **protéger** son **dernier sommeil**.	100 mots

Les élèves en difficulté complètent la dictée à trous.

Dictée 19

La pyramide de Kheops

La pyramide de Kheops se situe ______ du Caire en Égypte. C'est l'une des sept ______ du ______. ______ les historiens de notre ______, sa ______ a exigé le ______ de dix mille ______, ______ vingt-trois ______.

Étape 3 : Relecture de la dictée (10 min)

➤ Fiche de méthodologie n° 3

Aide pour la correction de la dictée par l'enseignant

On retire un point pour :
- les correspondances non respectées (dont s/ss, g/gu, g/ge, c/ç) ;
- les erreurs **sur les mots terminés par -ail, -eil, -euil, -ouil** ;
- les erreurs de ponctuation et de majuscule ;
- chaque mot en gras mal orthographié (mots à apprendre et à savoir accorder) ;
- les mots écrits au tableau (en italique) mal copiés ;
- les règles d'écriture des nombres non respectées ;
- les erreurs d'homophones : a/à, est/et, sont/son, ont/on, au/aux ;
- les accords non marqués (verbes, noms et adjectifs) ;
- les erreurs de lettres finales muettes.

Séance 7 : Correction de la dictée

Déroulement identique à la séance 7 de la dictée 1 « La tour Eiffel », p. 32.

Écrire « se » ou « ce »

Le Dictateur

Connaissances pour l'enseignant

Titre original : *The Great Dictator*
Réalisateur : Charlie Chaplin
Domaine artistique : cinéma
Technique : film parlant en noir et blanc
Durée : 124 minutes
Lieu de création : États-Unis
Début du tournage : septembre 1939
Date de sortie : 15 octobre 1940 (États-Unis), 2 mars 1945 (France)
Casting :
Hynkel et le barbier : Charlie Chaplin
Hannah : Paulette Goddard
Napoleoni : Jack Oakie
Schultz : Reginald Gardiner

Pourquoi étudier *Le Dictateur* ?

Pour montrer que le cinéma est un art

Les élèves ont souvent l'habitude d'aller au cinéma. Mais en visionnant *Le Dictateur* en classe, ils prendront le temps d'observer, d'analyser, de percevoir le travail d'écriture, les effets de mise en scène, la direction des acteurs, le soin apporté aux décors. Ils auront ainsi l'occasion d'apprendre à affiner leur regard quand ils regardent un film et de comprendre que c'est une œuvre d'art.

Un film d'histoire qui fait l'Histoire

Ce film est d'une actualité saisissante au moment de sa sortie. Il est directement inspiré de faits et de personnages bien réels qui secouent l'Europe au même moment. Il a été réalisé et a pu sortir en salle, malgré la forte opposition du régime nazi. Il a rencontré un succès sans précédent et a, semble-t-il, contribué à sensibiliser l'opinion publique américaine au drame vécu en Europe.

Séance 1 : Découverte de l'œuvre

Objectif :	Découvrir une œuvre : *Le Dictateur,* et s'exprimer à son propos.
Matériel :	– Le film à visionner. – Diaporama histoire des arts 20 à projeter et la vignette de l'affiche à placer sur la frise chronologique. – Planisphère, frise chronologique. – Fiche élève histoire des arts 20. – Fiche de méthodologie n° 1.
Durée :	30 min.

NB : Le film n'est pas fourni dans les ressources numériques. Le format de l'œuvre et sa durée nécessitent plusieurs séances. Le film pourra être vu en deux fois et l'extrait analysé lors d'une troisième séance. Nous choisissons ici de laisser le découpage habituel en étapes, de façon à vous laisser maitre de l'étalement de celles-ci dans le temps.

Étape 1 : Introduction de la séance (5 min)

Présenter l'œuvre d'art

• Projeter l'affiche du film au tableau. « Cette semaine, l'œuvre est un film, dont voici l'affiche. Nous nous plongerons donc aujourd'hui dans le domaine du septième art : le cinéma. » Un élève lit le titre du film et son auteur. On peut inviter les élèves à faire des hypothèses sur l'histoire.

Situer l'œuvre dans l'espace

• Un élève vient situer les États-Unis sur un planisphère.

Situer l'œuvre dans le temps

• Demander aux élèves de situer l'œuvre dans le temps. Ils peuvent estimer la période historique (l'Époque contemporaine), éventuellement être plus précis en proposant le siècle. Ensuite, préciser la date de création avec la page 2. Situer l'œuvre sur la frise chronologique de la classe.

Étape 2 : Découverte de l'œuvre par les élèves (10 min)

• Visionner le film.
• Encourager la parole descriptive des élèves : « Que raconte cette histoire ? »

Parvenir à un résumé de l'histoire :

Un barbier (juif), soldat lors de la Première Guerre mondiale, sauve la vie de Schultz, un pilote de chasse. Les deux s'enfuient en avion, mais celui-ci s'écrase.
Quand le soldat se réveille, il est amnésique. Son pays, la Tomania, est maintenant dirigé par un dictateur nommé Adenoid Hynkel qui persécute les Juifs.
Le soldat reprend son métier de barbier et s'installe à nouveau dans son quartier devenu un ghetto juif. Il ressemble à s'y méprendre au dictateur Hynkel. Il rencontre Hannah et tombe amoureux d'elle. Il entre dans la résistance.
Il est victime d'une rafle et retrouve Schultz dans un camp de concentration.
Hynkel est arrêté à la place du barbier et celui-ci, pris pour le dictateur, profite de la tribune qu'on lui donne pour faire un admirable discours de paix et de tolérance.

• Encourager la parole élaborative des élèves. « D'après vous, pourquoi Charlie Chaplin a-t-il voulu faire ce film ? Que cherche-t-il à dénoncer ? » Les élèves comprendront sans doute la volonté qu'avait l'artiste de dénoncer la brutalité et le racisme du régime nazi. « Chaplin choisit pour cela la technique de la parodie. »
• Encourager la parole émotionnelle des élèves. « Qu'avez-vous ressenti en voyant ce film ? »

Étape 3 : Apports culturels supplémentaires (15 min)

• Lors d'une autre séance, annoncer aux élèves qu'ils vont maintenant revoir un extrait du film pour l'analyser plus en détail.
Il est visible sur YouTube : https://youtu.be/WWMHea46qYI. Cette scène présente Hynkel dans son bureau, avec un globe terrestre.
• Projeter à nouveau l'extrait choisi en demandant aux élèves de se poser cette question : « Qu'a voulu nous montrer le réalisateur avec cette scène un peu folle ? »
– Le dictateur danse avec le globe : il le serre dans ses bras comme un doudou puis joue avec. Chaplin nous montre ainsi sa mégalomanie et sa volonté de dominer le monde.
– Hynkel est diabolique, mais aussi rendu ridicule par ses mouvements de danse et ses poses grotesques. Il rit, puis pleure comme un enfant.
– À la fin, le globe explose. Deux interprétations sont possibles : s'agit-il d'une mise en garde contre les agissements d'Hitler (« Attention, Hitler va briser le monde ») ou plutôt d'une mise en garde de Chaplin à Hitler (« Attention, ton rêve va se briser ») ?

Le saviez-vous ?
Adolf Hitler a essayé de compromettre la réalisation du film, mais l'aurait vu deux fois, en projection privée. Chaplin aurait dit « vouloir donner n'importe quoi » pour savoir ce que le Führer en avait pensé.

• Distribuer la fiche d'histoire des arts. Après avoir lu le cartel de l'œuvre, les élèves colorient l'Époque contemporaine sur leur frise. Ils lisent ensuite le contexte de l'œuvre.

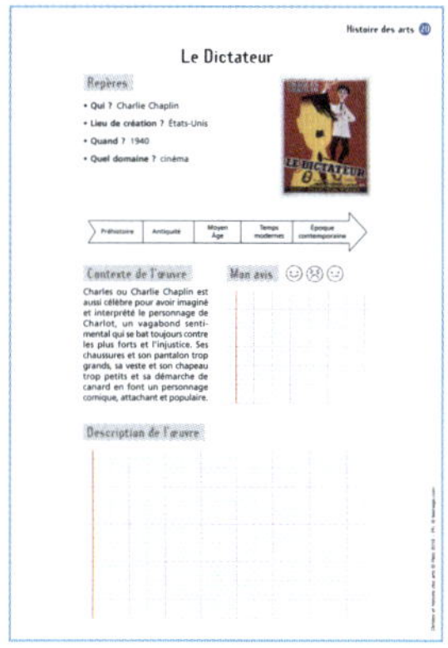
Histoire des arts 20

Le Dictateur

Repères

• Qui ? Charlie Chaplin
• Lieu de création ? États-Unis
• Quand ? 1940
• Quel domaine ? cinéma

Contexte de l'œuvre

Charles ou Charlie Chaplin est aussi célèbre pour avoir imaginé et interprété le personnage de Charlot, un vagabond sentimental qui se bat toujours contre les plus forts et l'injustice. Ses chaussures et son pantalon trop grands, sa veste et son chapeau trop petits et sa démarche de canard en font un personnage comique, attachant et populaire.

Mon avis

Description de l'œuvre

Étape 4 : Expression personnelle (5 min)

• Les élèves écrivent leur avis sur l'œuvre et justifient cet avis.

➤ Fiche de méthodologie n° 1

• Les élèves volontaires lisent leur production.

Prolongements possibles

• Comparer les discours de Hynkel avec un véritable extrait de discours d'Hitler.
• Découvrir les courts-métrages de Charlie Chaplin mettant en scène le personnage comique le plus connu dans le monde : Charlot.
• Voir *C'est qui Charlie Chaplin ?*, une vidéo explicative de « 1 jour, 1 question », visible à cette adresse :
https://education.francetv.fr/matiere/arts/ce1/video/c-est-qui-charlie-chaplin

Séance 2 : Écrire « ce » ou « se »

Objectifs :	– Distinguer les homophones « ce » et « se ». – Savoir s'il faut écrire « ce » (« c' ») ou « se » (« s' »).
Matériel :	– Fiche élève orthographe 20. – Exercices d'entrainement autonome 20. – Diaporama orthographe 20 à projeter.
Durée :	50 min.

Étape 1 : Introduction de la séance (5 min)

• Présenter l'objectif d'apprentissage de la séance à l'aide de la page 1 du diaporama et annoncer : « Aujourd'hui, nous allons apprendre à savoir s'il faut écrire le mot "se" s-e ou le mot "ce" c-e. »

• Faire rappeler les connaissances antérieures en demandant :

« Qui peut me dire ce qu'est le mot "ce" ? » Le mot « ce » est un déterminant démonstratif.

« Qui peut me dire ce qu'est le mot "se" ? » Le mot « se » fait partie de certains verbes.

Étape 2 : Enseignement (15 min)

Observer

Projeter la page 2 du diaporama (puis les pages 3 et 4). Faire remarquer aux élèves que dans cette phrase, on trouve « ce » écrit c-e et « se » écrit s-e.

Demander : « Qu'est-ce que le mot "se" ? » Il fait partie du verbe pronominal « se retrouver ». « Le verbe « se retrouver » n'a pas le même sens que le verbe « retrouver ». Quand on retrouve, on trouve à nouveau quelque chose. Quand on se retrouve, cela veut dire que l'on revoit quelqu'un. On se retrouve entre nous. »

Demander : « Qu'est-ce que le mot "ce" ? » C'est un déterminant démonstratif masculin. Il signifie « ce parc-là ».

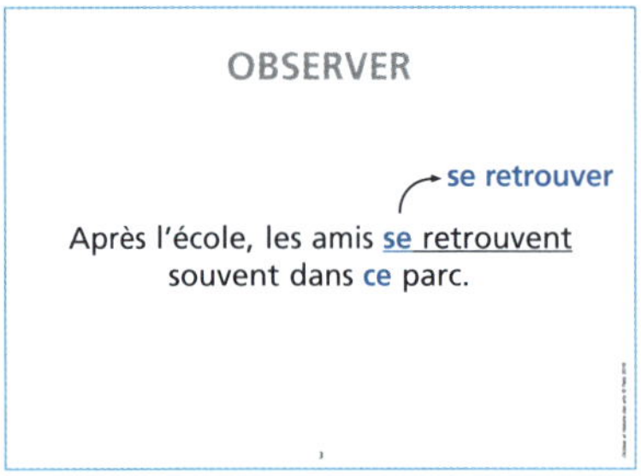

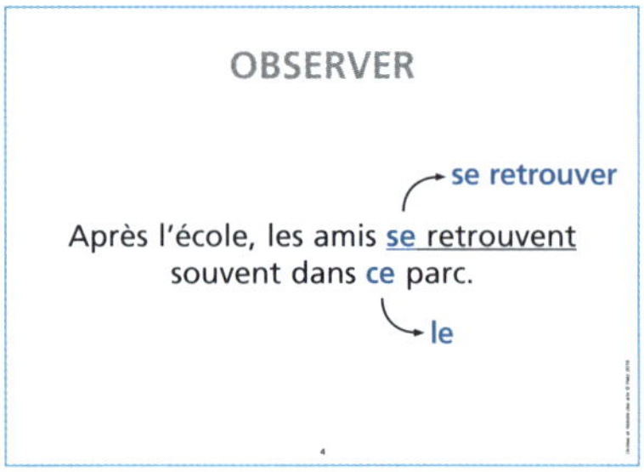

Expliquer

« Pour savoir s'il s'agit du déterminant démonstratif "ce", je peux le remplacer par un autre déterminant comme "un". S'il s'agit de la première partie d'un verbe pronominal, je dois pouvoir retrouver ce verbe en le mettant à l'infinitif, dans ma tête. »

Illustrer

Projeter la page 5 du diaporama (puis 6 et 7).

« Je veux écrire la phrase :

"**Ce** matin-là, il **se** leva plus tôt que d'habitude."

À la place de "ce matin", je peux dire "un matin". "Ce" est un déterminant, il s'écrit c-e. En revanche, je ne peux pas remplacer "se" dans "se leva" par "un", il ne s'agit pas d'un déterminant. Il doit s'agir d'un verbe pronominal. Je peux vérifier en cherchant l'infinitif dans ma tête. Ici, il s'agit du verbe "se lever". »

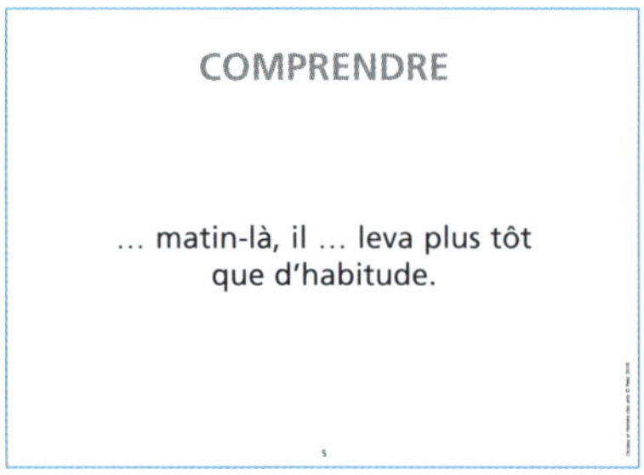

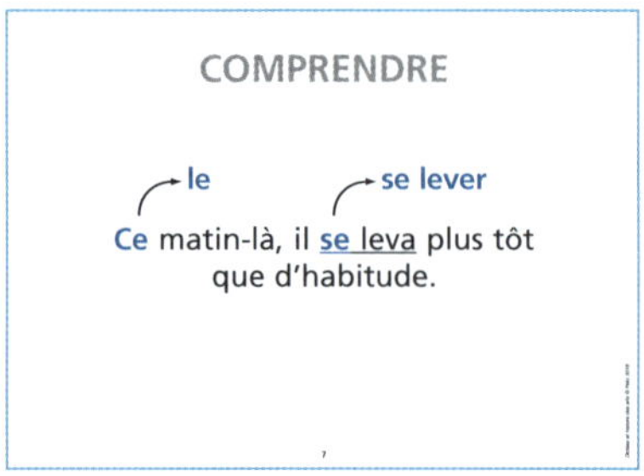

Vérifier la compréhension

Projeter la page 8 du diaporama.

Les élèves sont invités à répondre aux questions.

Puis, diaporama caché, faire synthétiser la notion apprise par les élèves.

Pour conclure, distribuer la fiche orthographe 20 puis lire ensemble la leçon :

> **VÉRIFIER SA COMPRÉHENSION**
>
> 1. Dans quels cas écrit-on « se » ? « s' » ?
> 2. Quelle est la nature du mot « se » ? du mot « ce » ?
> 3. Par quoi puis-je remplacer le mot « ce » ?

• **ce** est un déterminant démonstratif qui signifie celui-là.
→ On peut le remplacer par un autre déterminant comme « un ».
J'adore **ce** film. (un film)
• **se** fait partie d'un verbe pronominal.
→ On peut retrouver l'infinitif de ce verbe.
Il **se** nomme Charles Chaplin. (se nommer)

Étape 3 : Entrainement (30 min)

Entrainement guidé

Projeter successivement les pages 9 à 18 du diaporama. Les élèves s'entrainent en écrivant « ce » ou « se »/« s' » sur leur ardoise. Les interroger afin qu'ils puissent justifier leur choix.

Jette **ce** bâton !
Il **se** tient droit.
J'ai déjà visité **ce** pays.
Ces deux élèves **se** disputent souvent.
Ce nid va bientôt tomber.
Les chats **se** fatiguent vite.
J'ai adoré **ce** livre.
Mon père **se** rase en chantonnant.
Qu'as-tu pensé de **ce** film ?
Cette fille **s'**intéresse à l'archéologie.

Entrainement autonome

Les élèves s'entrainent dans leur cahier avec un exercice écrit de niveau 1 (★) ou 2 (★★).

Niveau 1 (★)

Complète ces phrases avec « se » ou « ce ».

Le lion ..... repose à l'ombre.

..... pyjama est trop petit.

Prends plutôt ..... stylo.

Ces deux enfants ..... ressemblent beaucoup.

..... village ..... situe en Italie.

Niveau 2 (★★)

Complète ces phrases avec « se » ou « ce ».

..... musée ..... visite même le dimanche.

Le temps ..... couvrira ..... week-end.

Il est temps de ..... rassembler autour de ..... repas convivial.

..... petit garçon doit ..... coucher plus tôt.

Il est difficile de ..... frayer un passage dans ..... wagon bondé.

Séance 3 : Première appropriation des mots

Objectif :	Découvrir les mots à apprendre, mettre en lumière les difficultés.
Matériel :	– Fiche élève orthographe 20. – Fiche de méthodologie n° 2.
Durée :	30 min.

Étape 1 : Observation des mots (15 min)

• Lecture collective des mots à apprendre sur la fiche orthographe. Le sens des mots est rappelé si nécessaire, et les difficultés orthographiques sont surlignées.

Orthographe 20

Écrire « se » ou « ce »

• ce est un déterminant démonstratif qui signifie celui-là.
→ On peut le remplacer par un autre déterminant comme « un ».
J'adore ce film. (un film)
• se fait partie d'un verbe pronominal.
→ On peut retrouver l'infinitif de ce verbe.
Il se nomme Charles Chaplin. (se nommer)

Mots à apprendre pour la dictée
Le Dictateur

noms	**une action, un pays, un quartier, le dictateur, un Juif, le temps, un barbier**, le dernier, un trait, un millier, une personne, le discours, *la situation, l'Europe, une guerre, un film, un portrait*
verbes	**se situer, rêver, persécuter**, se ressembler, arrêter, *s'inspirer*
adjectifs et participes passés	**imaginaire, contrôlé, juif/juive, doux/douce, amoureux/amoureuse**, confondu, pacifiste, *politique*, second, *mondial, ridicule*
mots invariables	**pendant, ainsi, devant, avec, avant, juste, pour, par**

<u>Exemples de difficultés</u> :
une action, un pays, le quartier, le temps, une personne, le discours, une guerre, rêver, se ressembler, arrêter, contrôlé, pacifiste, second, pendant, ainsi.

- Aider les élèves à distinguer le nom propre « **Juif** » et l'adjectif « **juif** ».
- S'entrainer à changer le genre et le nombre des noms et des adjectifs.
- Conjuguer les verbes au présent.

Étape 2 : Mémorisation des mots (15 min)

- Première mise en mémoire des mots. Les élèves commencent à apprendre leurs mots individuellement, puis en binôme. ➤ Fiche de méthodologie n° 2
- Les mots sont donnés à apprendre à la maison pour la semaine suivante.

Séance 4 : Dictée flash n° 1

Déroulement identique à la séance 4 de la dictée 1 « La tour Eiffel », p. 30.

Étape 1 : Dictée de groupes nominaux (5 min)

la Seconde Guerre mondiale – des personnes contrôlées – **ce** pays pacifiste – un discours amoureux – **ce** quartier imaginaire

Séance 5 : Dictée flash n° 2

Déroulement identique à la séance 5 de la dictée 1 « La tour Eiffel », p. 30.

Étape 1 : Dictée de phrase (5 min)

Dans **ce** film, un dictateur et un barbier juif **se** ressemblent trait pour trait.

Étape 4 : Correction collective, puis individuelle (10 min)

Exemples de questions pouvant éclairer la correction :
« Pourquoi le premier "ce" s'écrit-il c-e ? »
« Pourquoi le deuxième "se" s'écrit-il s-e ? »
« Pourquoi le mot "et" s'écrit-il e-t ? »
« Pouvez-vous justifier la terminaison du verbe "se ressembl**ent**" ? »

Séance 6 : Dictée bilan

Objectif :	Écrire sous la dictée en tenant compte des règles apprises.
Matériel :	– Cahier de français, cahier du jour, cahier d'évaluation (selon l'organisation de la classe). – Diaporama histoire des arts 20. – Dictée à trous 20. – Pour l'enseignant : dictées flash et bilan 20. – Fiche de méthodologie n° 3.
Durée :	45 min.

Étape 1 : Projection de l'œuvre et lecture magistrale de la dictée (5 min)

Écrire « Tomania », « Hynkel », « Chaplin » et « Hitler ».

Étape 2 : Dictée phrase par phrase du texte et différenciation (30 min)

Dictée bilan

L'**action** se **situe** en *Tomania*, un **pays imaginaire contrôlé par** *Hynkel*. Ce **dictateur rêve** de dominer le monde et **persécute** les **Juifs**. **Pendant** ce **temps**, dans le **quartier juif**, se trouve un **barbier doux** et **amoureux**.	36 mots
Le **barbier** et le **dictateur** se **ressemblent trait pour trait**. *Hynkel* se fait **arrêter** et le **barbier** est **confondu avec** lui. C'est **ainsi** que ce **dernier** se retrouve **devant** des **milliers** de **personnes** pour faire un **discours pacifiste**.	74 mots
Chaplin s'**inspire** de la **situation politique** en **Europe juste avant** la **Seconde Guerre mondiale**. Il profite de ce **film** pour faire de *Hitler* un **portrait ridicule**.	100 mots

Les élèves en difficulté complètent la dictée à trous.

Dictée 20

Le Dictateur

L'action ____ situe en Tomania, un ____
____ contrôlé par Hynkel. ____ dictateur
____ de dominer le monde et persécute les Juifs.
____ ____ ____, dans le quartier juif,
____ ____ un barbier doux et amoureux.

Étape 3 : Relecture de la dictée (10 min)

➤ Fiche de méthodologie n° 3

Aide pour la correction de la dictée par l'enseignant

On retire un point pour :
– les correspondances non respectées (dont s/ss, g/gu, g/ge, c/ç) ;
– les erreurs sur les mots terminés par -ail, -eil, -euil, -ouil ;
– les erreurs de ponctuation et de majuscule ;
– chaque mot en gras mal orthographié (mots à apprendre et à savoir accorder) ;
– les mots écrits au tableau (en italique) mal copiés ;
– les règles d'écriture des nombres non respectées ;
– les erreurs d'homophones : a/à, est/et, sont/son, ont/on, **ce**, **c'/se**, **s'** ;
– les accords non marqués (verbes, noms, adjectifs) ;
– les erreurs de lettres finales muettes.

Séance 7 : Correction de la dictée

Déroulement identique à la séance 7 de la dictée 1 « La tour Eiffel », p. 32.

Les accents (1) : é/è/ê

La Vague

Connaissances pour l'enseignant

Titre complet : *Sous la vague au large de Kanagawa*
Artiste : Katsushika Hokusai
Domaine artistique : arts graphiques
Technique et dimensions : estampe, 24,8 cm × 37 cm
Courant artistique : ukiyo-e, « images d'un monde éphémère et flottant »
Date de création : 1831-1833
Lieu de création : Tokyo, Japon
Lieu d'exposition : Metropolitan Museum of Art, New York

Pourquoi étudier *La Vague* ?

Pour se plonger dans l'instant

L'une des particularités les plus frappantes de cette œuvre d'Hokusai est la représentation de l'instant précis précédant le déferlement de la vague. On pourra, à ce propos, faire le lien avec d'autres œuvres étudiées comme *Le Bassin aux nymphéas*, *La Victoire de Samothrace* ou *La Naissance de Vénus*.

Pour s'ouvrir à la culture japonaise

La Vague, première estampe de la série des *Trente-Six Vues du mont Fuji*, peut-être l'œuvre d'art japonaise la plus connue au monde, est l'occasion d'aborder la culture de ce pays comme la calligraphie, le mont Fuji, le yin et le yang, jusqu'à une vision plus moderne avec les mangas dont Hokusai, avec ses milliers de croquis d'études, est le précurseur.

Pour ouvrir la réflexion et débattre

L'œuvre d'Hokusai est pour certains la « représentation » d'un combat entre le monde des hommes et celui de la nature sauvage. Combat qui parait ici perdu d'avance. Cela peut faire écho à certaines catastrophes naturelles, vécues de près ou de loin par les élèves. À l'heure du dérèglement climatique, le combat peut sembler plus actuel que jamais.

Séance 1 : Découverte de l'œuvre

Objectif :	Découvrir une œuvre : *La Vague*, et s'exprimer à son propos.
Matériel :	– Diaporama histoire des arts 21 à projeter et la vignette de l'œuvre à placer sur la frise chronologique. – Planisphère, frise chronologique. – Fiche élève histoire des arts 21. – Fiche de méthodologie n° 1.
Durée :	30 min.

Étape 1 : Introduction de la séance (5 min)

Présenter l'œuvre d'art

• Demander : « À quel domaine artistique appartient cette œuvre ? » Les élèves identifient le domaine de la peinture. On peut alors préciser qu'il s'agit d'une technique bien particulière qu'on appelle estampe et qui relève plutôt des arts graphiques.

Situer l'œuvre dans l'espace

• Un élève situe le Japon sur un planisphère puis situe ce pays par rapport à la France. On peut ensuite repérer la ville de Tokyo.

Situer l'œuvre dans le temps

• Demander aux élèves de situer l'œuvre dans le temps. Ils peuvent estimer la période historique (l'Époque contemporaine), éventuellement être plus précis en proposant le siècle. Ensuite, préciser la date de création avec la page 2.

Étape 2 : Découverte de l'œuvre par les élèves (10 min)

• Encourager la parole descriptive des élèves : « Que voyez-vous ? »
Évoquer ensemble la vague, l'écume, les bateaux, leurs passagers, le ciel presque uniforme et la montagne enneigée au loin. Si les élèves ne les remarquent pas, leur signaler la présence de texte sur la gauche. « D'après vous, que peut-on lire ici ? » Les élèves comprendront surement qu'il s'agit de la signature du peintre (à gauche) et du titre de l'œuvre (dans le cartouche). « Quelles couleurs sont utilisées ? » Le peintre utilise du bleu, du noir et des dégradés de gris, de l'ocre jaune et le blanc du papier. La technique de l'estampe impose un nombre limité de teintes.

• Encourager la parole élaborative des élèves. « D'après vous, que va-t-il se passer bientôt ? » Les élèves peuvent percevoir que l'artiste a voulu montrer le moment où la vague culmine juste avant de s'écraser. Ils emploient éventuellement le terme de tsunami. « Voyez-vous des personnages dans cette scène ? » Les élèves repèrent les pêcheurs dans leurs barques. Ils sont minuscules, mais on ressent leur lutte contre la mer déchainée. Constater qu'ils sont installés à l'arrière de l'embarcation permet d'identifier trois bateaux et non deux comme ils l'avaient peut-être fait au départ.

• Encourager la parole émotionnelle des élèves. « Que ressentez-vous en voyant ce tableau ? Si ce tableau était une musique, comment serait cette musique ? »

Le saviez-vous ?
Hokusai est considéré comme l'inventeur du manga. Il désigne par ce terme des croquis rassemblés dans des carnets. Ces croquis traitent de sujets différents et ne racontent pas d'histoire. Le mot a désormais changé de sens pour désigner une bande dessinée japonaise.

Étape 3 : Apports culturels supplémentaires (10 min)

• Préciser l'analyse en observant plus finement. « Comment le peintre fait-il pour rendre la vague menaçante ? » La taille de la vague est démesurée : elle occupe à elle seule plus de la moitié de la gravure. Elle enfle en arc de cercle sur la gauche et l'écume qui la borde forme des petites pointes courbes qui ressemblent à des griffes. Certains y voient même un dragon. Le mont Fuji, un volcan qui culmine pourtant à 3 776 mètres, est rendu, par un effet de perspective, minuscule. La vague parait bien plus colossale que la montagne. On dirait qu'elle va dévorer tout le paysage.

• Élargir : « Voyez-vous les deux grandes formes qui se partagent la toile ? » La mer, agitée et obscure, contraste avec le ciel vide et calme. Quand on réduit l'estampe à ses deux formes principales, on obtient des formes symétriques de teintes opposées qui s'emboitent parfaitement. Afficher la page 3 du diaporama. « Est-ce que cela vous rappelle quelque chose ? » Cela n'est pas sans évoquer le symbole du tao : le yin et le yang. Le yin et le yang symbolisent deux forces complémentaires qui seraient à la source du mouvement de toute chose dans l'univers.

Le saviez-vous ?
Hokusai réalise les *Trente-Six Vues du mont Fuji* à un âge vénérable. Il se surnomme alors lui-même « le vieillard fou de dessin » et dit n'avoir rien produit qui soit digne d'intérêt avant d'avoir atteint l'âge de soixante-dix ans.

• Distribuer la fiche histoire des arts. Après avoir lu le cartel de l'œuvre, les élèves colorient l'Époque contemporaine sur leur frise. Ils lisent ensuite le contexte de l'œuvre.

Étape 4 : Expression personnelle (5 min)

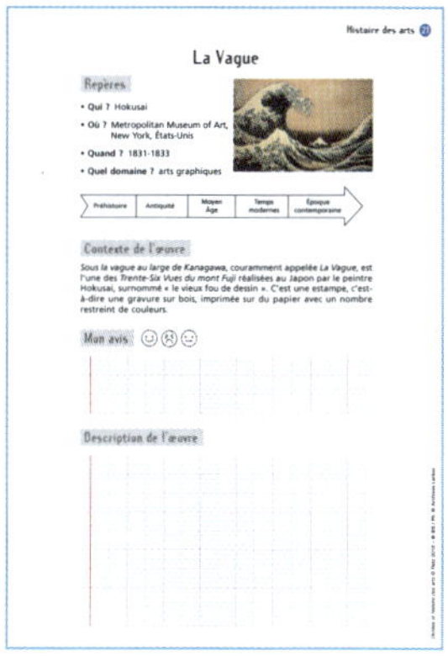
Histoire des arts 21

La Vague

Repères

- **Qui ?** Hokusai
- **Où ?** Metropolitan Museum of Art, New York, États-Unis
- **Quand ?** 1831-1833
- **Quel domaine ?** arts graphiques

Préhistoire | Antiquité | Moyen Âge | Temps modernes | Époque contemporaine

Contexte de l'œuvre

Sous la vague au large de Kanagawa, couramment appelée *La Vague*, est l'une des *Trente-Six Vues du mont Fuji* réalisées au Japon par le peintre Hokusai, surnommé « le vieux fou de dessin ». C'est une estampe, c'est-à-dire une gravure sur bois, imprimée sur du papier avec un nombre restreint de couleurs.

Mon avis

Description de l'œuvre

• Les élèves écrivent leur avis sur l'œuvre et tâchent de justifier cet avis.

➤ Fiche de méthodologie n° 1

• Les élèves volontaires lisent leur production.

Prolongements possibles

• Lire avec les élèves le très beau roman de François Place *Le Vieux Fou de dessin*. Ils y découvriront la personnalité d'Hokusai à travers le point de vue d'un petit garçon ainsi que de nombreux éléments de la culture japonaise.

• Regarder pour le plaisir l'un des épisodes du film *Princes et princesses* de Michel Ocelot. Le conte « Le Manteau de la vieille dame » se déroule au Japon et a pour somptueux décor les estampes d'Hokusai.

• Des jeux, des puzzles et des coloriages dédiés à l'œuvre d'Hokusai sont disponibles sur le site du Grand Palais, à cette adresse :
https://www.grandpalais.fr/fr/article/hokusai-0

Séance 2 : Accentuer la lettre « e » : é, è, ê

Objectifs :	– Distinguer les sons [e] et [ɛ]. – Savoir que l'accent aigu produit le son [e] et que les accents grave et circonflexe produisent le son [ɛ].
Matériel :	– Fiche élève orthographe 21. – Exercices d'entrainement autonome 21. – Diaporama orthographe 21 à projeter.
Durée :	50 min.

Étape 1 : Introduction de la séance (5 min)

• Présenter l'objectif d'apprentissage de la séance à l'aide de la page 1 du diaporama : « Aujourd'hui, nous allons apprendre à accentuer la lettre "e". »

• Faire rappeler les connaissances antérieures en demandant : « Quels accents connaissez-vous ? Comment s'appelle cet accent (tracer au tableau un "é") ? Quel son fait-il ? » Procéder de la même façon pour les accents grave et circonflexe.

Étape 2 : Enseignement (15 min)

Observer

Projeter la page 2 du diaporama. Demander aux élèves de trouver les critères de classement, puis valider ces critères avec la page 3. Demander : « Comment doit-on accentuer le "e" pour obtenir le son [e] ? pour obtenir le son [ɛ] ? Dans quel cas doit-on utiliser un accent circonflexe ? »

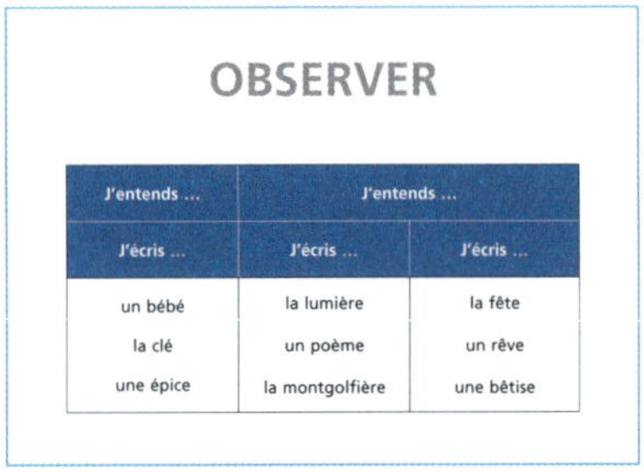

J'entends ...	J'entends ...	
J'écris ...	J'écris ...	J'écris ...
un bébé la clé une épice	la lumière un poème la montgolfière	la fête un rêve une bêtise

Expliquer

« L'accent aigu (le tracer) fait le son [e]. L'accent grave (le tracer) fait le son [ɛ]. Pour bien mémoriser quel accent correspond à quel son, je peux m'aider du mot "élève" ». Projeter la page 4 du diaporama. Le mot « élève », bien connu de tous, contient les deux sons et ses deux accents forment une pointe, prolongée ici par un triangle rouge. « L'accent circonflexe (le tracer) aussi fait le son [ɛ], mais il est beaucoup moins fréquent. Pour savoir si je dois écrire "é" ou "è", je dois écouter le son. Pour connaitre les mots dans lesquels il y a un accent circonflexe, je dois les apprendre par cœur. »

Illustrer

Projeter la page 5 du diaporama (puis les pages 6 et 7).

« Je veux écrire le mot "célèbre". Au début du mot, j'entends [e], comme dans "étoile". J'entends ensuite le son [ɛ], comme dans "cuillère". Je peux me référer au mot "élève" (*cf.* petit triangle rouge, en bas à droite). »

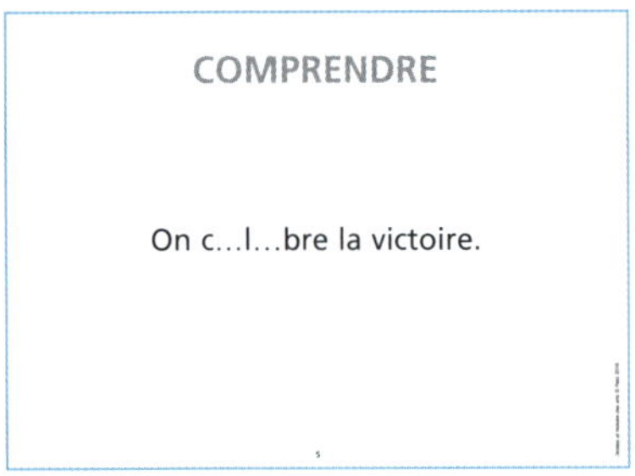

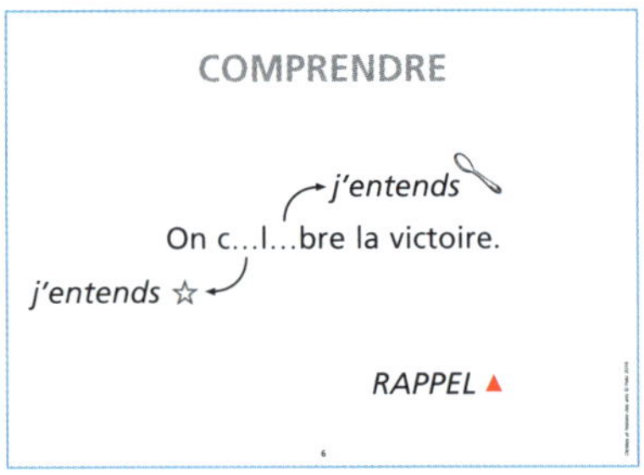

Vérifier la compréhension

Projeter la page 8 du diaporama.

Les élèves sont invités à répondre aux questions.

Puis, diaporama caché, faire synthétiser la notion apprise par les élèves.

Pour conclure, distribuer la fiche orthographe 21 puis lire ensemble la leçon :

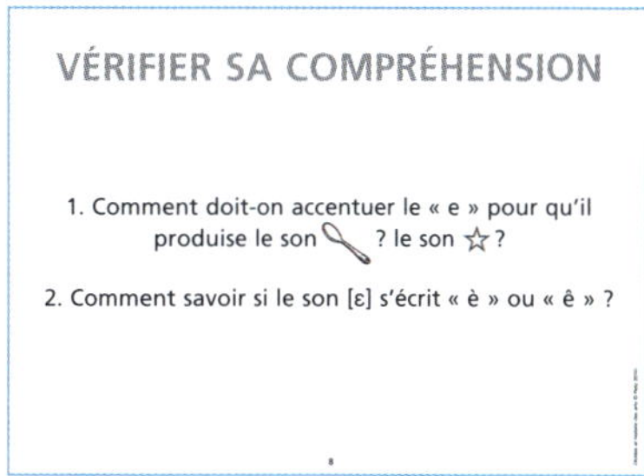

• L'accent **aigu** sur un « e » produit le son **[e]**, comme dans « étoile ».
<u>Exemple</u> : l'**é**cume.

• L'accent **grave** sur un « e » produit le son **[ɛ]**, comme dans « cuillère ».
<u>Exemple</u> : la col**è**re.

• L'accent **circonflexe** sur un « e » produit aussi le son **[ɛ]**, comme dans « forêt », mais il est beaucoup plus rare.
<u>Exemple</u> : la temp**ê**te.

Étape 3 : Entrainement (30 min)

Entrainement guidé

Projeter la page 9. Les élèves s'entrainent en complétant les mots par « é » ou « è », sur leur ardoise. Préciser qu'aucun mot ne contient d'accent circonflexe.

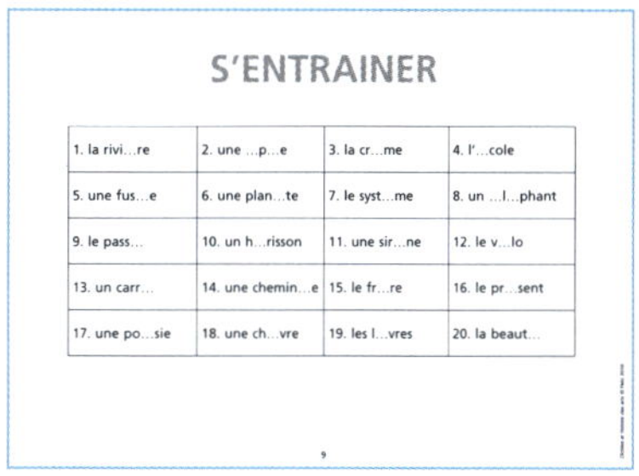

S'ENTRAINER

1. la rivi...re	2. une ...p...e	3. la cr...me	4. l'...cole
5. une fus...e	6. une plan...te	7. le syst...me	8. un ...l...phant
9. le pass...	10. un h...risson	11. une sir...ne	12. le v...lo
13. un carr...	14. une chemin...e	15. le fr...re	16. le pr...sent
17. une po...sie	18. une ch...vre	19. les l...vres	20. la beaut...

Entrainement autonome

Les élèves s'entrainent dans leur cahier avec un exercice écrit de niveau 1 (★) ou 2 (★★).

Niveau 1 (★)

Complète les mots avec « é » ou « è ».

une sorci...re	la beaut...
un sortil...ge	la col...re
la f...e	une ...motion
une sir...ne	la ch...vre
l'...cume	le pr....

Niveau 2 (✶✶)

Complète les mots avec « é » ou « è ».

La sorci…re a jet… un sortil…ge à la f…e.

Une sir…ne …merge de l’…cume, quelle beaut… !

La col…re et le d…goût sont des …motions n…gatives.

La ch…vre est retenue prisonni…re dans son pr….

Séance 3 : Première appropriation des mots

Objectif :	Découvrir les mots à apprendre, mettre en lumière les difficultés.
Matériel :	– Fiche élève orthographe 21. – Fiche de méthodologie n° 2.
Durée :	20 min.

Étape 1 : Observation des mots (10 min)

• Lecture collective des mots à apprendre sur la fiche orthographe. On évoque l’orthographe de chaque mot, les élèves surlignent ce qui leur parait difficile.

Exemples de difficultés :

un cercle – la gauche – la griffe – la pêche – l’arrière-plan – le mont – la tempête – un emblème – rappeler – sembler – céder – fragile – à côté de – même – bientôt.

• S’entrainer à changer le genre et le nombre des noms et des adjectifs.

• Conjuguer les verbes au présent et constater les modifications dans l’accentuation de verbes comme « élever » ou « céder ». Conjuguer entièrement le verbe rappeler.

Les accents (1) : é/è/ê

Orthographe 21

L’écume se dresse. C’est la tempête. La mer est en colère.

• L’accent aigu sur un « e » produit le son [e], comme dans « étoile ».
Exemple : l’écume.
• L’accent grave sur un « e » produit le son [ɛ], comme dans « cuillère ».
Exemple : la colère.
• L’accent circonflexe sur un « e » produit aussi le son [ɛ], comme dans « forêt », mais il est beaucoup plus rare.
Exemple : la tempête.

Mots à apprendre pour la dictée
La Vague

noms	**la vague, un arc, le cercle, la gauche, une écume, le bateau, la griffe, la moitié, la pêche, la mer**, la colère, le mont, un emblème, la tempête, le volcan, le Japon, le mètre, la planète, le ciel, *le rôle*
verbes	**s’élever, rappeler, dévorer**, sembler, *céder, éclater, engloutir*
adjectifs et participes passés	**bleu**, célèbre, considéré, sacré, fragile, premier
mots invariables	**dangereusement, plus, qui**, derrière, comme, malgré, à côté de, même, bientôt

Étape 2 : Mémorisation des mots (10 min)

• Première mise en mémoire des mots. Les élèves commencent à apprendre leurs mots individuellement, puis en binôme. ➤ Fiche de méthodologie n° 2

• Les mots sont donnés à apprendre à la maison pour la semaine suivante. Les élèves du groupe jaune et ceux qui feront la dictée à trous n’ont que les mots en gras à apprendre.

Séance 4 : Dictée flash n° 1

Déroulement identique à la séance 4 de la dictée 1 « La tour Eiffel », p. 30.

Étape 1 : Dictée de groupes nominaux (5 min)

une vague sacr**é**e – des bateaux de p**ê**che – des griffes bleues –
une **é**norme col**è**re – des marins fragiles

Séance 5 : Dictée flash n° 2

Déroulement identique à la séance 5 de la dictée 1 « La tour Eiffel », p. 30.

Étape 1 : Dictée de phrase (5 min)

Des vagues en col**è**re s'**é**l**è**vent dangereusement, elles se d**é**tachent sur le ciel du Japon.

Étape 4 : Correction collective puis individuelle (10 min)

Exemples de questions pouvant éclairer la correction :

« Comment savoir comment s'écrit le mot "s'élèvent" ? »

« Pouvez-vous m'expliquer pourquoi le "s'" de "s'élèvent" est un "s'" et non un "c'" ? »

« Pouvez-vous m'expliquer pourquoi le "se" de "se détachent" est un "se" et non un "ce" ? »

« Que remplace le pronom "elles" ? »

« Pourquoi le verbe "s'élèvent" est-il terminé par -ent ? Quel est son sujet ? »

« Pourquoi le verbe "se détachent" est-il terminé par -ent ? Quel est son sujet ? »

Séance 6 : Dictée bilan

Objectif :	Écrire sous la dictée en tenant compte des règles apprises.
Matériel :	– Cahier de français, cahier du jour, cahier d'évaluation (selon l'organisation de la classe). – Diaporama histoire des arts 21. – Dictée à trous 21. – Pour l'enseignant : dictées flash et bilan 21. – Fiche de méthodologie n° 3.
Durée :	45 min.

Étape 1 : Projection de l'œuvre et lecture magistrale de la dictée (5 min)

- Écrire au tableau le mot « Fuji ».

Étape 2 : Dictée phrase par phrase du texte et différenciation (30 min)

Dictée bilan

Une énorme **vague bleue s'élève** en **arc** de **cercle** sur la **gauche**. Son **écume rappelle** les **griffes** d'un monstre. Elle **dévore plus** de la **moitié** de la gravure. On voit trois **bateaux** de **pêche qui** chavirent **dangereusement** sur la **mer**.	40 mots
Derrière, le **célèbre mont** *Fuji* se détache sur le **ciel** livide de la **tempête**. Ce **volcan, l'emblème** du **Japon**, est **considéré comme sacré**. **Malgré** ses 3 776 **mètres**, il **semble** bien **fragile** à **côté** des **colères** de la **planète**.	78 mots
Comme lui, les marins **cèdent** le premier **rôle** à la **vague** elle-**même**. Elle va **bientôt éclater** et les **engloutir**.	100 mots

Les élèves en difficulté complètent la dictée à trous.

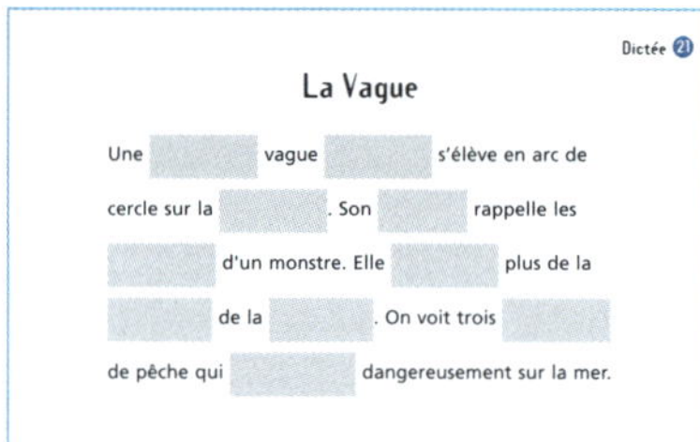
Dictée 21

La Vague

Une ______ vague ______ s'élève en arc de cercle sur la ______. Son ______ rappelle les ______ d'un monstre. Elle ______ plus de la ______ de la ______. On voit trois ______ de pêche qui ______ dangereusement sur la mer.

Étape 3 : Relecture de la dictée (10 min)

Fiche de méthodologie n° 3

Aide pour la correction de la dictée par l'enseignant

On retire un point pour :
- les correspondances non respectées (dont s/ss, g/gu, g/ge, c/ç, **é/è/ê**) ;
- les erreurs sur les mots terminés par -ail, -eil, -euil, -ouil ;
- les erreurs de ponctuation et de majuscule ;
- chaque mot en gras mal orthographié (mots à apprendre et à savoir accorder) ;
- les mots écrits au tableau (en italique) mal copiés ;
- les règles d'écriture des nombres non respectées ;
- les erreurs d'homophones : a/à, est/et, sont/son, ont/on, ce (c')/se (s') ;
- les accords non marqués (verbes, noms, adjectifs) ;
- les erreurs de lettres finales muettes.

Séance 7 : Correction de la dictée

Déroulement identique à la séance 7 de la dictée 1 « La tour Eiffel », p. 32.

Les accents (2) : accentuer ou non la lettre « e »

La légende arthurienne

Connaissances pour l'enseignant

Auteurs : œuvre collective ; Chrétien de Troyes est considéré comme le fondateur

Extrait choisi : « Arthur proclamé roi », d'après *Lancelot et les chevaliers de la Table ronde* de Anne-Catherine Vivet-Rémy, selon Chrétien de Troyes

Domaine artistique : littérature

Genre littéraire : roman de chevalerie médiéval

Date de création : XIIe siècle

Lieu de création : France

Pourquoi étudier la légende arthurienne ?

Pour faire le lien avec le programme d'histoire

En histoire, lorsque l'on aborde le Moyen Âge, les élèves rencontrent de nombreux mots nouveaux comme « chevalier », « écuyer », « adoubement », « féodalité », « tournoi », etc. Il leur est parfois difficile de donner du sens à chacun. Lire un récit mettant en scène ces mots permet de leur donner vie, de créer dans leur esprit des images mentales.

Pour se plonger dans un univers merveilleux

La légende arthurienne comporte tous les ingrédients pour faire rêver les enfants : des fées, des enchanteurs, des créatures monstrueuses, des chevaliers courageux, des combats, des voyages, des histoires d'amour, des sortilèges, des objets magiques, en un mot : l'aventure !

Pour étudier un texte d'époque

Il est important de montrer aux élèves que, malgré la modernité apparente de ces récits, sans cesse adaptés ou réinterprétés depuis, on rêvait il y a près d'un millénaire des mêmes aventures.

Séance 1 : Découverte de l'œuvre

Objectif : Découvrir une œuvre : la légende arthurienne, et s'exprimer à son propos.

Matériel :
- Texte « Arthur proclamé roi ».
- Enluminure des chevaliers de la Table ronde.
- Fiche élève histoire des arts 22.
- Planisphère, frise chronologique.
- Fiche de méthodologie n° 1.

Durée : 30 min.

Étape 1 : Introduction de la séance (5 min)

Présenter l'œuvre d'art

• Dire : « Nous allons étudier une œuvre littéraire qui va nous permettre de découvrir la légende arthurienne. »

Le saviez-vous ?
La légende arthurienne est un ensemble foisonnant de récits. Les plus vieux d'entre eux mêlent allègrement vérité historique et invention littéraire. Il semble que le roi Arthur ait bel et bien existé, mais de nombreuses hypothèses sur son identité existent.

Situer l'œuvre dans l'espace

• La légende arthurienne se déroule dans le royaume imaginaire de l'île de Bretagne. Ce royaume correspond à l'actuelle Grande-Bretagne (Angleterre) et à la Bretagne continentale (la région Bretagne, en France).

Situer l'œuvre dans le temps

• Demander aux élèves de situer l'œuvre dans le temps. Ils peuvent estimer la période historique (le Moyen Âge). Préciser que l'histoire date du XIIe siècle mais que le passage qu'ils vont lire a été réécrit par une auteure contemporaine au XXe siècle.

Étape 2 : Découverte de l'œuvre par les élèves (10 min)

• Faire lire le texte silencieusement puis en faire une lecture magistrale.
• Encourager la parole descriptive des élèves : « Que raconte cette histoire ? » Parvenir à un résumé de l'histoire.

Keu demande à Arthur d'aller chercher son épée qu'il a oubliée pour participer à un grand tournoi. Celui-ci ne la trouve pas et, désespéré à l'idée de revenir les mains vides, tente de se saisir de l'épée fichée dans l'enclume. Il y parvient sans aucune difficulté. Il l'apporte à Keu. Keu s'approprie l'épée et l'exploit devant son père.

Mais Antor doute de l'exploit de son fils, et Keu confesse la supercherie. Antor révèle alors à Arthur le secret de sa naissance et demande à Arthur, si jamais il devenait roi, de rester fidèle à Keu. Il accompagne Arthur reproduire le miracle devant les barons et l'archevêque. Celui-ci y parvient tout aussi facilement. Arthur reproduit encore deux fois le prodige et, enfin, l'archevêque le proclame roi de Bretagne.

• Encourager la parole élaborative des élèves. « Ce récit est ce que l'on appelle une légende. Quels en sont les éléments merveilleux ? » Les élèves peuvent identifier ces éléments : un trône vacant, une épée magique, le sortilège qui la maintient fichée dans la pierre.

« Arthur est un héros. Quelles sont ses qualités ? » Arthur est jeune, grand et beau, il est aimable et serviable. Il ne pense pas à sa gloire personnelle puisqu'il remet l'épée à Keu.

• Encourager la parole émotionnelle des élèves. « D'après vous, qu'a pu ressentir le jeune Arthur quand il a retiré l'épée ? Et vous, qu'auriez-vous ressenti ? Qu'auriez-vous fait à sa place ? »

Étape 3 : Apports culturels supplémentaires (10 min)

• Préciser l'analyse en observant plus finement. « Comment l'auteur fait-il pour nous montrer avec quelle facilité Arthur retire l'épée de la roche ? » Les élèves repèrent les passage suivants : « sans même descendre de cheval », « effleura la poignée de l'épée qui jaillit pour venir se caler parfaitement dans sa paume », « Arthur, une nouvelle fois, retira l'épée sans nulle peine », « Et pour la troisième fois, le jour de Pâques, Arthur se saisit de l'épée ».

• Élargir : « Cette légende est chrétienne. Quels mots le prouvent ? » On peut repérer que, dès le début, il est fait mention de « Notre Seigneur ». L'épée apparait le jour de Noël et Arthur est proclamé roi le jour de Pâques. Elle est plantée devant l'église et c'est un archevêque qui annonce la prophétie et qui oint Arthur roi.

Le saviez-vous ?
On parle couramment des « Chevaliers de la Table ronde » car, le roi Arthur ayant grandi, il voulut rassembler autour de lui les meilleurs chevaliers du royaume. Ceux-ci prenaient place à ses côtés autour de la table, dont la forme ronde, selon les vœux de Merlin, mettait tous les chevaliers sur un pied d'égalité.

• Distribuer la fiche histoire des arts et projeter l'enluminure représentant les chevaliers de la Table ronde. Après avoir lu le cartel de l'œuvre, les élèves colorient le Moyen Âge sur leur frise. Ils placent la vignette représentant l'œuvre littéraire sur la frise de la classe. Ils lisent ensuite sa description.

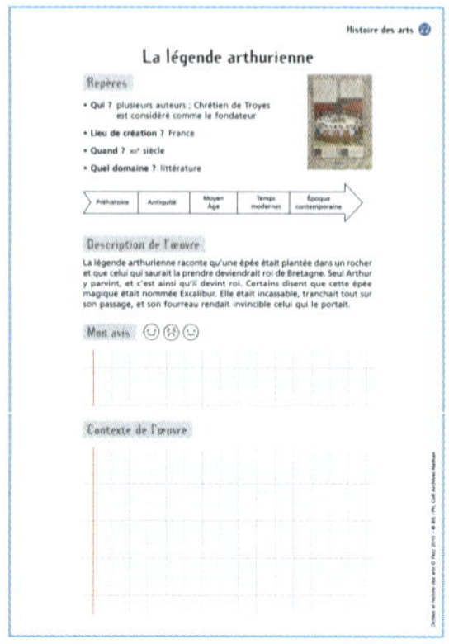
Histoire des arts 22

La légende arthurienne

Repères

• **Qui ?** plusieurs auteurs ; Chrétien de Troyes est considéré comme le fondateur

• **Lieu de création ?** France

• **Quand ?** XIIe siècle

• **Quel domaine ?** littérature

Préhistoire | Antiquité | Moyen Âge | Temps modernes | Époque contemporaine

Description de l'œuvre

La légende arthurienne raconte qu'une épée était plantée dans un rocher et que celui qui saurait la prendre deviendrait roi de Bretagne. Seul Arthur y parvint, et c'est ainsi qu'il devint roi. Certains disent que cette épée magique était nommée Excalibur. Elle était incassable, tranchait tout sur son passage, et son fourreau rendait invincible celui qui le portait.

Mon avis

Contexte de l'œuvre

Étape 4 : Expression personnelle (5 min)

• Les élèves écrivent leur avis sur l'œuvre et tâchent de justifier cet avis.

• Les élèves volontaires lisent leur production.

Prolongements possibles

• Visiter le très beau site de la BNF consacré à son exposition sur la légende du roi Arthur, à cette adresse : http://expositions.bnf.fr/arthur/grosplans/index.htm

• Voir des extraits du film *Excalibur* de John Boorman.

• Lire les très beaux romans par épisodes *La Grande Épopée des chevaliers de la Table ronde* de Sophie Lamoureux.

Séance 2 : Accentuer ou non la lettre « e »

Objectif :	Savoir accentuer les mots.
Matériel :	– Fiche élève orthographe 22. – Exercices d'entrainement autonome 22. – Diaporama orthographe 22 à projeter.
Durée :	50 min.

Étape 1 : Introduction de la séance (5 min)

• Présenter l'objectif d'apprentissage de la séance à l'aide de la page 1 du diaporama : « Aujourd'hui, nous allons continuer à apprendre à accentuer la lettre "e". »

• Faire rappeler les connaissances antérieures en demandant :

« Qu'avez-vous appris la semaine dernière ? » ou « Quels accents connaissez-vous ? Quel son fait l'accent aigu (le tracer) ? Quel son fait l'accent grave (le tracer) ? »

Étape 2 : Enseignement (15 min)

Observer

Projeter la page 2 du diaporama (voir page suivante). Faire lire les mots. Demander « Comment peut s'écrire le son [e] ? [ɛ] ? » Les élèves constatent que la lettre « e » peut produire le son [e] ou [ɛ] sans être accentuée. Valider avec la page 3.

Projeter ensuite la page 4. Les élèves constatent que les mots ont été coupés en syllabes (valider ces coupes avec eux en tapant les sons par exemple).

Projeter la page 5, dans laquelle les syllabes contenant le son [e] ou le son [ɛ] ont été signalées en bleu. Faire remarquer que la lettre « e » est accentuée uniquement si elle est la dernière de la syllabe.

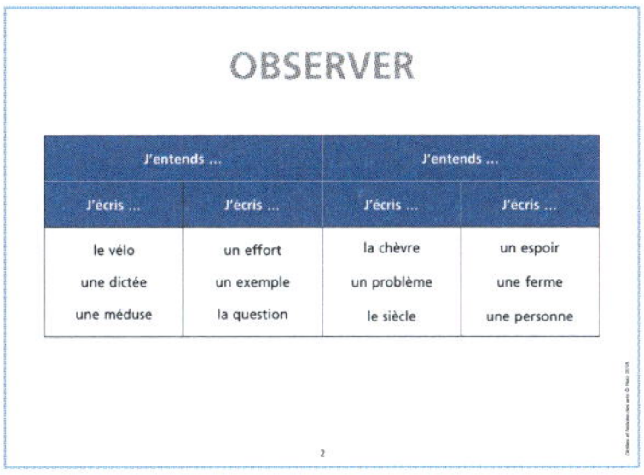

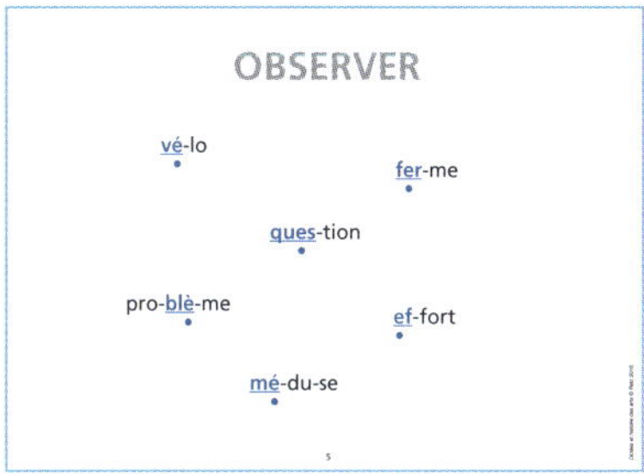

Expliquer

« L'accent aigu fait le son [e]. L'accent grave fait le son [ɛ]. Pour pouvoir mettre un accent sur le "e", il faut que celui-ci soit la dernière lettre de la syllabe. Il faut donc que dans sa tête, on coupe le mot en syllabes. Quand on coupe en syllabes, on sépare toujours les consonnes doubles. Il n'y a donc jamais d'accent devant les consonnes doubles.

On doit aussi savoir qu'il n'y a jamais d'accent devant un "x". »

Illustrer

Projeter la page 6 du diaporama.

« Je veux écrire le mot : "électricité".

Je le coupe en syllabes : é / lec / tri / ci / té.

Taper les syllabes et valider avec la page 7.

Je ne peux accentuer le "e" que s'il s'agit de la dernière lettre de la syllabe. Je peux donc accentuer le premier et le troisième "e". Ce sont des accents aigus, car j'entends le son [e]. »

Valider avec la page 8.

Projeter la page 9 du diaporama, puis les pages 10 et 11. Procéder de la même façon avec le mot « réveil ».

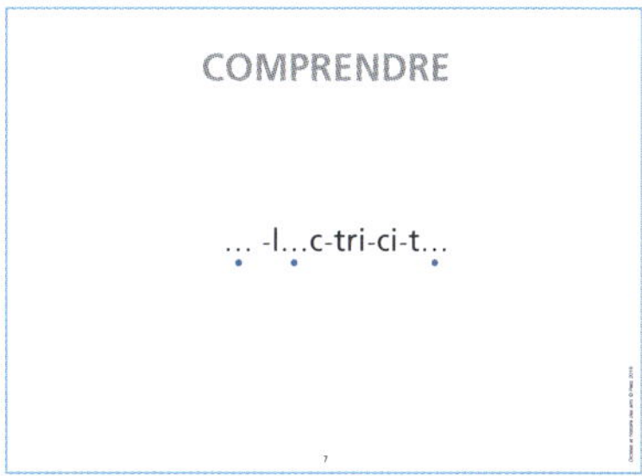

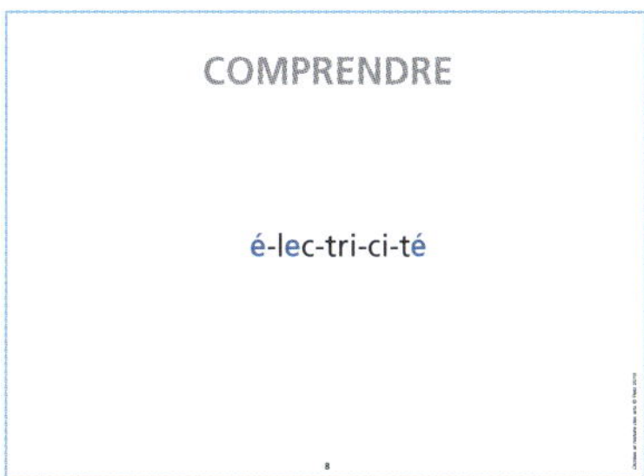

Vérifier la compréhension

Projeter la page 12 du diaporama.

Les élèves sont invités à répondre aux questions.

Puis, diaporama caché, faire synthétiser la notion apprise par les élèves.

Pour conclure, distribuer la fiche orthographe 22 et lire ensemble la leçon :

VÉRIFIER SA COMPRÉHENSION

1. Quel son fait [e] ? Quel son fait [ɛ] ?
2. Quand peut-on accentuer le « e » ?
3. Quand on coupe en syllabes, comment cela se passe-t-il pour les consonnes doubles ?
4. Devant quelle lettre n'y a-t-il jamais d'accent ?

12

• On utilise les accents seulement si le « e » est la dernière lettre de la syllabe.

Exemples : il re-lè-ve, il dé-fie.

→ Le « e » est la dernière lettre de la syllabe, on peut accentuer.

Exemples : un en-ne-mi, che-va-li-er.

→ Le « e » n'est pas la dernière lettre de la syllabe, on ne peut pas accentuer.

• Si le « e » est devant un « x » ou une consonne double, on ne met pas d'accent.

Exemples : un exploit, un ennemi.

Étape 3 : Entrainement (30 min)

Entrainement guidé

Projeter la page 13. Les élèves s'entrainent en écrivant, sur leur ardoise, les mots correctement accentués. À chaque fois, l'élève interrogé doit justifier sa réponse en coupant le mot en syllabes (pour cela, il peut les séparer d'un trait au tableau).

S'ENTRAINER

1. une ...tinc...lle	2. le v...t...rinaire	3. un ...trang...r	4. un ...x...rcice
5. la fl...che	6. la vaiss...lle	7. une porti...re	8. la plong...e
9. la m...r	10. ma m...re	11. une pi...rre	12. un ...scargot
13. ...chapp...r	14. une fic...lle	15. la v...rit...	16. un ...xemple
17. une ...rreur	18. un sp...ctacle	19. la lib...rt...	20. la p...rf...ction
21. un ...xtrait	22. un h...ros	23. un ...pisode	24. un ...ssai
25. la poub...lle	26. diff...rent	27. une s...ance	28. le pluri...l

13

Entrainement autonome

Les élèves s'entrainent dans leur cahier avec un exercice écrit de niveau 1 (★) ou 2 (★★).

Niveau 1 (∗)

Complète les mots avec « é », « è » ou « e ».

un ...l...ve	le caf...
les ...scali...rs	la col...re
une l...ttre	le d...ss...rt
une adr...sse	

Niveau 2 (**)

Complète les mots avec « é », « è » ou « e ».

Les ...l...ves pr...nnent les ...scali...rs.

J'ai envoy... ma l...ttre à ton anci...nne adr...sse.

La conf...rence ...tait tr...s int...r...ssante.

Mon p...re va se m...ttre en col...re.

Apr...s le d...ss...rt, j'aime d...gust...r un caf... .

Séance 3 : Première appropriation des mots

Objectif :	Découvrir les mots à apprendre, mettre en lumière les difficultés.
Matériel :	– Fiche élève orthographe 22. – Fiche de méthodologie n° 2.
Durée :	30 min.

Étape 1 : Observation des mots (15 min)

Orthographe 22

Les accents (2) : accentuer ou non la lettre « e »

Le chevalier défie ses ennemis et relève des épreuves. Quel exploit !

• On utilise les accents seulement si le « e » est la dernière lettre de la syllabe.
Exemples : il re-lè-ve. il dé-fie.
→ Le « e » est la dernière lettre de la syllabe, on peut accentuer.
Exemples : un en-ne-mi, che-va-li-er.
→ Le « e » n'est pas la dernière lettre de la syllabe, on ne peut pas accentuer.
• Si le « e » est devant un « x » ou une consonne double, on ne met pas d'accent.
Exemples : un exploit, un ennemi.

Mots à apprendre pour la dictée
La légende arthurienne

noms	**le Moyen Âge, un auteur, un récit, une aventure, le chevalier, la légende, la paix, la justice, un exploit,** un objectif, un lieu, un ennemi, une épreuve, un objet, *la fée, le personnage, l'enchanteur*
verbes	**servir**, combattre, relever
adjectifs et participes passés	**imaginaire, réuni, différent,** principal, cruel, terrible, enchanté, *aidé, merveilleux, généreux, célèbre*
mots invariables	**autour, grâce**, pourquoi, parfois, comme

• Lecture collective des mots à apprendre sur la fiche orthographe. Le sens des mots est rappelé si nécessaire, et les difficultés orthographiques sont surlignées.

<u>Exemples de difficultés</u> :

un récit, la paix, un ennemi, la légende, un exploit, un objectif, une fée, un personnage, combattre, différent, terrible, merveilleux, grâce, pourquoi, parfois.

• S'entrainer à changer le genre et le nombre des noms et des adjectifs.

• Conjuguer les verbes au présent et à l'imparfait.

Étape 2 : Mémorisation des mots (15 min)

• Première mise en mémoire des mots. Les élèves commencent à apprendre leurs mots individuellement, puis en binôme. ➤ Fiche de méthodologie n° 2

• Les mots sont donnés à apprendre (voir fiche orthographe) à la maison pour la semaine suivante. Les élèves du groupe jaune et ceux qui feront la dictée à trous n'ont que les mots en gras à apprendre.

Séance 4 : Dictée flash n° 1

Déroulement identique à la séance 4 de la dictée 1 « La tour Eiffel », p. 30.

Étape 1 : Dictée de groupes nominaux (5 min)

des chevaliers cruels – le dernier ennemi – une aventure terrible –
des lieux imaginaires – un enchanteur merveilleux

Séance 5 : Dictée flash n° 2

Déroulement identique à la séance 5 de la dictée 1 « La tour Eiffel », p. 30.

Étape 1 : Dictée de phrase (5 min)

Ces merveilleux chevaliers combattaient des ennemis cruels et accomplissaient des exploits terribles.

Étape 4 : Correction collective, puis individuelle (10 min)

Exemples de questions pouvant éclairer la correction :
« Comment savoir que le mot "ces" s'écrit c-e-s ? le mot "et" e-t ? »
« Pourquoi n'y a-t-il pas besoin d'accent sur les "e" de "chevaliers" ? "merveilleux" ? "ennemis" ? "cruels" ? "exploits" ? "terribles" ? »
« Pourquoi le verbe "combattaient" est-il au pluriel ? le verbe "accomplissaient" ? »
« Qu'est-ce qui est "merveilleux" ? "cruels" ? "terribles" ? »

Séance 6 : Dictée bilan

Objectif :	Écrire sous la dictée en tenant compte des règles apprises.
Matériel :	– Cahier de français, cahier du jour, cahier d'évaluation (selon l'organisation de la classe). – Dictée à trous 22. – Pour l'enseignant : dictées flash et bilan 22. – Fiche de méthodologie n° 3.
Durée :	45 min.

Étape 1 : Projection de l'œuvre et lecture magistrale de la dictée (5 min)

• Écrire au tableau les mots « Arthur », « Graal », « Merlin ».

Étape 2 : Dictée phrase par phrase du texte et différenciation (30 min)

Dictée bilan

Au **Moyen Âge**, des **auteurs** écrivent des **récits** qui racontent les **aventures imaginaires** de **chevaliers**. La **légende** dit que les **chevaliers** de la Table ronde étaient **réunis autour** du roi *Arthur* **et servaient** la **paix et** la **justice grâce à** leurs **différents exploits**.	43 mots
Les **chevaliers** avaient pour **objectif principal** de trouver le *Graal*, un vase sacré. C'est **pourquoi** ces derniers partaient **à l'aventure** dans des **lieux enchantés**. Ils **combattaient** des **ennemis cruels et** devaient **relever** des **épreuves terribles**.	78 mots
Ils étaient **parfois aidés** par des **objets merveilleux et** des amis **généreux comme** des **fées ou** le **célèbre personnage** de l'**enchanteur** *Merlin*.	100 mots

Les élèves en difficulté complètent la dictée à trous.

NB : Dans la dictée à trous, le mot chevalier apparait deux fois mais n'est évalué qu'une fois.

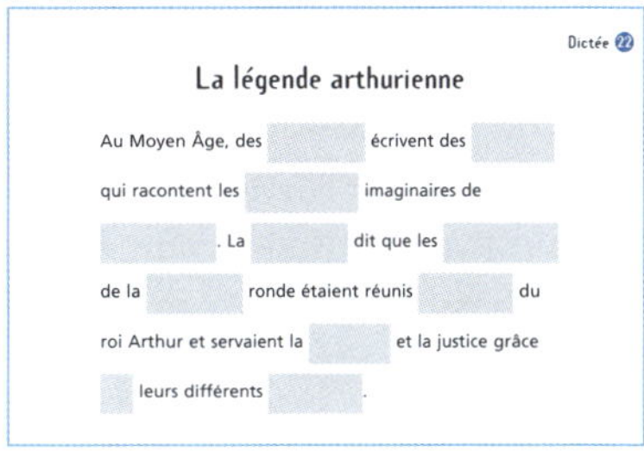
Dictée 22

La légende arthurienne

Au Moyen Âge, des ______ écrivent des ______ qui racontent les ______ imaginaires de ______. La ______ dit que les ______ de la ______ ronde étaient réunis ______ du roi Arthur et servaient la ______ et la justice grâce ______ leurs différents ______.

Étape 3 : Relecture de la dictée (10 min)

➤ Fiche de méthodologie n° 3

Aide pour la correction de la dictée par l'enseignant

On retire un point pour :

– les correspondances non respectées (dont s/ss, m devant m, p, b, g/gu, g/ge, c/ç, **é/è/e**) ;
– les erreurs sur les mots terminés par -ail, -eil, -euil, -ouil ;
– les erreurs de ponctuation et de majuscule ;
– chaque mot en gras mal orthographié (mots à apprendre et à savoir accorder) ;
– les mots écrits au tableau (en italique) mal copiés ;
– les règles d'écriture des nombres non respectées ;
– les erreurs d'homophones : a/à, est/et, sont/son, ont/on ;
– les accords non marqués (verbes, noms, adjectifs).

Séance 7 : Correction de la dictée

Déroulement identique à la séance 7 de la dictée 1 « La tour Eiffel », p. 32.

Écrire -é ou -er

La Joconde

Connaissances pour l'enseignant

Titre complet : *Portrait de Lisa Gherardini*, épouse de Francesco del Giocondo, dite *Monna Lisa*, *La Gioconda* ou *La Joconde*

Artiste : Léonard de Vinci

Domaine artistique : peinture

Technique : huile sur panneau de bois

Courant artistique : Haute Renaissance

Dimensions : 77 × 53 cm

Date de création : entre 1503 et 1506

Lieu de création : Florence

Lieu d'exposition : musée du Louvre, Paris

Pourquoi étudier *La Joconde* ?

Pour sa célébrité inégalée

Ce tableau de Léonard de Vinci est certainement le plus célèbre au monde. Il est cité par de nombreux artistes, dans plusieurs domaines, et fascine ses spectateurs depuis des siècles. Il est admiré par environ 20 000 visiteurs par jour !

Pour son mystère

Les admirateurs de *La Joconde* vantent ses nombreux mystères. Que signifie son sourire énigmatique, si difficile à déchiffrer ? Où est situé le décor qui s'étend derrière elle, est-il réel ou imaginé ? Qui a servi de modèle, Lisa Gherardini (épouse de Francesco del Giocondo), Léonard de Vinci lui-même ou Salai (jeune assistant de Léonard), comme l'ont affirmé récemment des chercheurs italiens ?

Pour son génial créateur

Léonard de Vinci est considéré de tout temps comme un génie. On admire à la fois son talent, sa curiosité et sa polyvalence (il est peintre et sculpteur mais aussi architecte, ingénieur, botaniste, anatomiste, mathématicien…). Il incarne mieux que quiconque l'idéal humaniste de la Renaissance.

Séance 1 : Découverte de l'œuvre

Objectif : Découvrir une œuvre : *La Joconde*, et s'exprimer à son propos.

Matériel :
- Diaporama histoire des arts 23 à projeter et la vignette de l'œuvre à placer sur la frise chronologique.
- Planisphère, frise chronologique.
- Fiche élève histoire des arts 23.
- Fiche de méthodologie n° 1.

Durée : 30 min.

Étape 1 : Introduction de la séance (5 min)

Présenter l'œuvre d'art

• Projeter l'œuvre au tableau. « L'œuvre de la semaine est sans doute le tableau le plus célèbre du monde. Certains d'entre vous le connaissent surement. On l'appelle *La Joconde* ou *Monna Lisa*. »

Situer l'œuvre dans l'espace

• Un élève vient situer l'Italie sur un planisphère. On peut ensuite situer ce pays par rapport à la France.

Le saviez-vous ?
L'œuvre est italienne mais est exposée à Paris : elle a été apportée en France par Léonard de Vinci lui-même quand celui-ci a été invité à vivre à la cour de François Ier. L'artiste ne se séparait jamais de cette toile.

Situer l'œuvre dans le temps

• Demander aux élèves de situer l'œuvre dans le temps. Ils peuvent estimer la période historique (les Temps modernes) ou être plus précis en proposant un siècle. Ensuite, préciser la date de création avec la page 2 du diaporama. Faire placer la vignette de l'œuvre sur la frise de la classe.

Étape 2 : Découverte de l'œuvre par les élèves (10 min)

• Encourager la parole descriptive des élèves : « Que voyez-vous ? »
Évoquer ensemble : le portrait d'une femme, Monna Lisa, sa position (visage presque de face, corps de trois quarts), ses mains et le fond représentant un paysage lointain. Les couleurs assez homogènes, éventuellement, l'impression de flou.

Le saviez-vous ?
Le tableau est désormais très sombre et on ne voit pas tous les détails. Les chercheurs disent savoir avec certitude que la robe de la Joconde était rouge. Un voile noir délicat est posé sur ses cheveux bouclés qui tombent sur ses épaules.

• Encourager la parole élaborative des élèves. « D'après vous où est Monna Lisa ? à l'intérieur ? à l'extérieur ? » Monna Lisa est sur un balcon (montrer le parapet), assise dans un fauteuil, le bras gauche posé sur un accoudoir. « Le tableau de Botticelli *La Naissance de Vénus* a aussi été peint en Italie, à cette époque. Quelles différences constatez-vous entre les deux tableaux ? » (Voir diaporama histoire des arts séquence 8.)

Identifier le genre du portrait. Cette toile est le premier portrait grandeur nature connu. « Que regarde Monna Lisa d'après vous ? Pourquoi ? » L'un des mystères entourant Monna Lisa est qu'elle donne l'impression de fixer celui qui la regarde, où qu'il soit placé par rapport au tableau.

• Encourager la parole émotionnelle des élèves. « Essayez de vous mettre dans la peau de Monna Lisa. Qu'entendez-vous ? Quelles odeurs sentez-vous ? Avez-vous froid ? chaud ? De quelle humeur êtes-vous ? »

Étape 3 : Apports culturels supplémentaires (10 min)

• S'intéresser plus précisément à la composition du tableau. Le buste de Monna Lisa se détache sur un fond de paysage. Certains observateurs y ont constaté des étrangetés, pour ne pas dire des incohérences. Le paysage visible à gauche ne semble pas se poursuivre à droite ; en effet, il parait plus bas à gauche qu'à droite. Il semble, par ailleurs, que nous soyons devant deux paysages : un réel, humanisé, en bas (avec un pont, une route sinueuse), et un irréel, sans présence de vie humaine, en haut.

• Ajouter qu'on appelle sfumato, « fumé », la technique utilisée par Léonard de Vinci donnant cette impression de flou. Cette technique consiste à superposer de nombreuses couches de peinture très fines. Cela donne au tableau son aspect vaporeux.

Le saviez-vous ?
Cette toile est admirée au musée du Louvre par des millions de touristes venus du monde entier. Elle est protégée par une plaque de verre car elle a une valeur inestimable et a déjà été volée en 1911. À la période du vol, la foule se pressait tout autant pour voir le « vide » laissé par l'absence du tableau !

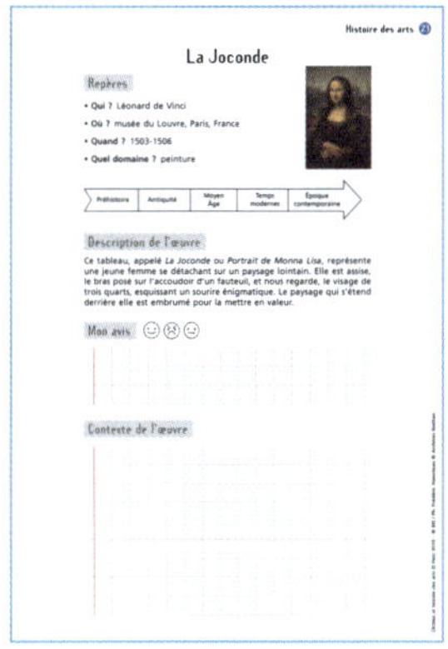
Histoire des arts 23

La Joconde

Repères

• **Qui ?** Léonard de Vinci
• **Où ?** musée du Louvre, Paris, France
• **Quand ?** 1503-1506
• **Quel domaine ?** peinture

Préhistoire | Antiquité | Moyen Âge | Temps modernes | Époque contemporaine

Description de l'œuvre

Ce tableau, appelé *La Joconde* ou *Portrait de Monna Lisa*, représente une jeune femme se détachant sur un paysage lointain. Elle est assise, le bras posé sur l'accoudoir d'un fauteuil, et nous regarde, le visage de trois quarts, esquissant un sourire énigmatique. Le paysage qui s'étend derrière elle est embrumé pour la mettre en valeur.

Mon avis

Contexte de l'œuvre

• Distribuer la fiche histoire des arts. Après avoir lu le cartel de l'œuvre, les élèves colorient les Temps modernes sur leur frise. Ils lisent ensuite la description de l'œuvre.

Étape 4 : Expression personnelle (5 min)

• Les élèves écrivent leur avis sur l'œuvre et justifient cet avis.

➤ Fiche de méthodologie n° 1

• Les élèves volontaires lisent leur production.

Prolongements possibles

• Découvrir le focus du musée du Louvre consacré à *La Joconde*, disponible à cette adresse : https://focus.louvre.fr/fr/la-joconde
• Étudier quelques-uns des nombreux pastiches de la célèbre toile (Salvador Dali, Marcel Duchamp, Fernand Léger, etc.).
• Lire l'un des nombreux ouvrages de littérature jeunesse consacrés à *La Joconde* ou à son vol.

Séance 2 : Écrire -é ou -er

Objectifs :	– Distinguer l'infinitif du participe passé. – Savoir écrire -é ou -er.
Matériel :	– Fiche élève orthographe 23. – Exercices d'entrainement autonome 23. – Diaporama orthographe 23 à projeter.
Durée :	50 min.

Étape 1 : Introduction de la séance (5 min)

• Présenter l'objectif d'apprentissage de la séance à l'aide de la page 1 du diaporama et l'annoncer oralement : « Aujourd'hui, nous allons apprendre à reconnaitre quand un mot se termine par -é et quand il se termine par -er. »
• Rappeler les connaissances antérieures en demandant :
« Savez-vous quelle est généralement la nature des mots se terminant par -er ? »
Ce sont les verbes du premier groupe à l'infinitif.
« Savez-vous quelle est généralement la nature des mots se terminant par -é ? »
Ce sont les verbes du premier groupe sous la forme du participe passé.

Étape 2 : Enseignement (15 min)

Observer

Projeter la page 2 du diaporama (puis les pages 3 et 4). Demander aux élèves de lire la phrase et de proposer une explication aux différentes écritures du son [e]. Certains élèves reconnaissent la forme infinitive, éventuellement le passé composé. Expliquer grâce aux pages 3 et 4 qu'il s'agit de formes verbales différentes.

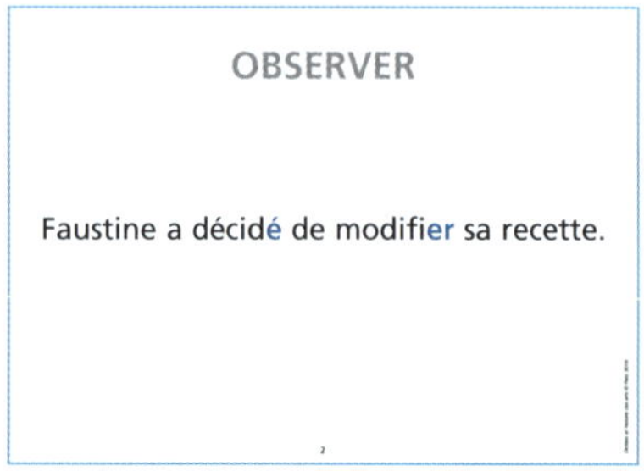

Expliquer

« L'infinitif et le participe passé des verbes du 1er groupe se terminent par le même son [e]. Pour savoir si je dois écrire -er ou -é, je dois donc savoir s'il s'agit de l'infinitif ou du participe passé d'un verbe du premier groupe. Dans ma tête, je peux le remplacer par un verbe d'un autre groupe ce qui permettra d'entendre deux sons bien différents ; par exemple : prendre, pris. »

Illustrer

Projeter la page 5 du diaporama (puis 6 à 9).

« Dans la phrase : "Sophie a rang**é** ses chaussures", je peux remplacer "rangé" par "pris", je constate donc que c'est un participe passé, j'écris -é.

Dans la phrase : "Sophie doit rang**er** ses chaussures", je peux remplacer ranger par "prendre", je constate donc que c'est un infinitif, j'écris -er. »

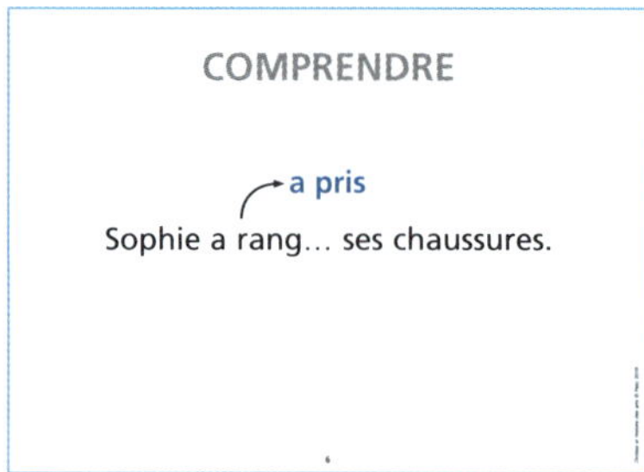

Vérifier la compréhension

Projeter la page 10 du diaporama.

Les élèves sont invités à répondre aux questions.

Puis, diaporama caché, faire synthétiser la notion apprise par les élèves.

Pour conclure, distribuer la fiche orthographe 23 puis lire ensemble la leçon :

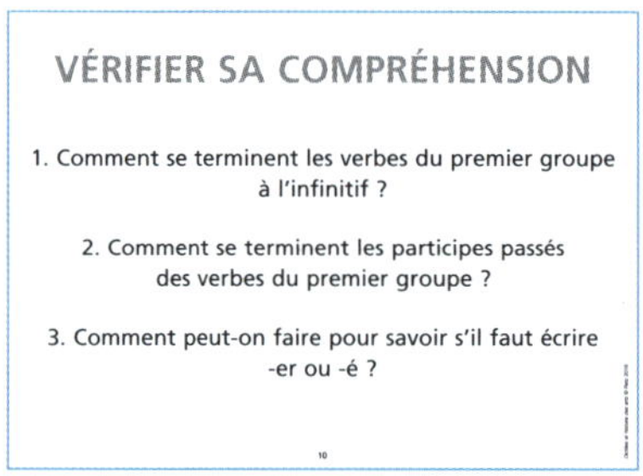

- Un verbe terminé par **-er** est à l'**infinitif**. On peut le remplacer par l'infinitif d'un verbe d'un autre groupe.

<u>Exemple</u> : Léonard voulait dessin**er** (→ il voulait réuss**ir**).

- Un verbe terminé par **-é** est sous sa forme de **participe passé**. Il est conjugué avec « être » ou « avoir », on peut le remplacer par un participe passé d'un autre groupe.

<u>Exemple</u> : Il a dessin**é** (→ il a réuss**i**).

Étape 3 : Entrainement (30 min)

Entrainement guidé

Projeter les pages 11 à 20. Les élèves s'entrainent en écrivant les mots complétés par -é ou -er. Ils justifient leur réponse en se référant à un verbe d'un autre groupe.

J'ai oublié mon bonnet.
Va le chercher.
J'aime beaucoup chanter.
La souris avait tout grignoté.
Il ne faut pas gaspiller la nourriture.
L'oisillon a appris à voler.
J'ai essayé de te prévenir.
N'oublie pas de fermer les volets.
Le musée est fermé le lundi.
Entends-tu couler le bain ?

Entrainement autonome

Les élèves s'entrainent dans leur cahier avec un exercice écrit de niveau 1 (★) ou 2 (★★).

Niveau 1 (✶)

Écris -é ou -er.

L'avion va bientôt décoll..... .

L'avion a déjà décoll..... .

Le photographe s'est cach..... .

Il veut observ..... le tigre.

J'ai trouv..... !

Niveau 2 (✶✶)

Écris -é ou -er.

Il faut tourn..... à gauche pour trouv..... la pharmacie.

Le photographe s'est cach..... pour pouvoir mieux observ..... le tigre.

Nous avons déménag..... pour gagn..... de la place.

Les filles ont jou..... tout l'après-midi sans se disput..... .

Tu peux arrêt..... de cherch....., j'ai déjà trouv..... !

Séance 3 : Première appropriation des mots

Objectif :	Découvrir les mots à apprendre, mettre en lumière les difficultés.
Matériel :	– Fiche élève orthographe 23. – Fiche de méthodologie n° 2.
Durée :	30 min.

Étape 1 : Observation des mots (15 min)

• Lecture collective des mots à apprendre sur la fiche orthographe. Le sens des mots est rappelé si nécessaire, et les difficultés orthographiques sont surlignées.

Exemples de difficultés :

un âge, un maitre, la peinture, une œuvre, un portrait, un musée, sculpter, influencer, s'installer, apporter, talentueux, influencé, mystérieux, depuis, plusieurs, toujours, peut-être, grâce, déjà.

• S'entrainer à changer le genre et le nombre des noms et des adjectifs.

• Conjuguer les verbes au présent et au passé composé.

Orthographe 23

Écrire -é ou -er

Léonard de Vinci voulait dessiner Il a dessiné !

• Un verbe terminé par -er est à l'infinitif. On peut le remplacer par l'infinitif d'un verbe d'un autre groupe.

Exemple : Léonard voulait dessiner (→ il voulait réussir).

• Un verbe terminé par -é est sous sa forme de participe passé. Il est conjugué avec « être » ou « avoir », on peut le remplacer par un participe passé d'un autre groupe.

Exemple : Il a dessiné (→ il a réussi).

Mots à apprendre pour la dictée
La Joconde

noms	**un âge, un maitre, la peinture, une époque**, une œuvre, le portrait, le sourire, la France, *un touriste, le musée, Paris*
verbes	**dessiner, sculpter, éduquer, influencer**, s'installer, apporter, *venir*
adjectifs et participes passés	**jeune, talentueux**, célèbre, mystérieux, *entier, protégé*
mots invariables	**depuis, toujours**, plusieurs, parmi, peut-être, grâce, aussi, car, déjà, avec

Étape 2 : Mémorisation des mots (15 min)

• Première mise en mémoire des mots. Les élèves commencent à apprendre leurs mots individuellement, puis en binôme. ➤ Fiche de méthodologie n° 2

• Les mots sont donnés à apprendre à la maison pour la semaine suivante. Les élèves du groupe jaune et ceux qui feront la dictée à trous n'ont que les mots en gras à apprendre.

Séance 4 : Dictée flash n° 1

Déroulement identique à la séance 4 de la dictée 1 « La tour Eiffel », p. 30.

Étape 1 : Dictée de groupes nominaux (5 min)

un sourire mystérieux – un maitre talentueux – plusieurs œuvres –
un musée protégé – des portraits célèbres

Séance 5 : Dictée flash n° 2

Déroulement identique à la séance 5 de la dictée 1 « La tour Eiffel », p. 30.

Étape 1 : Dictée de phrase (5 min)

Écrire au tableau les mots « Joconde » et « Léonard de Vinci ».

Léonard de Vinci a apport**é** la célèbre *Joconde* en venant s'install**er** en France.

Étape 2 : Correction collective, puis individuelle (10 min)

Exemples de questions pouvant éclairer la correction :
« Comment savoir comment s'écrit le premier "a" ? »
« Comment savoir que le mot "apporté" se termine en -é ? »
« Comment savoir que le mot "s'installer" se termine en -er ? »
« Pourquoi y a-t-il une majuscule à Joconde ? »

Séance 6 : Dictée bilan

Objectif :	Écrire sous la dictée en tenant compte des règles apprises.
Matériel :	– Cahier de français, cahier du jour, cahier d'évaluation (selon l'organisation de la classe). – Diaporama histoire des arts 23. – Dictée à trous 23. – Pour l'enseignant : dictées flash et bilan 23. – Fiche de méthodologie n° 3.
Durée :	45 min.

Étape 1 : Projection de l'œuvre et lecture magistrale de la dictée (5 min)

- Écrire au tableau les mots « Léonard de Vinci », « François Ier », « la Joconde », « Monna Lisa » et « Louvre ».

Étape 2 : Dictée phrase par phrase du texte et différenciation (30 min)

Dictée bilan

Depuis son plus **jeune âge**, le **talentueux** *Léonard de Vinci* a **toujours** aimé **dessiner** et **sculpter**. Il est **éduqué** et **influencé** par les **maitres** de la **peinture** de son **époque**.	30 mots
En 1515, il est invité en **France** par *François Ier*. Il vient s'y **installer**. Il a **apporté plusieurs œuvres avec** lui, il y a **parmi** elles, *La Joconde*. Le **portrait** de *Monna Lisa* est **peut-être** le tableau le plus **célèbre**, **grâce** à son **sourire mystérieux**.	76 mots
Des **touristes** du monde **entier viennent** l'admirer au **musée** du *Louvre*, à **Paris**. C'est **aussi** le plus **protégé car** il a **déjà** été volé.	100 mots

Les élèves en difficulté complètent la dictée à trous.

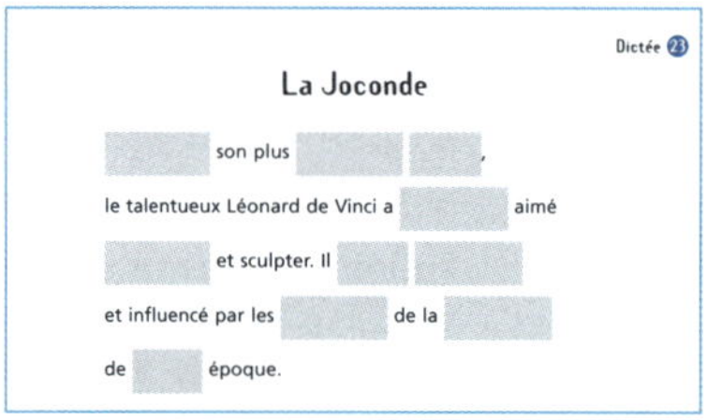
Dictée 23

La Joconde

son plus

le talentueux Léonard de Vinci a aimé

et sculpter. Il

et influencé par les de la

de époque.

Étape 3 : Relecture de la dictée (10 min)

Fiche de méthodologie n° 3

Aide pour la correction de la dictée par l'enseignant

On retire un point pour :
- les correspondances non respectées (dont s/ss, g/gu, g/ge, c/ç, é/è/e) ;
- les erreurs sur les mots terminés par -ail, -eil, -euil, -ouil ;
- les erreurs de ponctuation et de majuscule ;
- chaque mot en gras mal orthographié (mots à apprendre et à savoir accorder) ;
- les mots écrits au tableau (en italique) mal copiés ;
- les règles d'écriture des nombres non respectées ;
- les erreurs d'homophones : a/à, est/et, sont/son, ont/on, ce/se ;
- les accords non marqués (verbes, noms, adjectifs) ;
- les erreurs de lettres finales muettes ;
- **les confusions entre participe passé et infinitif.**

Séance 7 : Correction de la dictée

Déroulement identique à la séance 7 de la dictée 1 « La tour Eiffel », p. 32.

L'accord du participe passé

La Victoire de Samothrace

Connaissances pour l'enseignant

Artiste : inconnu

Découvreur : Charles Champoiseau, en 1863

Domaine artistique : sculpture

Matériau : marbre

Courant artistique : art hellénistique (du I^{e} au III^{er} siècle av. notre ère)

Dimensions : hauteur totale 5,57 m (2,75 m sans le socle)

Date de création : vers 220-185 avant notre ère

Lieu de création : ile de Samothrace, Grèce

Lieu d'exposition : musée du Louvre, Paris

Pourquoi étudier *La Victoire de Samothrace* ?

Pour sa beauté

La Victoire de Samothrace est considérée comme l'exemple le plus somptueux de l'art hellénistique. Sa réalisation est une prouesse : elle est monumentale et massive, et pourtant elle donne l'impression d'atterrir en toute légèreté. Champoiseau compare sa découverte à « de la mousseline de pierre », dans une lettre à Napoléon III.

Pour reconstituer avec les élèves son histoire

La découverte progressive de la statue puis de son socle permet de mener avec ses élèves une réflexion aux allures d'enquête. On s'interroge tout d'abord sur ce qui est représenté, avec pour éléments la statue et son titre. Dans un second temps, on pourra essayer d'en déduire la fonction du monument.

Séance 1 : Découverte de l'œuvre

Objectif : Découvrir une œuvre : *La Victoire de Samothrace*, et s'exprimer à son propos.

Matériel :
- Diaporama histoire des arts 24 à projeter et la vignette de l'œuvre à placer sur la frise chronologique.
- Planisphère, frise chronologique.
- Fiche élève histoire des arts 24.
- Fiche de méthodologie n° 1.

Durée : 30 min.

Étape 1 : Introduction de la séance (5 min)

Présenter l'œuvre d'art

• Projeter l'œuvre au tableau. « Voici l'œuvre de la semaine. On l'appelle *La Victoire de Samothrace*. Dans quel domaine artistique se situe-t-on ? » Préciser aux élèves, si nécessaire, qu'il s'agit d'une sculpture.

Situer l'œuvre dans l'espace

• Un élève vient situer la Grèce sur un planisphère. On peut ensuite situer ce pays par rapport à la France.

Situer l'œuvre dans le temps

• Demander aux élèves de situer l'œuvre dans le temps. Ils peuvent estimer la période historique (l'Antiquité). Ensuite, préciser la date de création avec la page 2.
• Faire placer la vignette de l'œuvre sur la frise de la classe.

Étape 2 : Découverte de l'œuvre par les élèves (10 min)

• Encourager la parole descriptive des élèves : « Que voyez-vous ? »
Évoquer ensemble : la sculpture en marbre blanc, le corps d'une femme, ses ailes déployées, le drapé des tissus (celui très fin de la tunique, celui plus épais du manteau qui glisse sur sa jambe), l'absence de tête, de bras, de pieds.

Le saviez-vous ?
En 1950, on a retrouvé une des mains de la Victoire. Sa paume ouverte et ses doigts écartés suggèrent qu'elle ne tenait pas d'objet (comme on l'a imaginé longtemps), mais qu'elle faisait plutôt un geste de salut.

• Encourager la parole élaborative des élèves. « Que nous raconte cette statue ? »
À partir du titre, les élèves concluront peut-être qu'il est question de la victoire

d'une personne nommée Samothrace. La présence d'ailes peut les amener à imaginer que la sculpture représente un ange. Leur indiquer qu'il s'agit d'une déesse grecque appelée Niké, ce qui signifie « la victoire ». « D'après vous que fait cette déesse ? » Les élèves imaginent peut-être que la déesse marche ou qu'elle va prendre son envol puisque ses ailes sont déployées. En réalité, elle est en train d'atterrir.

Le saviez-vous ?
C'est en étudiant l'emplacement des pieds (perdus) sur la statue que l'on a pu déduire leur position. Un pied posé et le second encore levé ont permis de comprendre que la déesse ailée était représentée à l'instant où elle finissait son vol.

• Encourager la parole émotionnelle des élèves. « Essayez de vous mettre dans la peau de la Victoire. Que ressent-elle ? A-t-elle froid ? chaud ? » Amener les élèves à évoquer le vent qui souffle fort, particulièrement bien rendu par les plis des tissus et par la position très avancée du buste par rapport aux ailes, orientées vers l'arrière.

Étape 3 : Apports culturels supplémentaires (10 min)

• Projeter la page 3 du diaporama. Les élèves peuvent constater que la déesse est posée sur un socle de marbre gris. Celui-ci a la forme d'une proue de navire. « La déesse est en train de se poser sur la proue (la partie avant) d'un bateau. Cela vous donne des informations précieuses pour déduire quelles ont pu être les raisons de la réalisation d'une telle statue. » *La Victoire de Samothrace* a sans doute été érigée pour célébrer une victoire lors d'une bataille navale. Découverte dans un sanctuaire, cette statue est une offrande pour remercier les dieux qui ont permis cette victoire.

• Distribuer la fiche histoire des arts. Après avoir lu le cartel de l'œuvre, les élèves colorient l'Antiquité sur leur frise. Ils lisent ensuite le contexte de l'œuvre.

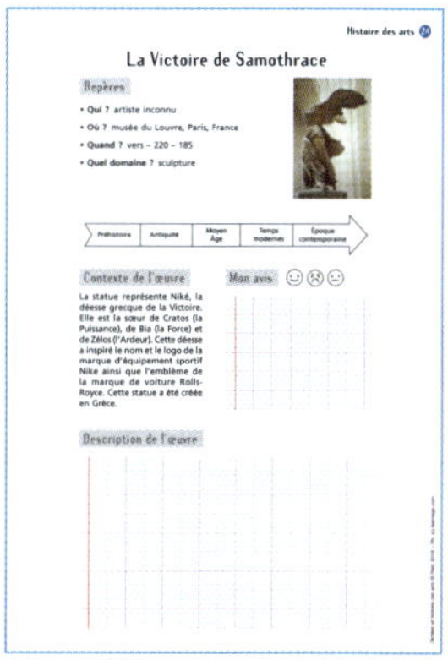
Histoire des arts 24

La Victoire de Samothrace

Repères
• Qui ? artiste inconnu
• Où ? musée du Louvre, Paris, France
• Quand ? vers – 220 – 185
• Quel domaine ? sculpture

Préhistoire	Antiquité	Moyen Âge	Temps modernes	Époque contemporaine

Contexte de l'œuvre
La statue représente Niké, la déesse grecque de la Victoire. Elle est la sœur de Cratos (la Puissance), de Bia (la Force) et de Zélos (l'Ardeur). Cette déesse a inspiré le nom et le logo de la marque d'équipement sportif Nike ainsi que l'emblème de la marque de voiture Rolls-Royce. Cette statue a été créée en Grèce.

Mon avis

Description de l'œuvre

Étape 4 : Expression personnelle (5 min)

• Les élèves écrivent leur avis sur l'œuvre et tâchent de justifier cet avis.

▶ Fiche de méthodologie n° 1

• Les élèves volontaires lisent leur production.

Prolongements possibles

• Découvrir le focus du musée du Louvre consacré à la *Victoire*, disponible à cette adresse : https://focus.louvre.fr/fr/la-victoire-de-samothrace

• En arts visuels, donner une image de la *Victoire* aux élèves afin qu'ils lui donnent des bras et un visage grâce au dessin ou au collage. On peut également la situer dans un décor imaginé.

• En rédaction, proposer d'écrire le discours de la *Victoire* se posant. Le discours doit célébrer une victoire militaire.

Séance 2 : Accorder le participe passé

Objectifs :	– Reconnaitre le participe passé. – Accorder le participe passé.
Matériel :	– Fiche élève orthographe 24. – Exercices d'entrainement autonome 24. – Diaporama orthographe 24 à projeter.
Durée :	50 min.

Étape 1 : Introduction de la séance (5 min)

• Présenter l'objectif d'apprentissage de la séance à l'aide de la page 1 du diaporama et annoncer : « Aujourd'hui, nous allons apprendre à accorder le participe passé. »

• Faire appeler les connaissances antérieures en demandant :

« Qu'est-ce qu'un participe passé ? » Le participe passé est un mode du verbe qui donne à celui-ci les caractéristiques d'un adjectif. Il peut faire partie d'un temps composé et vient alors après un auxiliaire. Il peut aussi être employé seul, comme un adjectif.

Étape 2 : Enseignement (15 min)

Observer

• Projeter la page 2 du diaporama. Demander aux élèves de lire les phrases et de repérer les participes passés. Constater que le participe passé employé est le même, qu'il est accordé au féminin dans la deuxième phrase mais pas dans la première. Les élèves peuvent expliquer cela par l'emploi dans un cas de l'auxiliaire « être » et dans l'autre de l'auxiliaire « avoir ».

• Projeter la page 3 du diaporama. Demander aux élèves de lire la phrase et de repérer le participe passé. Constater que le participe passé est accordé au féminin alors que l'auxiliaire est « avoir ».

• Projeter la page 4 du diaporama. Demander aux élèves de chercher « ce qui est inventé » dans chaque phrase. Constater que selon la place de « ce qui est inventé », on accorde ou non « inventé ». Valider avec la page 5.

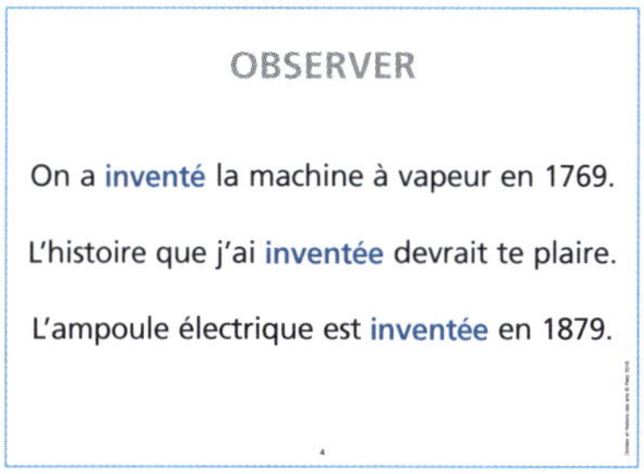

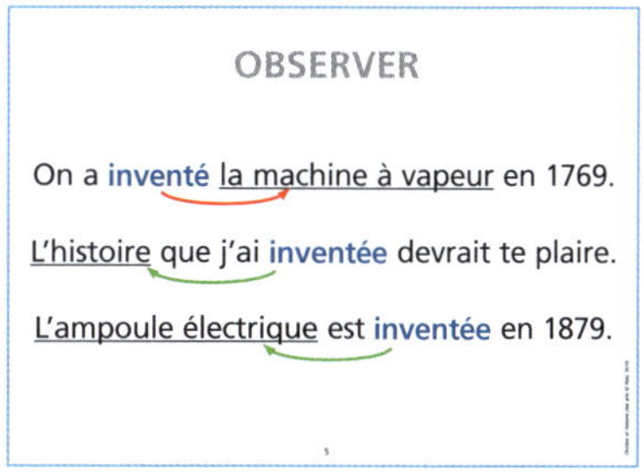

• Projeter la page 6 du diaporama. Le participe passé peut faire partie d'un verbe conjugué au passé composé ou bien être utilisé seul, en jouant le rôle d'un adjectif. Dans ce cas, on l'accorde avec « ce qui est ». Valider avec la page 7.

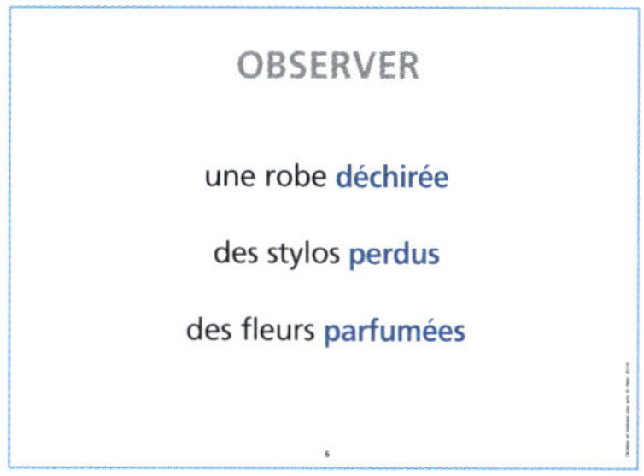

Expliquer

Pour savoir si on accorde un participe passé, il faut se demander si l'on a déjà écrit ce à quoi il se rapporte. Si c'est le cas, on accorde avec « ce qui est ».

Illustrer

Projeter la page 8 du diaporama (puis 9 et 10).

« Je veux écrire la phrase : "Mes exercices sont corrigés."

Au moment où j'écris "corrigés", je sais ce qui est corrigé : ce sont les exercices, j'accorde donc "corrigé" en mettant un -s. (Il y a plusieurs exercices.) »

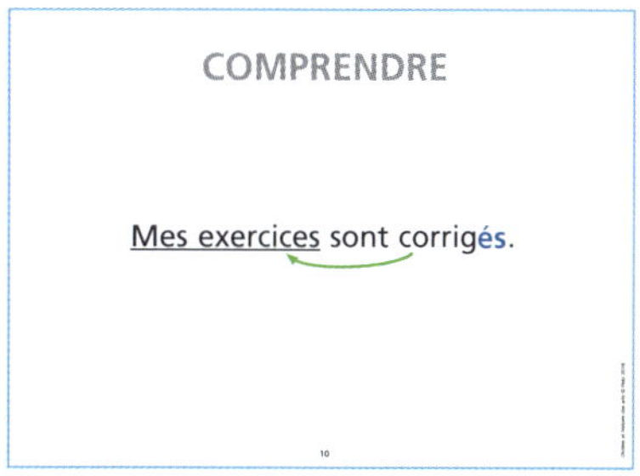

Projeter la page 11 du diaporama (puis 12 et 13).

« Je veux maintenant écrire la phrase : "La maitresse a corrigé les cahiers."

Au moment où j'écris "corrigé", je ne sais pas encore ce qui est corrigé. Dans ce cas, je n'accorde pas. »

Vérifier la compréhension

Projeter la page 14 du diaporama.

Les élèves sont invités à répondre aux questions.

Puis, diaporama caché, faire synthétiser la notion apprise par les élèves.

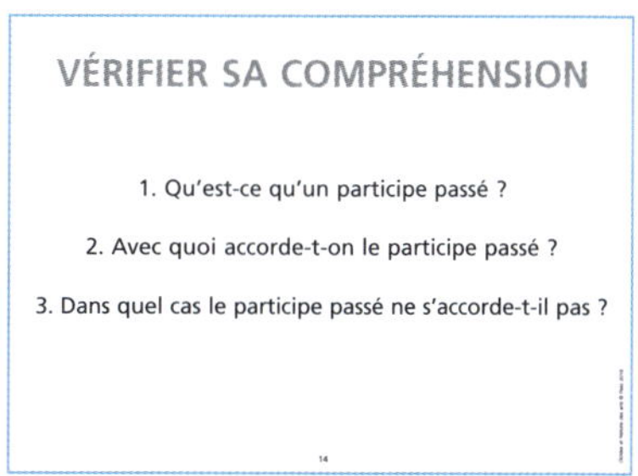

Pour conclure, distribuer la fiche orthographe 24 puis lire ensemble la leçon :

- Le participe passé est une forme verbale. Il peut faire partie d'un temps composé ou être employé seul, comme un adjectif.
- Pour savoir si je dois accorder un participe passé, je me demande si j'ai déjà écrit ce à quoi il se rapporte : **Qui est … ?**
- Si je l'ai déjà écrit, j'accorde le participe passé comme un adjectif.

Exemples :

On a posé la statue sur un socle. (Avant d'écrire le participe passé, je ne sais pas ce qui est posé, je n'accorde pas.)

La statue est posée sur un socle. (Avant d'écrire le participe passé, je sais ce qui est posé, j'accorde.)

Étape 3 : Entrainement (30 min)

Entrainement guidé

Projeter les pages 15 à 24. Les élèves s'entrainent en écrivant les phrases complétées. À chaque fois, leur demander de justifier leur réponse en se référant à « ce qui est ».

Elle est arrivé**e** chez nous hier soir.	Cette valise est trop chargé**e**.
Nous sommes déjà venu**s** ici.	Les enfants sont couché**s** à l'étage.
Elle a gagn**é** la médaille de bronze.	La récréation fini**e**, les élèves rentrent en classe.
Ils ont beaucoup pleur**é**.	J'ai préfér**é** le deuxième épisode.
Chloé et Paul sont déjà parti**s**.	Il s'agit d'une opérette composé**e** en 1875.

Entrainement autonome

Les élèves s'entrainent dans leur cahier avec un exercice écrit de niveau 1 (★) ou 2 (★★).

Niveau 1 (∗)

Accorde le participe passé si nécessaire.

Pour réussir, les élèves doivent être **concentré**… .

Elle a **déchiré**… sa robe.

Tout à coup, la pluie est **tombé**… .

Elles ont **chargé**… la voiture.

Les êtres humains sont **constitué**… de cellules.

Niveau 2 (✱✱)

Accorde le participe passé si nécessaire.

Le maitre a **demandé**… à ses élèves d'être plus **concentré**… .

Elle a **déchiré**… sa robe **préféré**… .

La pluie est **tombé**…, alors nous sommes **rentré**… .

Elles ont **chargé**… la voiture, elles sont **fatigué**… .

Les êtres humains sont **constitué**… de cellules, nous les avons **observé**… .

Séance 3 : Première appropriation des mots

Objectif :	Découvrir les mots à apprendre, mettre en lumière les difficultés.
Matériel :	– Fiche élève orthographe 24. – Fiche de méthodologie n° 2.
Durée :	30 min.

Étape 1 : Observation des mots (15 min)

Orthographe 24

L'accord du participe passé

On a fixé la statue sur un socle.
La statue est fixée sur un socle.

• Le participe passé est une forme verbale. Il peut faire partie d'un temps composé ou être employé seul, comme un adjectif.

• Pour savoir si je dois accorder un participe passé, je me demande si j'ai déjà écrit ce à quoi il se rapporte : Qui est … ?

• Si je l'ai déjà écrit, j'accorde le participe passé comme un adjectif.

Exemples :

On a posé la statue sur un socle. (Avant d'écrire le participe passé, je ne sais pas ce qui est posé, je n'accorde pas.)

La statue est posée sur un socle. (Avant d'écrire le participe passé, je sais ce qui est posé, j'accorde.)

Mots à apprendre pour la dictée

La Victoire de Samothrace

noms	**le monument, la victoire, une statue, un dieu, une déesse, la proue, un bateau,** une œuvre, la bataille, un vol, la guerre, *la divinité, un tissu, un manteau, le corps, le vent*
verbes	**composer, ailer, tailler,** commander, représenter, déployer, *habiller*
adjectifs	**blanc, gris,** *fin*
mots invariables	**alors,** surement, très, en train de

• Lecture collective des mots à apprendre sur la fiche orthographe. Le sens des mots est rappelé si nécessaire, et les difficultés orthographiques sont surlignées.

Exemples de difficultés :

une statue, une déesse, la proue, l'œuvre, la guerre, le corps, composé, ailé, commandé, déployé, habillé, blanc, gris, alors, en train de.

• S'entrainer à changer le genre et le nombre des noms, des adjectifs et des participes passés.

Étape 2 : Mémorisation des mots (15 min)

• Première mise en mémoire des mots. Les élèves commencent à apprendre leurs mots individuellement, puis en binôme. ➤ Fiche de méthodologie n° 2

• Les mots sont donnés à apprendre à la maison pour la semaine suivante. Les élèves du groupe jaune et ceux qui feront la dictée à trous n'ont que les mots en gras à apprendre.

Séance 4 : Dictée flash n° 1

Déroulement identique à la séance 4 de la dictée 1 « La tour Eiffel », p. 30.

Étape 1 : Dictée de groupes nominaux (5 min)

une statue ail**ée** – des déesses habill**ées** – des bateaux taill**és** –
une œuvre command**ée** – des manteaux déploy**és**

Séance 5 : Dictée flash n° 2

Déroulement identique à la séance 5 de la dictée 1 « La tour Eiffel », p. 30.

Étape 1 : Dictée de phrase (5 min)

On a célébr**é** la victoire avec cette statue d'une déesse, pos**ée** sur un bateau de guerre taill**é** dans du marbre.

Étape 4 : Correction collective puis individuelle (10 min)

Exemples de questions pouvant éclairer la correction :
« Qu'est-ce qui est "célébré" ? Est-ce dit avant ou après le mot "célébré" ? »
« Qu'est-ce qui est "posé" ? Est-ce dit avant ou après le mot "posé" ? »
« Qu'est-ce qui est "taillé" ? Est-ce dit avant ou après le mot "taillé" ? »

Séance 6 : Dictée bilan

Objectif :	Écrire sous la dictée en tenant compte des règles apprises.
Matériel :	– Cahier de français, cahier du jour, cahier d'évaluation (selon l'organisation de la classe). – Diaporama histoire des arts 24. – Dictée à trous 24. – Pour l'enseignant : dictées flash et bilan 24. – Fiche de méthodologie n° 3.
Durée :	45 min.

Étape 1 : Projection de l'œuvre et lecture magistrale de la dictée (5 min)

• Écrire au tableau le mot « Samothrace ».

Étape 2 : Dictée phrase par phrase du texte et différenciation (30 min)

Dictée bilan

Le **monument** de la **Victoire** de *Samothrace* est **composé** de la **statue** d'une **déesse** ailée et d'une base en forme de **proue** de navire. La **statue** est **taillée** dans du marbre **blanc alors** que le **bateau** et le socle sont **taillés** dans du marbre **gris**.	45 mots
L'œuvre a **surement** été **commandée** pour célébrer une **bataille** navale. La **déesse** de la Victoire est **représentée** finissant son **vol** pour se poser sur un navire de **guerre**, les ailes **déployées**.	77 mots
La **divinité** est **habillée** d'une robe en **tissu très fin** et d'un **manteau en train de** glisser, collé au **corps** par le **vent**.	100 mots

Les élèves en difficulté complètent la dictée à trous.

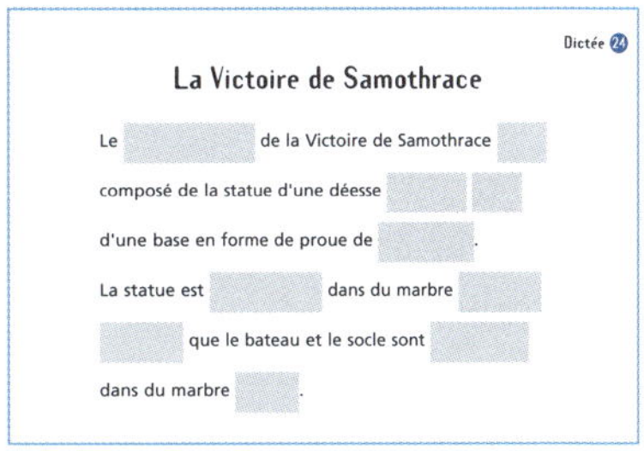
Dictée 24

La Victoire de Samothrace

Le ______ de la Victoire de Samothrace ______

composé de la statue d'une déesse ______ ______

d'une base en forme de proue de ______.

La statue est ______ dans du marbre ______

______ que le bateau et le socle sont ______

dans du marbre ______.

Étape 3 : Relecture de la dictée (10 min)

Fiche de méthodologie n° 3

Aide pour la correction de la dictée par l'enseignant

On retire un point pour :
– les correspondances non respectées (dont s/ss, g/gu, g/ge, c/ç, é/è/e) ;
– les erreurs sur les mots terminés par -ail, -eil, -euil, -ouil ;
– les erreurs de ponctuation et de majuscule ;
– chaque mot en gras mal orthographié (mots à apprendre et à savoir accorder) ;
– les mots écrits au tableau (en italique) mal copiés ;
– les règles d'écriture des nombres non respectées ;
– les erreurs d'homophones : a/à, est/et, sont/son, ont/on, ce/se ;
– les accords non marqués (verbes, noms, adjectifs et **participes passés**) ;
– les erreurs de lettres finales muettes ;
– les confusions entre participe passé et infinitif.

Séance 7 : Correction de la dictée

Déroulement identique à la séance 7 de la dictée 1 « La tour Eiffel », p. 32.

Les noms féminins en -tion et en -ssion

Le Bassin aux nymphéas

Connaissances pour l'enseignant

Artiste : Claude Monet
Domaine artistique : peinture
Technique : huile sur toile
Courant artistique : impressionnisme
Dimensions : 92,5 × 89,5 cm
Date de création : 1899
Lieu de création : Giverny, Normandie, France
Lieu d'exposition : musée d'Orsay, Paris, France

Pourquoi étudier *Le Bassin aux nymphéas* ?

Pour comprendre ce qu'est l'impressionnisme

L'étude du tableau de Monet permet de comprendre l'importance de la révolution impressionniste. Le peintre impressionniste est avant tout celui qui sort de son atelier pour peindre en extérieur. Il en découle cette volonté de traduire en peinture non plus la réalité des sujets, mais les variations de la lumière sur ceux-ci.

Pour comprendre le mélange optique des couleurs

Monet ne mélange pas les couleurs sur une palette, il les dépose sur sa toile, par touches. La juxtaposition des couleurs est ensuite perçue par l'œil, et c'est notre cerveau qui les mélange, qui interprète les éléments figurés par le peintre.

Pour pouvoir comparer la toile et son modèle

L'occasion est rare de pouvoir observer une toile puis le paysage qui l'a inspirée. Elle est rendue possible par la conservation de la maison et du jardin du peintre à Giverny.

Séance 1 : Découverte de l'œuvre

Objectif :	Découvrir une œuvre : *Le Bassin aux nymphéas,* et s'exprimer à son propos.
Matériel :	– Diaporama histoire des arts 25 à projeter et la vignette de l'œuvre à placer sur la frise chronologique. – Carte murale de France, frise chronologique. – Fiche élève histoire des arts 25. – Fiche de méthodologie n° 1.
Durée :	30 min.

Étape 1 : Introduction de la séance (5 min)

Présenter l'œuvre d'art

• Projeter l'œuvre au tableau. « Voici l'œuvre de la semaine. Elle s'appelle *Le Bassin aux nymphéas*. Elle a été réalisée par Claude Monet. Dans quel domaine artistique se situe-t-on ? »

Situer l'œuvre dans l'espace

• Un élève vient situer Paris et la Normandie sur la carte de France. On situe Paris par rapport à la commune des élèves.

Situer l'œuvre dans le temps

• Demander aux élèves de situer l'œuvre dans le temps. Ils peuvent estimer la période historique (l'Époque contemporaine), éventuellement être plus précis en proposant le siècle. Ensuite, préciser la date de création avec la page 2. Faire placer la vignette de l'œuvre sur la frise de la classe.

Étape 2 : Découverte de l'œuvre par les élèves (10 min)

• Encourager la parole descriptive des élèves : « Que voyez-vous ? »
Évoquer ensemble les couleurs : différentes nuances de vert, des touches de rose, de jaune et de blanc. On peut distinguer : un pont passant au-dessus d'un bassin, une végétation luxuriante : le feuillage des arbres, les nénufars (ou nymphéas). Faire s'approcher un élève du tableau et lui demander ce qu'il voit (des taches de couleur). Le faire reculer progressivement en différents lieux de la classe. Pour bien observer un tableau impressionniste, il faut s'éloigner de la toile. C'est la juxtaposition des touches de peinture (environ 15 000 dans ce seul tableau !) qui donne à voir les différents éléments du paysage.

• Encourager la parole élaborative des élèves. « D'après vous, quels sont les différents éléments de la composition ? » Les élèves désignent le pont comme élément central. Celui-ci coupe le paysage en deux : des feuillages au-dessus, l'eau et les nénufars au-dessous. « Est-ce que le peintre a peint l'eau du bassin ? » Claude

Monet n'a pas peint l'eau, mais l'a suggérée par la perspective et par un habile « quadrillage ». Les lignes verticales des reflets s'entrelacent avec les lignes horizontales créées par les nénufars. « Où est placé le spectateur/le peintre ? Où va le regard ? » Le premier plan est à fleur d'eau, on peut s'imaginer assis au bord du bassin, comme Monet aimait à s'installer. Mettre en évidence le point de fuite central, qui mène le regard au fond du bassin.

• Encourager la parole émotionnelle des élèves. « Quelle impression se dégage de cette toile ? » Ce camaïeu de verts, l'entrelacs des lignes, l'équilibre de la composition créent un sentiment d'harmonie et de calme, propice à la méditation.

Étape 3 : Apports culturels supplémentaires (10 min)

• Projeter la page 3 représentant le jardin de Giverny. Claude Monet avait aménagé un jardin au style japonais devant sa maison. Il avait fait détourner un cours d'eau pour que celui-ci le traverse, fait construire ce petit pont japonais et cultivé des nénufars. Il adorait cet endroit et y passait beaucoup de temps. C'est le thème principal de son œuvre, puisqu'il l'a peint pendant vingt-cinq années de sa vie.

Le saviez-vous ?
En 1918, Monet peint *Le Pont japonais*, qui représente exactement le même point de vue. Monet souffre alors de la cataracte et voit très mal. Il se souvient parfaitement des couleurs mais ne parvient pas à les retrouver sur sa palette : les couleurs de cette nouvelle version sont très éloignées de la réalité. Il se fera opérer grâce aux conseils de son ami Georges Clemenceau et retrouvera la vue.

• Élargir en expliquant : à l'époque de Claude Monet et de ses amis les impressionnistes, une nouvelle invention vient de voir le jour : le tube de peinture. Auparavant, les peintres devaient préparer leur peinture eux-mêmes, en mélangeant des pigments (poudres de couleur naturelles) avec différents liants. La peinture ainsi créée devait être utilisée rapidement au risque de sécher. Grâce aux tubes de peinture, fermés hermétiquement, les peintres peuvent enfin sortir de chez eux pour aller travailler en extérieur.

• Distribuer la fiche histoire des arts. Après avoir lu le cartel de l'œuvre, les élèves colorient l'Époque contemporaine sur leur frise. Ils lisent ensuite la description de l'œuvre.

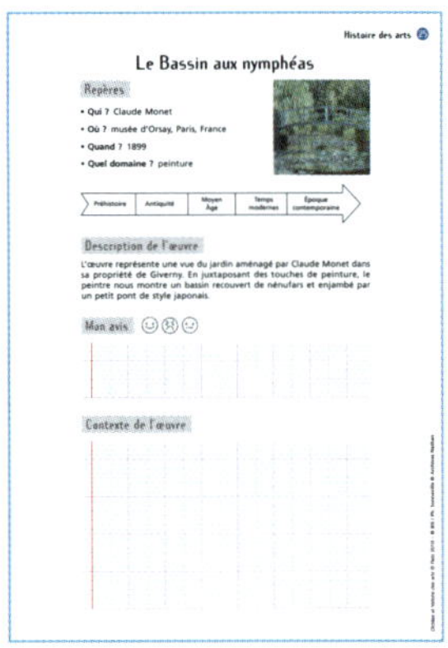
Histoire des arts

Le Bassin aux nymphéas

Repères
• Qui ? Claude Monet
• Où ? musée d'Orsay, Paris, France
• Quand ? 1899
• Quel domaine ? peinture

Préhistoire | Antiquité | Moyen Âge | Temps modernes | Époque contemporaine

Description de l'œuvre
L'œuvre représente une vue du jardin aménagé par Claude Monet dans sa propriété de Giverny. En juxtaposant des touches de peinture, le peintre nous montre un bassin recouvert de nénufars et enjambé par un petit pont de style japonais.

Mon avis

Contexte de l'œuvre

Étape 4 : Expression personnelle (5 min)

• Les élèves écrivent leur avis sur l'œuvre et tâchent de justifier cet avis. ▶ Fiche de méthodologie n° 1

• Les élèves volontaires lisent leur production.

Prolongements possibles

• En arts visuels, travailler sur la notion de camaïeu et créer des dégradés de couleurs. Étudier le cercle chromatique et les mélanges.
• Visiter la maison de Claude Monet virtuellement, à cette adresse : http://fondation-monet.com/visite-virtuelle
• Voir l'épisode de l'émission « d'art ! d'art ! » consacré à la toile *Impression, soleil levant* pour découvrir l'histoire du mot « impressionnisme ».

Séance 2 : Écrire les noms féminins qui se terminent en -ssion ou -tion

Objectif :	Savoir écrire les noms féminins en -ssion ou -tion.
Matériel :	– Fiche élève orthographe 25. – Exercices d'entrainement autonome 25. – Diaporama orthographe 25 à projeter.
Durée :	50 min.

Étape 1 : Introduction de la séance (5 min)

• Présenter l'objectif d'apprentissage de la séance à l'aide de la page 1 du diaporama et dire : « Aujourd'hui, nous allons apprendre à savoir écrire la fin des mots en [sjɔ̃]. »
• « Connaissez-vous des noms terminés par le son [sjɔ̃] ? Quel est leur genre ? » Les noms en [sjɔ̃] sont presque tous féminins.

Étape 2 : Enseignement (15 min)

Observer

Projeter la page 2 du diaporama (puis la page 3). Demander : « Comment peut s'écrire le son [sjɔ̃] ? » Les élèves constatent que les noms terminés par -tion sont plus nombreux.

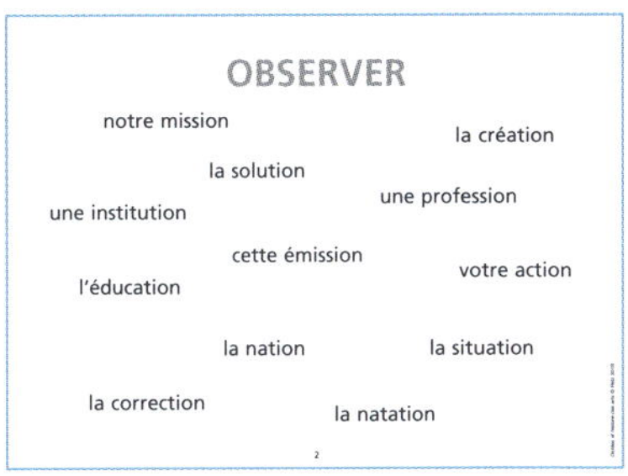

Expliquer

Les noms féminins terminés par le son [sjɔ̃] s'écrivent la plupart du temps -tion. Certains noms s'écrivent -ssion : « passion », « discussion », les mots qui se terminent par -ession et tous les dérivés de « mission ».

Illustrer

Projeter la page 4 du diaporama (puis les pages 5 et 6).

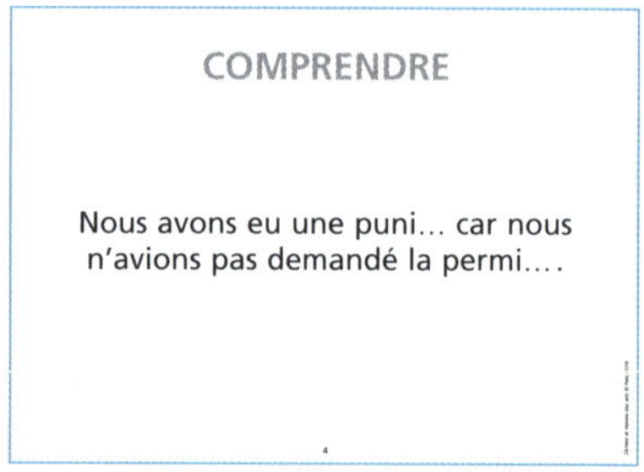

« Je veux écrire la phrase : "Nous avons eu une punition car nous n'avions pas demandé la permission."

– J'écris "punition" t-i-o-n comme la plupart des noms féminins en [sjɔ̃].

– J'écris "permission" s-s-i-o-n car c'est une exception (un mot fini par "mission"). »

• **Vérifier la compréhension :**

Projeter la page 7 du diaporama.

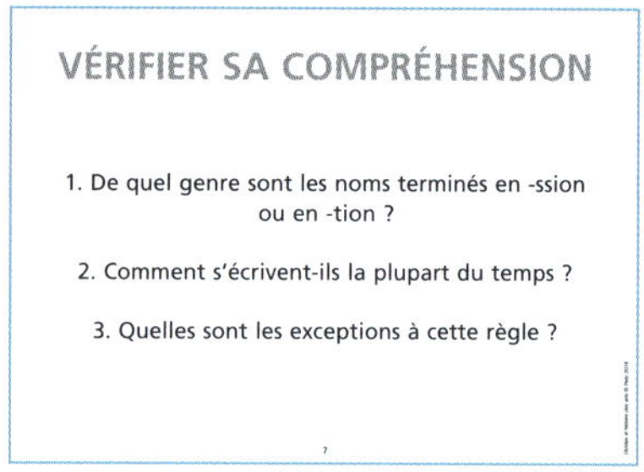

Les élèves sont invités à répondre aux questions.

Puis, diaporama caché, faire synthétiser la notion apprise par les élèves.

Pour conclure, distribuer la fiche orthographe 25 puis lire ensemble la leçon :

• La plupart du temps, on écrit **-tion** à la fin des mots féminins.
Exemples : une inven**tion**, la créa**tion**, l'imagina**tion**.

• Certains noms féminins se terminent en **-ssion** comme la pa**ssion**, la discu**ssion**, les mots terminés par **-mission** et **-ession**.

Étape 3 : Entrainement (30 min)

Entrainement guidé

Projeter la page 8. Les élèves s'entrainent en écrivant les mots complétés sur leur ardoise. À chaque fois, ils doivent justifier leur réponse.

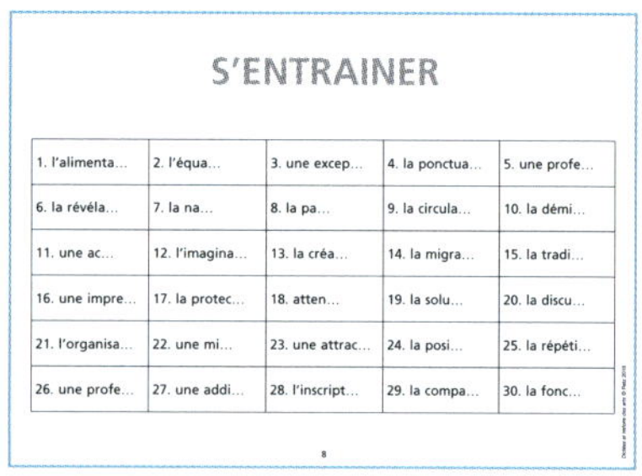
S'ENTRAINER

1. l'alimenta…	2. l'équa…	3. une excep…	4. la ponctua…	5. une profe…
6. la révéla…	7. la na…	8. la pa…	9. la circula…	10. la démi…
11. une ac…	12. l'imagina…	13. la créa…	14. la migra…	15. la tradi…
16. une impre…	17. la protec…	18. atten…	19. la solu…	20. la discu…
21. l'organisa…	22. une mi…	23. une attrac…	24. la posi…	25. la répéti…
26. une profe…	27. une addi…	28. l'inscript…	29. la compa…	30. la fonc…

8

Entrainement autonome

Les élèves s'entrainent dans leur cahier avec un exercice écrit de niveau 1 (★) ou 2 (★★).

Niveau 1 (✶)

Complète les mots avec -tion ou -ssion.

Il faut apprendre à exprimer ses émo......... .

Mes parents regardent les informa......... .

La plongeuse retient sa respira......... .

Quelle est la défini......... de ce mot ?

Bernard est agent de la circula......... c'est sa profe......... .

Niveau 2 (✶✶)

Complète les mots avec -tion ou -ssion.

Elsa a eu une puni......... pendant la récréa......... .

La sorcière s'est mise à la prépara......... de la po......... .

J'ai beaucoup d'admira......... pour cette profe......... .

Ma mi......... ? Réussir ces opéra......... !

J'ai reçu une invita......... à une exposi......... de peinture.

Séance 3 : Première appropriation des mots

Objectif : Découvrir les mots à apprendre, mettre en lumière les difficultés.

Matériel : – Fiche élève orthographe 25.
– Fiche de méthodologie n° 2.

Durée : 30 min.

Étape 1 : Observation des mots (15 min)

• Lecture collective des mots à apprendre sur la fiche orthographe. Le sens des mots est rappelé si nécessaire, et les difficultés orthographiques sont surlignées.

Exemples de difficultés :

une impression, un impressionniste, la perception, le peintre, la peinture, une apparition, la mission, la profession, le style, la passion, quitter, exclure, depuis, dehors, tellement, tard.

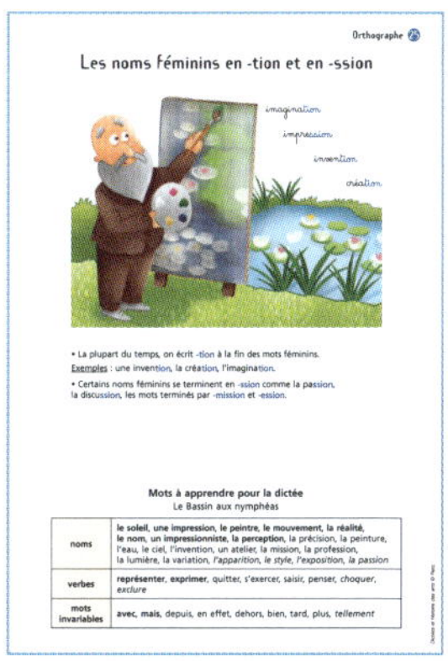
Orthographe 25

Les noms féminins en -tion et en -ssion

• La plupart du temps, on écrit -tion à la fin des mots féminins.
Exemples : une invention, la création, l'imagination.
• Certains noms féminins se terminent en -ssion comme la passion, la discussion, les mots terminés par -mission et -ession.

Mots à apprendre pour la dictée
Le Bassin aux nymphéas

noms	**le soleil, une impression, le peintre, le mouvement, la réalité, le nom, un impressionniste, la perception,** la précision, la peinture, l'eau, le ciel, l'invention, un atelier, la mission, la profession, la lumière, la variation, *l'apparition, le style, l'exposition, la passion*
verbes	**représenter, exprimer,** quitter, s'exercer, saisir, penser, *choquer, exclure*
mots invariables	**avec, mais,** depuis, en effet, dehors, bien, tard, plus, *tellement*

• S'entrainer à changer le genre et le nombre des noms, des adjectifs et des participes passés.
• Conjuguer les verbes au présent.

Étape 2 : Mémorisation des mots (15 min)

• Première mise en mémoire des mots. Les élèves commencent à apprendre leurs mots individuellement, puis en binôme. ➤ Fiche de méthodologie n° 2
• Les mots sont donnés à apprendre à la maison pour la semaine suivante. Les élèves du groupe jaune et ceux qui feront la dictée à trous n'ont que les mots en gras à apprendre.

Séance 4 : Dictée flash n° 1

Déroulement identique à la séance 4 de la dictée 1 « La tour Eiffel », p. 30.

Étape 1 : Dictée de groupes nominaux (5 min)

la percep**tion** de la réalité – l'inven**tion** d'un style – les mouvements de l'eau – des tableaux impressionnistes – les tubes de peinture

Séance 5 : Dictée flash n° 2

Déroulement identique à la séance 5 de la dictée 1 « La tour Eiffel », p. 30.

Étape 1 : Dictée de phrase (5 min)

Dans son tableau Impre**ssion**, soleil levant, Monet saisit les varia**tions** de la lumière dans le ciel et sur l'eau.

Étape 4 : Correction collective, puis individuelle (10 min)

Exemples de questions pouvant éclairer la correction :
« Pourquoi faut-il mettre une majuscule au mot "Impression" dans cette phrase ? »
« Pourquoi le mot "variations" est-il au pluriel et le mot "lumière" au singulier ? »
« Pourquoi le verbe "saisit" est-il terminé par un -t ? »
« Comment peut-on savoir que le mot "et" s'écrit e-t ? »

Séance 6 : Dictée bilan

Objectif :	Écrire sous la dictée en tenant compte des règles apprises.
Matériel :	– Cahier de français, cahier du jour, cahier d'évaluation (selon l'organisation de la classe). – Diaporama histoire des arts 25. – Dictée à trous 25. – Pour l'enseignant : dictées flash et bilan 25. – Fiche de méthodologie n° 3.
Durée :	45 min.

Étape 1 : Projection de l'œuvre et lecture magistrale de la dictée (5 min)

- Écrire au tableau le mot « Monet ».

Étape 2 : Dictée phrase par phrase du texte et différenciation (30 min)

Dictée bilan

C'est le tableau **Impression**, **soleil** levant de *Monet* qui donne son **nom** au **mouvement** des **impressionnistes**. Ces **peintres** ne cherchent plus à **représenter** la **réalité avec précision mais** veulent **exprimer** leur **perception** de cette **réalité**.	35 mots
Depuis l'invention du tube de **peinture**, les **impressionnistes** peuvent **quitter** leur **atelier**. **En effet**, ils **pensent** que leur **profession** doit **s'exercer dehors** et se donnent pour **mission** de saisir les **variations** de la **lumière** dans le **ciel**, dans la nature, sur **l'eau**.	77 mots
À son **apparition**, ce **style** a **tellement choqué** que les artistes étaient **exclus** des **expositions**. **Bien plus tard**, il a déchainé les **passions**.	100 mots

Les élèves en difficulté complètent la dictée à trous.

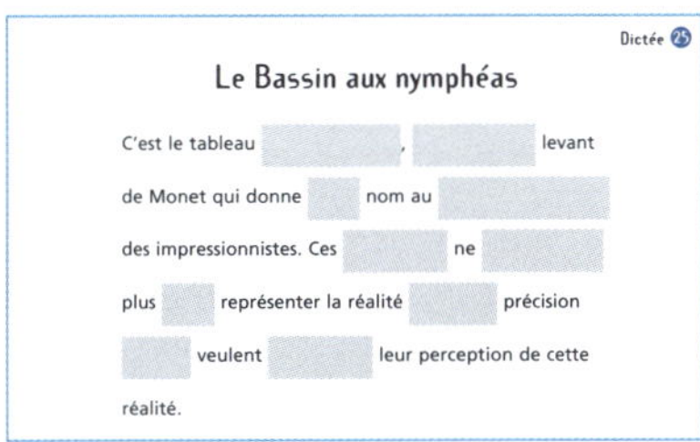
Dictée 25

Le Bassin aux nymphéas

C'est le tableau ______ , ______ levant de Monet qui donne ______ nom au ______ des impressionnistes. Ces ______ ne ______ plus ______ représenter la réalité ______ précision ______ veulent ______ leur perception de cette réalité.

Étape 3 : Relecture de la dictée (10 min)

Fiche de méthodologie n° 3

Aide pour la correction de la dictée par l'enseignant

On retire un point pour :
– les correspondances non respectées (dont s/ss, g/gu, g/ge, c/ç, é/è/e) ;
– les erreurs sur les mots terminés par -ail, -eil, -euil, -ouil ;
– **les erreurs sur les noms féminins qui se terminent en -tion ou -ssion ;**
– les erreurs de ponctuation et de majuscule ;
– chaque mot en gras mal orthographié (mots à apprendre et à savoir accorder) ;
– les mots écrits au tableau (en italique) mal copiés ;
– les règles d'écriture des nombres non respectées ;
– les erreurs d'homophones : a/à, est/et, sont/son, ont/on, ce/se ;
– les accords non marqués (verbes, noms, adjectifs et participes passés) ;
– les erreurs de lettres finales muettes ;
– les confusions entre participe passé et infinitif.

Séance 7 : Correction de la dictée

Déroulement identique à la séance 7 de la dictée 1 « La tour Eiffel », p. 32.

L'accord du verbe : cas particuliers

Nanas : Les Trois Grâces

Connaissances pour l'enseignant

Artiste : Niki de Saint Phalle
Domaine artistique : sculpture
Technique : résine polyester peinte et socle de métal
Courant artistique : nouveau réalisme
Dimensions : 66 × 79 × 89 cm
Date de création : 1994
Lieu d'exposition : New York en version grand format d'extérieur (260 cm)

Pourquoi étudier les *Nanas* ?

Car c'est une femme qui en est l'auteure

Rares sont dans l'histoire les femmes qui ont été considérées comme des artistes à part entière. Plus connues dans le rôle de muses ou de modèles, les femmes artistes ont pourtant bel et bien existé, depuis l'origine. Niki de Saint Phalle en est l'une des plus connues, ses œuvres ayant pour contexte l'essor du féminisme, tout en y participant activement.

Pour leur joie irrésistible

Les couleurs vives et les motifs bariolés des *Nanas* en font de grosses poupées joyeuses qui ravissent la plupart des enfants. Les cœurs, fleurs et soleils qui décorent certaines parties de leur corps peuvent leur rappeler leurs dessins, voire des émoticônes. L'art de Niki de Saint Phalle, par son caractère direct et simple, parait proche et accessible aux enfants.

Pour l'engagement de leur auteure

Les *Nanas* sont des œuvres militantes, dénonçant le rôle secondaire de la femme dans la société des années 1970. Niki de Saint Phalle impose leur présence exubérante dans la société civile, comme dans le monde artistique. Les *Nanas* noires, quant à elles, sont là pour rappeler que le combat des femmes ne doit pas avoir de frontières. « Je suis solidaire de tous ceux que la société et la loi excluent et écrasent », dira-t-elle.

Séance 1 : Découverte de l'œuvre

Objectif :	Découvrir une œuvre : *Les Trois Grâces,* et s'exprimer à son propos.
Matériel :	– Diaporama histoire des arts 26 à projeter et la vignette de l'œuvre à placer sur la frise chronologique. – Planisphère, frise chronologique. – Fiche élève histoire des arts 26. – Fiche de méthodologie n° 1.
Durée :	30 min.

Étape 1 : Introduction de la séance (5 min)

Présenter l'œuvre d'art

• Projeter ou afficher l'œuvre au tableau. « L'œuvre de la semaine se nomme *Les Trois Grâces*, elle se compose de trois *Nanas* réalisées par Niki de Saint Phalle. Comment s'appelle ce type d'œuvre ? »

Situer l'œuvre dans l'espace

• Un élève vient situer les États-Unis sur un planisphère. On peut ensuite situer ce pays par rapport à la France. Préciser que l'artiste est née en France mais est franco-américaine et a longuement vécu aux États-Unis.

Situer l'œuvre dans le temps

• Demander aux élèves de situer l'œuvre dans le temps. Ils peuvent estimer la période historique (l'Époque contemporaine), éventuellement, être plus précis en proposant le siècle. Ensuite, préciser la date de création avec la page 2. Faire placer la vignette de l'œuvre sur la frise de la classe.

Étape 2 : Découverte de l'œuvre par les élèves (10 min)

• Encourager la parole descriptive des élèves : « Que voyez-vous ? »

Évoquer ensemble : trois femmes de couleurs différentes, une d'un blanc rosé, une jaune, une noire, vêtues de maillots de bain bariolés. Elles n'ont pas de visage. Elles semblent danser. On peut voir des motifs sur les seins et les fesses des *Nanas* : ronds, cœurs, fleurs. Les formes des *Nanas* et des motifs qui les ornent sont arrondies.

• Encourager la parole élaborative des élèves. « D'après vous, pourquoi l'artiste a-t-elle représenté ces femmes en maillot de bain ? en mouvement, en train de danser ? » Amener les élèves à percevoir la notion de joie, de liberté, signifiée à la fois par le mouvement des personnages et par leur tenue. Le maillot de bain évoque en effet un temps de loisirs, l'absence de contrainte mais également un rapport au corps libéré, moins pudique. « Est-ce un hasard si l'artiste a représenté des femmes de différentes couleurs de peau ? D'après vous, que peut-elle vouloir dire ? » Aider les élèves à comprendre le message d'égalité et de fraternité ainsi que le caractère revendicatif d'un tel choix, dans les années 1960-1970, aux États-Unis.

Le saviez-vous ?
Les *Trois Grâces* sont, à l'origine, issues de la mythologie grecque. Elles étaient les divinités de la joie, de la beauté et de la créativité.

• Encourager la parole émotionnelle des élèves. « Que ressentez-vous en voyant ces *Nanas* ? Sont-elles effrayantes ? drôles ? joyeuses ? tristes ? »

Étape 3 : Apports culturels supplémentaires (10 min)

• Projeter la page 3. « Niki de Saint Phalle a installé de nombreuses œuvres en extérieur, dans les villes, comme ici dans la fontaine Stravinsky, à Paris. D'après vous, pourquoi ? Que voulait-elle dire ? » Les *Nanas* représentent des femmes très voyantes, en raison de leur taille et de leurs couleurs vives. L'artiste souhaite que celles-ci soient vues de tous, qu'elles prennent place dans l'espace public. C'est à la liberté et à l'indépendance que Niki de Saint Phalle aspirait, pour ses sculptures et pour toutes les femmes.

Le saviez-vous ?
En 1966, Niki de Saint Phalle a créé une *Nana* géante appelée *Hon* (« elle » en suédois), installée au musée d'Art moderne de Stockholm. La *Hon* mesurait 28 mètres de long, 6 mètres de haut et 9 mètres de large. Pour entrer dans cette sculpture monumentale, il fallait passer par son vagin.

• Ajouter que, vers 1968, Niki de Saint Phalle a également réalisé des sculptures gonflables appelées « Nanas ballon ». Elle les commercialise à des prix accessibles, dans une volonté de démocratisation de l'art. Les « Nanas ballon » contribuent toujours davantage à incarner la légèreté et la liberté.

• Distribuer la fiche histoire des arts. Après avoir lu le cartel de l'œuvre, les élèves colorient l'Époque contemporaine sur leur frise. Ils lisent ensuite le contexte de l'œuvre.

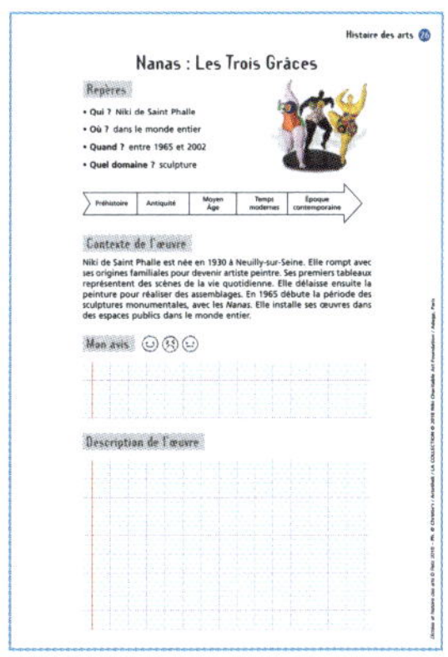
Histoire des arts 26

Nanas : Les Trois Grâces

Repères
- **Qui ?** Niki de Saint Phalle
- **Où ?** dans le monde entier
- **Quand ?** entre 1965 et 2002
- **Quel domaine ?** sculpture

Préhistoire | Antiquité | Moyen Âge | Temps modernes | Époque contemporaine

Contexte de l'œuvre
Niki de Saint Phalle est née en 1930 à Neuilly-sur-Seine. Elle rompt avec ses origines familiales pour devenir artiste peintre. Ses premiers tableaux représentent des scènes de la vie quotidienne. Elle délaisse ensuite la peinture pour réaliser des assemblages. En 1965 débute la période des sculptures monumentales, avec les *Nanas*. Elle installe ses œuvres dans des espaces publics dans le monde entier.

Mon avis

Description de l'œuvre

Étape 4 : Expression personnelle (5 min)

• Les élèves écrivent leur avis sur l'œuvre et tâchent de justifier cet avis. Fiche de méthodologie n° 1
• Les élèves volontaires lisent leur production.

Prolongements possibles

• Découvrir les vidéos concernant Niki de Saint Phalle (l'une d'elle est consacrée aux *Nanas*) à cette adresse : http://education.francetv.fr/matiere/arts-visuels/cm1/video/les-nanas-de-niki-de-saint-phalle

• En arts visuels, travailler à la réalisation d'œuvres en trois dimensions.

• Faire le lien et comparer les *Nanas* avec les Vénus de la Préhistoire.

Séance 2 : L'accord du verbe : cas particuliers

Objectifs :	– Repérer le sujet même quand celui-ci est éloigné du verbe. – Accorder le verbe avec son sujet éloigné ou inversé.
Matériel :	– Fiche élève orthographe 26. – Exercices d'entrainement autonome 26. – Diaporama orthographe 26 à projeter.
Durée :	50 min.

Étape 1 : Introduction de la séance (5 min)

• Présenter l'objectif d'apprentissage de la séance à l'aide de la page 1 du diaporama et l'annoncer oralement : « Aujourd'hui, nous allons apprendre à accorder le verbe avec son sujet même dans des cas particuliers. »

• Faire rappeler les connaissances antérieures en demandant :

« Que savez-vous de l'accord du verbe et du sujet ? »

Le verbe s'accorde avec son sujet.

« Quelle est généralement la place du sujet dans la phrase ? »

Le sujet est souvent en début de phrase, la plupart du temps avant le verbe.

Étape 2 : Enseignement (15 min)

Observer

Projeter la page 2 du diaporama. Demander aux élèves de lire la phrase et de trouver les deux verbes. Valider avec la page 3. Faire repérer leur sujet. Valider avec la page 4.

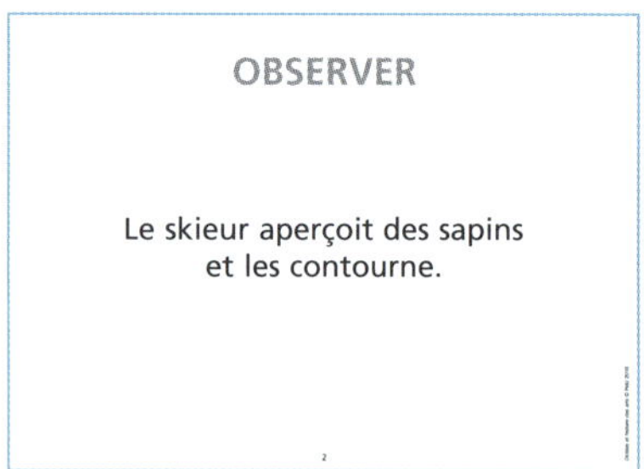

Expliquer

« Pour savoir accorder le verbe, je dois trouver son sujet. Le sujet peut être éloigné du verbe et séparé de lui par un pronom complément. Ici, le petit mot "les" n'est pas un déterminant, c'est un pronom complément qui remplace "les sapins", c'est un COD. J'accorde le verbe "contourne" avec "le skieur", car c'est le skieur qui contourne. »

Observer

Projeter la page 5 du diaporama. Demander aux élèves de lire la phrase et de trouver le verbe. Valider avec la page 6. Faire repérer son sujet. Valider avec la page 7.

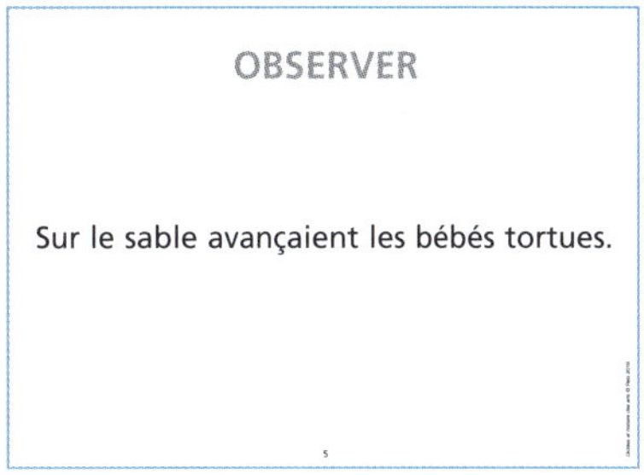

Expliquer

« Pour savoir accorder le verbe, je dois trouver son sujet. Le sujet apparait parfois après le verbe. On dit que c'est un sujet inversé. Ici, le verbe "avançaient" s'accorde avec "les bébés tortues" car ce sont les bébés tortues qui avançaient. »

Illustrer

Projeter la page 8 du diaporama (puis 9 à 11).

« Dans la phrase "Je cueille des framboises et puis je les mange", je cherche les verbes : il s'agit de "cueille" et "mange". Je cherche alors leurs sujets. Le sujet de "cueille" est "je", le sujet de mange est aussi "je". J'accorde les verbes avec "je", j'écris -e. »

Projeter les pages 12 à 15 et procéder de la même manière pour le cas du sujet inversé.

Vérifier la compréhension

Projeter la page 16 du diaporama. Les élèves sont invités à répondre aux questions.

Puis, diaporama caché, faire synthétiser la notion apprise par les élèves.

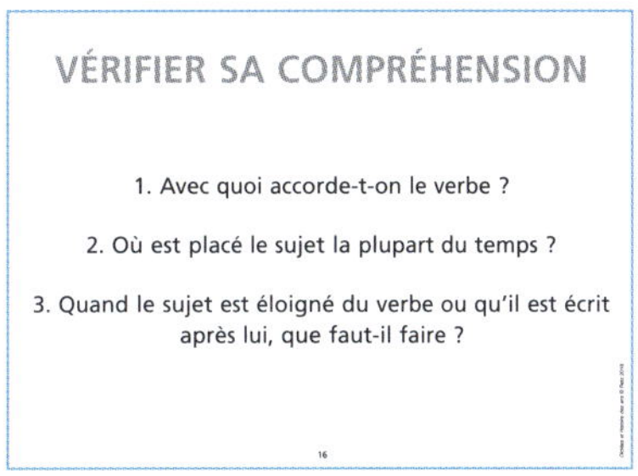

Pour conclure, distribuer la fiche orthographe 26 et lire ensemble la leçon :

Le verbe s'accorde toujours avec le sujet, même dans certains cas particuliers.
• Parfois, le sujet est éloigné ou séparé du verbe par un pronom complément.
Exemple : Ses sculptures, l'artiste les **installe** en extérieur.
• Parfois, le sujet est après le verbe. On parle de sujet inversé.
Exemple : Dans la fontaine Stravinsky **tournent** des automates multicolores.

Étape 3 : Entrainement (30 min)

Entrainement guidé

Projeter les pages 17 à 26. Les élèves s'entrainent en écrivant les phrases sur leur ardoise, en accordant le verbe. Ils justifient leur réponse en précisant le sujet.

Les enfants trouvent la réponse puis la vérifi**ent**.
Le monstre approche, les enfants l'attend**ent**.
Dans cette forêt habit**ent** des fées et des lutins.
Depuis trois jours tomb**e** une pluie continue.
Le sculpteur possède de nombreux outils, il les utilis**e** tous les jours.
Les touristes, profitant des ponts de mai, envahi**ssent** les plages.
Dans les branches du sapin nich**e** un petit oiseau.
Dans ce champ abandonné poussai**ent** des fleurs sauvages.
Il les oubli**e** à chaque fois.
Ces exercices nous sembl**ent** difficiles.

Entrainement autonome

Les élèves s'entrainent dans leur cahier avec un exercice écrit de niveau 1 (★) ou 2 (★★).

Niveau 1 (∗)

Accorde le verbe avec son sujet.

Je les cach...... dans ma poche.

Aim......-tu les promenades dans la nature ?

Cette histoire merveilleuse les enchant...... !

Ma petite sœur, malgré ses difficultés, continu...... à progresser.

Elles nous racont...... des histoires.

Niveau 2 (✱✱)

Accorde le verbe avec son sujet.

La mer ! Tu la regard...... inlassablement.

Et soudain arriv...... des centaines de passants pour regarder la scène.

Les deux jeunes filles, après l'école, jou...... au tennis.

Je les écout...... attentivement.

Dans ce château splendide, habitai...... le seigneur et sa femme.

Séance 3 : Première appropriation des mots

Objectif : Découvrir les mots à apprendre, mettre en lumière les difficultés.

Matériel :
– Fiche élève orthographe 26.
– Fiche de méthodologie n° 2.

Durée : 30 min.

Étape 1 : Observation des mots (15 min)

Orthographe 26

L'accord du verbe : cas particuliers

Les sculptures, l'artiste les installe en extérieur.
Dans la fontaine Stravinsky tournent des automates multicolores.

Le verbe s'accorde toujours avec le sujet, même dans certains cas particuliers.
• Parfois, le sujet est éloigné ou séparé du verbe par un pronom complément.
Exemple : Ses sculptures, l'artiste les installe en extérieur.
• Parfois, le sujet est après le verbe. On parle de sujet inversé.
Exemple : Dans la fontaine Stravinsky tournent des automates multicolores.

Mots à apprendre pour la dictée
Nanas : Les Trois Grâces

noms	**la sculpture, la femme, le cœur, le travail, une apparence, un homme, la taille, un géant,** l'extérieur, une place, la société, la domination, la ville, *la crainte, un art, le critique, le ventre, l'armée*
verbes	**représenter, rendre,** installer, résister, *inspirer, piétiner, danser*
adjectifs	**féminin, joyeux/joyeuse, léger/légère, menaçant,** important
mots invariables	**aussi, sous, mais,** souvent, comme, pour, dans, même

• Lecture collective des mots à apprendre sur la fiche orthographe. Le sens des mots est rappelé si nécessaire, et les difficultés orthographiques sont surlignées.

Exemples de difficultés :

la sculpture, la femme, le cœur, une apparence, un homme, l'extérieur, la crainte, l'armée, installer, joyeux(se), léger(ère), menaçant, important, souvent, même.

• S'entrainer à changer le genre et le nombre des noms et des adjectifs.

• Conjuguer les verbes au présent.

Étape 2 : Mémorisation des mots (15 min)

• Première mise en mémoire des mots. Les élèves commencent à apprendre leurs mots individuellement, puis en binôme. ➤ Fiche de méthodologie n° 2

• Les mots sont donnés à apprendre à la maison pour la semaine suivante. Les élèves du groupe jaune et ceux qui feront la dictée à trous n'ont que les mots en gras à apprendre.

Séance 4 : Dictée flash n° 1

Déroulement identique à la séance 4 de la dictée 1 « La tour Eiffel », p. 30.

• Étape 1 : Dictée de groupes nominaux (5 min)

des sculptures légères – la domination des formes – une femme menaçante – le critique d'art – leur taille de géantes

Séance 5 : Dictée flash n° 2

Déroulement identique à la séance 5 de la dictée 1 « La tour Eiffel », p. 30.

• Étape 1 : Dictée de phrase (5 min)

L'artiste **fabrique** des sculptures colorées, puis elle les **installe** dans la ville.

• Étape 4 : Correction collective, puis individuelle (10 min)

<u>Exemples de questions pouvant éclairer la correction</u> :
« Quels sont les deux verbes de la phrase ? »
« Quels sont les sujets ? »
« Pourquoi le verbe "installe" est-il au singulier ?
« Pourquoi y a-t-il un -s à "sculptures" ? »
« Pourquoi le mot "colorées" s'écrit-il -é-e-s ? »

Séance 6 : Dictée bilan

Objectif :	Écrire sous la dictée en tenant compte des règles apprises.
Matériel :	– Cahier de français, cahier du jour, cahier d'évaluation (selon l'organisation de la classe). – Diaporama histoire des arts 26. – Dictée à trous 26. – Pour l'enseignant : dictées flash et bilan 26. – Fiche de méthodologie n° 3.
Durée :	45 min.

• Étape 1 : Projection de l'œuvre et lecture magistrale de la dictée (5 min)

• Écrire au tableau le nom « Niki de Saint Phalle ».

Étape 2 : Dictée phrase par phrase du texte et différenciation (30 min)

Dictée bilan

Les **femmes sont** au **cœur** du **travail** de *Niki de Saint Phalle*, elle les **représente sous l'apparence** des Nanas. Les Nanas **sont** des **sculptures féminines** aux formes rondes **et** colorées. Elles **sont joyeuses et légères mais** leur **taille de géantes** les **rend aussi menaçantes**.	44 mots
L'artiste les **installe souvent à l'extérieur, comme pour** redonner **à** la **femme** une **place importante dans** la **société et dans l'art. Dans** les **villes**, les Nanas **résistent à** la **domination** des **hommes**.	76 mots
Même si elles **dansent**, c'est de la **crainte** qu'**inspirent** les Nanas aux **critiques d'art**. « Elles nous **piétinent** le **ventre, l'armée**, la morale », disent-ils.	100 mots

Les élèves en difficulté complètent la dictée à trous.

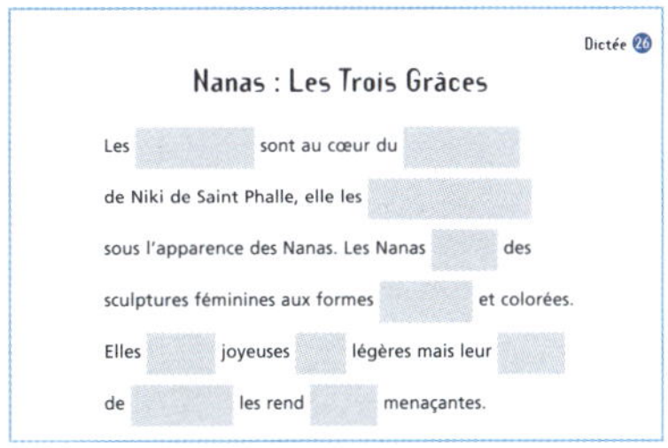
Dictée 26

Nanas : Les Trois Grâces

Les ____ sont au cœur du ____

de Niki de Saint Phalle, elle les ____

sous l'apparence des Nanas. Les Nanas ____ des

sculptures féminines aux formes ____ et colorées.

Elles ____ joyeuses ____ légères mais leur ____

de ____ les rend ____ menaçantes.

Étape 3 : Relecture de la dictée (10 min)

➤ Fiche de méthodologie n° 3

Aide pour la correction de la dictée par l'enseignant

On retire un point pour :
– les correspondances non respectées (dont s/ss, g/gu, g/ge, c/ç, é/è/e) ;
– les erreurs sur les mots terminés par -ail, -eil, -euil, -ouil ;
– les erreurs sur les noms féminins qui se terminent en -tion ou -ssion ;
– les erreurs de ponctuation et de majuscule ;
– chaque mot en gras mal orthographié (mots à apprendre et à savoir accorder) ;
– les mots écrits au tableau (en italique) mal copiés ;
– les règles d'écriture des nombres non respectées ;
– les erreurs d'homophones : a/à, est/et, sont/son, ont/on, ce/se ;
– les accords non marqués (verbes, noms, adjectifs et participes passés) ;
– les erreurs de lettres finales muettes ;
– les confusions entre participe passé et infinitif ;
– **accorder le verbe avec son sujet même dans les cas particuliers.**

Séance 7 : Correction de la dictée

Déroulement identique à la séance 7 de la dictée 1 « La tour Eiffel », p. 32.

Présentation des ressources numériques

Retrouvez les ressources en ligne sur mes-ressources-pedagogiques.editions-retz.com (voir page 2 de couverture).

Cliquer sur l'onglet souhaité pour accéder aux ressources associées.

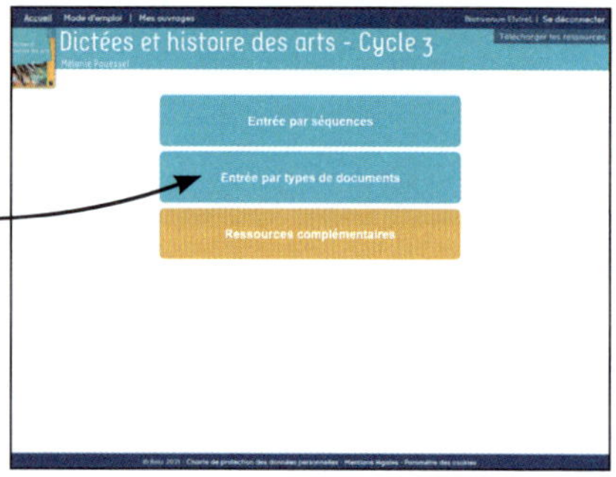

Cliquer sur ces onglets pour accéder directement aux autres domaines, sans repasser par l'écran d'accueil.

L'ensemble des ressources associées s'affiche dans la partie droite de l'écran, sous forme de liste ou de vignettes.

Cliquer sur la flèche pour télécharger le document ou sur l'étoile pour le mettre en favori.

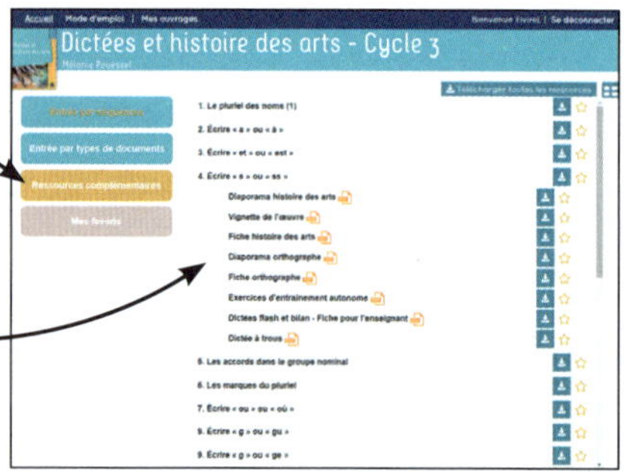

Cliquer sur le nom du document à vidéoprojeter ou à imprimer.

Le document s'affiche dans une nouvelle fenêtre.

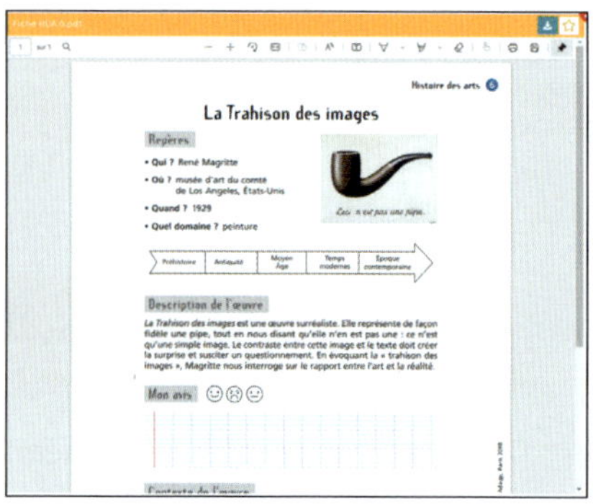